アメリカ暮らし すぐに使える常識集

改訂第4版

知ってトクする生活情報BOOK

AMERICA

山本美知子
YAMAMOTO MICHIKO
斉藤由美子
SAITO YUMIKO
結城仙丈
YUKI SENJO

グローバルJネットワーク

AKISHOBO

改訂第4版の発行にあたって

亜紀書房のアメリカ実用シリーズの第3弾として発行された本書が、このたび改訂（第4版）されることになりました。

アメリカという国は、好むと好まざるとにかかわらず、映画、テレビ、雑誌などのメディアを通して触れる機会の多い国です。つい知っているつもりになりがちですが、実際にアメリカに行ってみると、とまどいを感じることも少なくありません。

――ごみ捨てはどうすれば……。

――すぐにインターネットを始めたいけれど……。

――歯が痛くなったときは……。

こうした生活上の問題が落ち着いてくると、次は文化のちがいからくる疑問が生じてきます。

――10歳の子どもに留守番させてはいけないのはなぜ？

――身の危険を感じてもヘルプと言わないほうがいいのはなぜ？

――人ごみでちょっと肩がぶつかっただけでさも悪かったように謝るのに、重大な局面では謝ろうとしないのはなぜ？

「知ってるつもり」のアメリカなのに、いざ生活してみると、わからないことだらけです。本書を読めば、こうした生活上の問題が解決し、文化のちがいからくる疑問点を解明することができます。

また、本書はアメリカでの生活のみならず、渡航前の準備や帰国の準備、帰国後しなければならないことにも触れていて、他に比類ないガイドブックとなっています。

アメリカへの渡航を計画している方は、ぜひ本書をお読みください。この1冊があれば、ぬかりなく渡航準備を進めることができ、アメリカに着いたその日から不安なく生活を楽しむことができます。

本書は、フィラデルフィアとロサンゼルスに在住経験のある結城仙丈さん、アメリカ東海岸（コネチカット）在住の斉藤由美子さん、そしてサンフランシスコ在住経験のある私、山本美知子が執筆を担当しました。

結城さんはアメリカの大学を卒業されたのち、ロサンゼルスでの出版社勤務を経て、現在は日本で編集者として働いておられます。

斉藤さんはご主人の海外赴任（2度目）のため家族5人で渡航され、ニューヨークにある日本の受験塾や日本人補習校での講師、アメリカ公教育現場での日本語講師、フリーのフォトグラファーなどの活動をされてきました。最初のアメリカ滞在で長女を出産した経験を持ち、3人の子どもさんはアメリカの公立学校、州立大学・大学院を卒業後、薬剤師として働いておられます。

私、山本は前述のアメリカ実用シリーズの編集・執筆のほか、アメリカでの就労経験や各国への渡航経験をいかして「グローバルJネットワーク」を設立し、アメリカのビザや永住権などに関する電話相談や機関誌づくりをおこなっています。

さまざまな経験を持つ３人が執筆した本書は、正規留学、出産・育児、就労の体験がいかされていて、アメリカ暮らしのハウツー本としてユニークな本に仕上がったと自負しています。

今回の改訂第4版発行に際して、全体の情報を見直し、書き直しました。なかには紹介した雑誌や新聞が廃刊になったため項目そのものを新しく差し替えたり、情報が古くなった項目を廃止して、新しいタイトルをつけて追加したりして、移り変わる情報を前に書き手のほうも努力を重ねました。

これらの情報見直しの時期がちょうど新型コロナウィルスの時期と重なったため、ＰＡＲＴ８に新たに項目を設けて、危機管理に関するアメリカでの情報や対策なども追加しました。

情報は常に更新されるため、各機関に問い合わせるなどして、最新情報を得るように心がけてください。もっとほかに情報がほしい、個別に相談にのってほしいという読者の方々のために、「グローバルＪネットワーク」は会員制をとっていて、季刊で機関誌を郵送しています。本書についての助言や内容についての問い合わせは、「グローバルＪネットワーク」までお願いします。連絡先は巻末にある資料を参照してください。

２０２０年６月

グローバルＪネットワーク

代表　**山本美知子**

PART 3 自分に合った住まいの見つけ方……37

PART 4 生活ツール〈電気・水道・ガス・電話〉の開設法……55

Contents

PART 12 子どもの教育は、なにかと心配だ……211

PART 13 食べて遊んで体を鍛えるアメリカンライフ……229

Contents

章扉イラスト　大塚砂織

PART 1

これだけは欠かせない渡米前の準備

◆これがアメリカの常識◆

海外引っ越しは書類手続きもあり、時間がかかる

アメリカ国内線は預け入れ荷物が有料

ニックネームは自由に考えてみよう

1 事前の情報収集

インターネットでがんがん調べよう

インターネットの情報量

インターネットの情報量は無限とも思えるほど、多くあり、毎日、増え続けています。個人の発信する情報も多く、どんな地域や特殊な情報でも手に入りやすくなりました。日本に居ながらにして、アメリカの最新情報を手に入れることができるので、大変便利になりました。ほしい情報を手に入れる方法はたくさんありますが、情報のアンテナを自分なりに張り巡らせておくことが大切です。

日本人の知りたいことは日本人に聞け

英語で書いてある情報でも、グーグル翻訳をはじめ、オンライン辞書を使って簡単に日本語に翻訳することができます。まだ翻訳は完全とは言えませんが、だいたいの意味をとることは可能です。特に難しい英単語の日本語訳はとても便利です。

しかし、日本人が知りたい情報は日本人に聞くのが一番です。アメリカの情報と言えども、日本語で検索をかければ、日本人の誰かがホームページやブログで情報を提供している場合が多いです。たとえば「カリフォルニアの運転免許」と日本語入力で検索すれば、多くの人たちが親切丁寧に情報を提供していて、大変役立つものがあります。

海外の日本人向けホームページ

海外に住む日本人やこれから海外に出る人のためのホームページが数多くあります。限られた地域のもの、海外のすべての邦人をネットワークでつなごうとしているもの、留学に関するものなどさまざまなホームページがあります。

海外赴任のための総合情報案内サイト「海外赴任ガイド」（https://funinguide.jp/c/）では、引っ越し情報や各

種手続き、到着してからの生活関連情報、そして帰国時の準備にいたるまで、海外生活全般についての情報が得られます。大変充実したホームページなので必ずチェックすることをお勧めします。

「ぱたのうち」(http://www.patanouchi.com/)には、アメリカ在住の人が多く参加する掲示板があり、生活全般について気軽に質問ができます。国際結婚した人が中心ですが、アメリカに住む人の悩みや情報交換ができます。

これらのほかにも地域に密着したものや、個人のホームページはたくさんあります。質問があれば、掲示板を利用したり、ホームページのオーナーに質問することもできます。しかし、本や雑誌にくらべて、インターネット上の情報は新しいと思っていても、更新されていないホームページや古くなってしまった情報もあります。すべてが正しい情報であるとは限らないので、必ず確認をとりながら利用するようにするとよいでしょう。

◆アメリカ政府関連

アメリカ政府の総合ページ（http://www.usa.gov/）
（ここから州政府も検索できる）
アメリカ車両管理局（http://www.dmv.org/）
アメリカ郵便局（https://www.usps.com/）
アメリカ疾病対策センター CDC（https://www.cdc.gov/）
アメリカ食品医薬品局 FDA(https://www.fda.gov/)

◆子どもの海外教育

海外子女教育振興財団（http://www.joes.or.jp/）

◆生活関連のホームページ

アメリカにある各日本大使館・領事館でも生活情報を提供
（http://www.mofa.go.jp/mofaj/annai/zaigai/list/n_ame/usa.html）
Lighthouse　ロサンゼルス版　(http://www.us-lighthouse.com/)
Junglecity 生活情報シアトル版 (http://www.junglecity.com/)
びびなびニューヨーク (https://newyork.vivinavi.com/ln/)
Yelp ローカルビジネスの口コミサイト (https://www.yelp.com/)

◆アメリカの日本語新聞

U.S. フロントライン (http://www.usfl.com/)
NY ジャピオン（http://www.ejapion.com/）
週刊 NY 生活 (http://www.nyseikatsu.com/)
羅府新報（http://www.rafu.com/）

◆日本語のアメリカニュース

CNN 日本語版 (http://www.cnn.co.jp/)
ニューズウィーク日本語版 (https://www.newsweekjapan.jp/)

町の様子を知る

アメリカの最新の情報を得るためには、現地のホームページも利用します。これから行く場所について、シティデータ（http://www.city-data.com/）などの検索サイトを利用すれば、町の環境について詳しく調べることができます。

町の住人の平均世帯収入、家の平均価格、人種構成、犯罪比率、学校情報、産業などについてわかるので、住む町を選ぶのに参考になります。

2

日本から持って行きたい品々
あると便利なスグレモノ

現地では手に入りにくいもの、割高になるもの、日本で使い慣れたものはできるだけ持って行きましょう。インターネットや電子メールを利用するためのパソコンやタブレットに関しては、28頁を参照してください。

英語関連

・英会話本や英語の参考書、問題集
TOEFLを受ける人は参考書や問題集を、正規留学する人は英文の論文の書き方の本を持っていきましょう。

・医療関係の本
医者にかかる際、英語で症状を説明しなければなりませんが、その手助けをしてくれるような日英両語で書かれた本を持参しましょう。

書籍類

アメリカ諸都市にある日本語書店では日本語の本が入手できますが、価格が割高になるため、必要な本は持っていったほうがいいでしょう。

・アメリカの観光ガイド、生活ガイド
・自動車整備関係の本
・パソコン操作のマニュアル本
・料理の本
・家庭用医学書
・子ども用の本や参考書

コミュニケーションをはかるために

コミュニケーションを円滑にするためにも、自分自身のことや日本を紹介する資料を持参しましょう。

・家族や自宅の写真（スマホに入れておくといい）
・世界地図帳（学生時代に学校で使用したものでOK）
・日本の絵ハガキや日本に関する紹介本
・日本の音楽

・折り紙と折り方の本（アメリカでは喜ばれる）
・日本について語るための本
『英語対訳で読む日本のしきたり』『英語対訳で読む美しい日本のこころ』『英語対訳で読む日本の歴史』（実業之日本社）などがお勧め。

身のまわりの品物

・アメリカで手に入りにくいもの
スリッパ、便座カバー、マスク、日焼け止め手袋、日本式の引いて切る鋸、イヤリング（アメリカではピアスがほとんど）
・日本的な物（プレゼントにもいい）
折り紙、お手玉、コマ、けん玉、かんざし、手ぬぐい、風呂敷（様々な包み方を覚えておくと便利）
着物、浴衣、甚平、半纏、作務衣、もんぺ、ガーゼマフラー（日焼け防止にもいい）
・日本で売られている性能のいいもの
洗えるマスク、あかすりタオル、歯ブラシ、爪切り、日焼け止めクリーム、耳かき、菜箸、おろし金、消しゴム、ホッチキスと針、日本式の磁石、目覚まし時計、パンティストッキング（日本でのまとめ買いが安い）
・使い慣れたもの
化粧品や薬、かゆみどめの薬（液体状のもの）、メガネやコンタクトレンズの予備（アメリカでは安価だが、必要があれば持参）

家族で渡航するなら

・炊事用具
現地では手に入りにくいおたま、箸、しゃもじ、和風食器、ラーメン鉢。
・家電製品
タイマー付き炊飯器、煙の出ない魚焼き器、布団乾燥機、電気毛布、小型掃除機、コードレス掃除機、コードレスアイロン、くるくるドライヤー、ホットプレートなど。ホットプレートはすき焼き、水炊き、しゃぶしゃぶ、お好み焼き、鉄板焼きといろんなメニューが楽しめます。

日本の電気製品は100ボルトで周波数は50と60ヘルツですが、アメリカでは電圧は115～120ボルトで周波数は60ヘルツです。そのため日本の家電製品を持参する場合は、変圧器を日本で購入して持参します。特に変圧器がなくても、家電製品を使用している人もいるようです。

3 役立つカードや証明書類

クレジットカードは心強い味方

クレジットカード（クレカ）

カードを持っていれば、アメリカの商店、レストラン、ホテルなどで使用したり、ＡＴＭを通してドルで現金を引き出すことができます。レンタカーを借りるときや、ホテルの予約にカードの番号を求められることもあるので、カードの利用価値は高いといえます。

クレカのなかには、加入者への特典として、海外旅行保険が適用されるものがあります。ただし、海外での滞在日数に制限があるため、長期滞在者には適用されなかったり、加入後に保険が適用されるまで数カ月かかったりするので、あらかじめ保険内容を十分確認しておく必要があります。

加入の際には仕事や年収などが審査されるため、仕事をやめる前に加入しておくといいでしょう。学生や主婦の場合は、家族会員として加入することも可能です。

日本から持っていったクレカの決済は、日本の銀行口座を通しておこなわれるので、残高の確認をする必要があります。

国際キャッシュカードとトラベルプリペイドカード

どうしてもクレカに加入できないという場合、審査のない国際キャッシュカードかトラベルプリペイドカードを取得するかします。

国際キャッシュカードは日本の銀行の円預金口座を基にして、外国で現地通貨を引き出せるカードです。トラベルプリペイドカードは出発前に円でチャージした額を基にして、外国で現地通貨を引き出せるカードです。アメリカ以外の国でも使えます。

双方とも審査がないというのがメリットですが、デメリットは盗難・紛失時に再発行できないことです。

①クレカ、②国際キャッシュカード、③プリペイドカードを利用してアメリカのＡＴＭで現金を引き出すこ

家族アルバム みてね

証明書類ではありませんが、子どもがいる人には最強のスマホアプリ「家族アルバム みてね」を紹介します。

スマホで今日撮った子どもの写真や動画（３分まで）を、遠く離れた家族で共有でき、コメントを入れることも可能。見られるのは招待した家族だけのクローズドなものなので安心です。

写真や動画をアップするだけで自動整理、めくるだけで撮った月を移動、家族が見た場合はみたよ履歴がつきます。年ごと、月ごとに見たい写真が選べ、お気に入り登録も可能です。

月の思い出からフォトブックを作成したり、動画をテレビで楽しむTV版、写真、動画、コメントすべてを保存可能なPC版を作成することもできます。

プレミアム登録（有料）をすると、動画は最大10分までOKとなり、かつてデジカメで撮った写真やパソコンに保存してある写真のアップロードが可能になります。

<アプリのダウンロード>
App StoreやPlayストアで「家族アルバム みてね」と入力してアプリをダウンロードする。
<アプリの使い方>
https://snsdays.com/pic-safe/family-mitene/

とができますが、受け取れる現金の額は①②③の順番だといわれ、クレカに軍配があがっています。

クレカは現金を引き出してから請求日に引き落とされるまで利息がかかりますが、その利息を即日ネットで決済できるというものもあります。詳しくは、次のサイトを参照してください（http://www.card-user.net/）。

国際運転免許証と日本の運転免許証

アメリカの免許を取得するまでの運転免許証として利用できるのが国際運転免許証です。発行してもらうには、お住まいの地域の各都道府県の警察署の運転免許課、運転免許センター、運転免許試験場のいずれかに出向いて、日本の運転免許証、パスポート、写真などを提出します。詳細については各機関に問い合わせてください。

ハワイやサイパンでは国際運転免許証は必要ありませんが、そのことを知らない警察官もいるため、念のため持っていったほうが無難でしょう。

免許証の有効期間は州によって違っています（１３１頁参照）。国際運転免許証と同時に、日本の運転免許証の提示を求められることもあるので、持っていくといいでしょう。アメリカ滞在中に期限が切れてしまう場合は、渡航前に更新手続きをすることも可能です（２５８頁）。

国際学生証（ＩＳＩＣカード）

国際的に認められた学生証を提示すると美術館、博物館の入場料などで割引料金が適用されます。

取得できるのは高等専門学校４・５年の本科生、専門学校４～６年の本科生、短大、大学、大学院の学生（STUDENT）と、中学、高校、専門学校生を対象にした学生（SCHOLAR）です。

学生証のコピーまたは在学証明書、写真1枚を添えて日本の各大学生協、大学生協事業センター、各地にあるユースホステル協会で申し込みます。

ユースホステル会員証

アメリカ各地にはユースホステル（ＹＨ）があって、会員になれば安い費用でＹＨに宿泊できます。会員でなくても宿泊できる場合がありますが、宿泊料金は高くなります。専用シーツを持っていると、シーツ代を払う必要はありません。

部屋は相部屋ですが、それだけに世界各国からの旅行者と交流ができるという楽しさがあります。

自炊設備が整っているところも多く、利用者は安い費用で旅行ができ、会員になれば世界各国にあるＹＨを利用することができます。宿泊日の４～１８０日前から予約できるシステムも設けられています。

会員になるには、居住している都道府県のユースホステル協会で手続きをおこないます。年齢制限はなく、アメリカのＹＨでも会員になることができます。

華道、茶道、書道、武道などの免状

日本文化に関連する免状を所持している場合は、持っていけば何かの役に立つことがあるかもしれません。英語で発行してくれない場合は、翻訳と翻訳証明書を添付して持参します。

英文の各種証明書など

将来、専門学校、短大、大学などへの入学を希望している人は、最終卒業校の成績証明書、卒業証明書などを英文で取得して持参しましょう。また、持病のある人は英文の診断書を持参するといいでしょう。

4 日本の役所への届け出
日米で〝税金を二重払い〟しないために

国外転出届

海外で長期滞在をする場合、役所に国外転出届を提出します。出発日の2週間前から受け付けてくれます。社会人の場合、届けをしないと居住者として納税の義務が継続されてしまうので注意が必要です。転出先の住所が確定していない場合は、滞在予定の国名と市を伝えます。

健康保険

自治体を通して国民健康保険に加入している人は、有効期限を出発当日までに変更してもらいます。

年金の手続き

20～60歳の日本人は国民年金、厚生年金、共済年金のいずれかに強制加入して年金の掛け金を支払う義務があります。年金を受給するためには10年以上掛け金を払わなければなりませんが、海外在住期間はカラ期間とみなされます。たとえば8年しか年金を払っていなくても、海外に在住した期間が2年以上あれば、受給資格期間を満たしていることになり、給付の対象となります。ただし、そのぶん給付金は低くなります。

日本での仕事をやめた人が国外転出届を提出すると、任意加入扱いとなるため、国民年金に加入して掛け金を支払うか、カラ期間扱いにしてもらうかを選択して手続きを進めます。支払う場合は親族に掛け金を代行して払ってもらうか、非居住者円普通預金口座を設けて、自動引き落としにする方法があります。

税金の確定申告

就労していた人が渡米前にその年の税金の確定申告をすると、ほとんどの場合、払いすぎていた所得税が還付されます。ただし、前年の所得を対象にして課税される住民税は全額支払わなくてはなりません。

5 荷物の送り方
賢い引っ越し方法

アメリカでの生活に必要なものをリストアップし、渡航時に一緒に持っていく手荷物と、別送として送付する荷物に分類します。

別送する場合には、郵便局や宅配会社を利用して送付するか、引っ越し業者を利用して送付します。

渡航時に一緒に持っていく手荷物

飛行機に乗る際に、機内持ち込みの手荷物と、チェックインする手荷物に分類します。エコノミークラスの乗客が飛行機に持ち込める手荷物は以下の通りです。

・手荷物（1人1個）

航空会社や利用する空港によってちがいます。座席の下や上の棚に入ることが条件です。そのほかに小さなバッグやコンピューターも認められています。

・チェックインする荷物

飛行機に持ち込める荷物の量は年々、少なくなっています。国際線でも受託荷物は、日系航空会社以外は1人1個で重さも23キロまでと昔の半分以下になっています。日系を利用する場合もコードシェア便の場合は、条件がちがってきますから事前に制限を確かめなければいけません。

郵便局を利用して送付

送付してから1～2週間かかる航空便、2～4週間かかるSAL便、1～2ヵ月かかる船便の3種類があります。

送付できるのは最大20キロまでで、20キロだと船便で1万250円、SAL便で1万9550円、航空便で2万7150円です。

書籍類はPrinted Matter（書籍小包）で送れば料金が割安になりますが、最大5キロまでしか送付できません。書籍が多い場合は大きな郵便袋にまとめて送付する特別郵袋印刷物の制度を利用すれば、最大30キロまでの送付が可能です。ただし利用できる郵便局は限定されていますので、郵便局のホームページで送り方を調べます。

郵便局のホームページには、料金、日数、必要書類についての詳しい説明があります。

国際宅配会社を利用して送付

郵便局まで荷物を持っていくのが面倒な人、大きな荷物を送りたい人などは、国際宅配会社を利用して荷物を送付します。割高になりますが、荷物は自宅まで取りにきてくれます。

アメリカの港へ送付される荷物を港へ受け取りにいく場合と、追加料金を払ってアメリカ国内の指定先まで届けてもらう場合とがあります。

引っ越し業者を利用

海外への引っ越しを扱っている業者はいくつかありますから、電話をして見積もりを出してもらい、条件を比較してよいところを選びます。現地の近くに引っ越し業者の営業所があると便利です。

▽パッキングのしかた

荷物の詰め方は業者のアドバイスに従います。海外引っ越し用のダンボールは通常のものより丈夫にできています。衣服用の長いダンボール箱、軽いものを入れる大型、食器や雑貨類を入れる中型、本などの重いものを入れる小型のダンボール箱など、詰める内容により、大きさや形のちがうダンボール箱があります。高額のものに保険をかける場合は、業者が梱包することになります。

通関用の書類には品物の種類と金額を記入します。食品の中には申請しなくてはいけないものもあります。

▽荷物の発送

船便の荷物は出発の1カ月くらい前に発送します。本人が現地に到着して引っ越し先が決まったら、運送業者に連絡をして配達をするように手配してもらいます。荷物が着くまで、アメリカ西海岸で1カ月、東海岸では1カ月半ほどかかります。

通関用の書類は、引っ越し業者の指示に従って記入します。ビザについて記載する欄があるので、渡航ビザを取得してからでないと荷物は出せません。

6

金銭管理の方法

お金はこうして持って行こう

ドルの現金を持参し、クレジットカード（クレカ）などでキャッシングをして、当面の生活に必要と思われるお金を確保します。現地で銀行口座を開設してから、円とドルの為替レートのいいときに、日本から送金してもらうか、インターネットバンキングを利用して自分で日本の口座からアメリカの口座へと送金するようにしてください（26頁参照）。アメリカ滞在が長期に渡るときは、現地でクレカを作るのが賢明でしょう（84頁参照）。

現金

▽日本での両替

日本円からドルに両替をする場合、現地で両替するより、日本で両替したほうがお得なことが多いようです。ちなみに発展途上国の通貨に両替する場合、この反対がお得だとされています。

日本でドルの現金を入手できるところといえば、銀行、両替店、旅行会社、金券ショップなどがありますが、手数料が安いのは金券ショップの場合が多いようです。

▽アメリカでの両替

空港内の両替所、街の両替所、銀行、ホテルなどがありますが、手数料が安いのは街の両替所のようです。

トラベラーズチェックが販売終了

ひと昔前、海外渡航といえば、期間が長くても短くても、トラベラーズチェック（ＴＣ）を持参したものでした。２０１４年3月末で、ＴＣの日本での販売が終了しました。ＴＣには有効期限がないとはいえ、早めに使い切ってしまうのが賢明でしょう。アメリカでは使えるところもあるようなので、そのつど「使えますか」と聞いてみることです。ちなみに筆者は日本周辺を巡るクルーズ船（日本出発だが外国船扱いでドルが公式通貨）に乗ったときに、TC全てをドルのキャッシュに替えてもらい、手数料は無料でした。

ATMでドルをキャッシング

空港、銀行、スーパーマーケットなどに設置されているATMを利用して、クレカ、国際キャッシュカード、トラベルプリペイドカードなどからドルの現金を引き出すことが可能です。

どのカードがいいかについてはネットで検討されていますが、クレカがいいようです。クレカを利用すれば、日本から送金してもらわなくても、カードの代金引き落とし先の日本の銀行口座に入金することにより、送金したことと同等の行為になります。

現金化した分の利子を払わなければなりませんが、利子を早く払えば支払いが少なくてすむので、そのようなサービスを提供している会社のクレカを利用するといいでしょう（http://www.card-user.net/）。

ドルのままで決済できるクレカ

日本でドル預金した口座からドルのままで決済できるクレカがあります。

インターネットの検索サイトで「ドル決済できるクレジットカード」と入力して調べてみましょう。

一例をあげると、住信SBIネット銀行の外貨普通預金にドルで預金をし、SBIレギュラーカード（ドル決済できるクレカ・年会費無料）を申し込むと、ドル決済で使用できるようになります。

ドル建てでクレジットヒストリーがつくクレカ

アメリカでクレカに加入するには、支払いを証明するクレジットヒストリーが必要とされますが、これには少なくとも1年位の時間がかかります。

ドル建てで、日本で作れて、おまけにアメリカのクレジットヒストリーがつくクレカがあります。日本出発前から申し込むことも可能です。

▽プレミオカード……18歳以上でアメリカに定住所があるか、1カ月以内にアメリカに赴任してアメリカで定収入がある人が申し込める。年会費無料。

▽JAL USA CARD……JALマイレージ会員が申し込める。年会費20ドル。

▽ANA CARD USA……ANAマイレージ会員が申し込める。年会費が70ドル。家族カードの作成は無料。

医療保険の準備

7

とりあえず海外旅行保険に加入しておく

盲腸の手術で入院すると、アメリカでは外科医、麻酔医、看護師、手術室などから複数の請求書が届いて高額な医療費となるため、医療保険への加入が必須です。

①海外旅行保険に加入

死亡時の補償、病気・怪我の際の治療費や入院費の補償のほか、手荷物が盗難にあったときの補償まで幅広い補償があります。治療費や入院費の全額がカバーされますが、既往症などが現地で再発した場合、治療費はカバーされません。出産や歯の治療費は含まれていません。

補償の期間や内容の組み合わせによって保険料がちがってきます。会社側がセットで提供する保険プランより、自分で組み合わせて選んだほうが安くなります。

最長契約期間は5年。加入は日本でしかできないため、渡米前にすませておく必要があります。

クレジットカードには、加入者への特典として、海外旅行保険を適用しているものもありますが、短期滞在者は利用できても、長期滞在者には適用されません。

②日本の国民健康保険に加入

2001年1月より、海外で診療を受けた場合、療養費が支給されることになりました。ただし、渡米の際に住民登録を残したままにして、国民健康保険の掛け金を毎月払わなければなりません（銀行引き落とし可能）。

もしアメリカで治療を受けた場合、とりあえず現地で全額を支払い、診療内容明細書と領収明細書を発行してもらいます。日本に帰ってから、それらの書類に翻訳と翻訳証明書を添付して提出すると、かかった費用の7～8割（ただし日本費用に換算した額）が戻ってきます。

国民健康保険の掛け金は前年度の収入に応じて決まります。そのため前年度の収入が高い場合は、掛け金が1カ月2万円を超すこともあります。

国民健康保険は家族単位でかけるものなので、世帯主が加入すれば、その扶養者全員の保険がカバーされます。

前年度の収入が高くなかったり、家族で渡航する場合などは加入を考えてみてもいいでしょう。詳細については、各自治体に問い合わせてください。

③留学先の学校を通して医療保険に加入

　留学先の学校が留学生のために医療保険を提供していれば、在校生は医療保険に加入することが可能です。病気や怪我をした場合は、留学生アドバイザーに連絡をとって、学校内にある学生ヘルスサービスか診療所へいって治療を受けます。もし学外の医療機関で治療を受けたい場合は、その旨を伝えます。

④就労先の会社が提供してくれる医療保険に加入

　就労先の会社が従業員のために医療保険を提供してくれる場合は、その保険を利用できます。保険に歯科が含まれているのか、家族の保険は含まれているのか、など事前に調査をして、足らない場合は自分で補って加入する必要があります。保険の提供をしていない会社で就労する場合は、自分で保険に加入しなければなりません。

⑤自分でアメリカの医療保険に加入

　アメリカには日本のように国家が万人向けに運営する医療保険のシステムはありません。公的保険としては障害者と65歳以上の高齢者を対象にした「メディケア」（連邦政府が運営）、低所得者向けの「メディケイド」（連邦政府と州政府が共同運営）があります。これらに該当しない場合は、生命保険に入るように、民間保険会社、非営利団体、オバマケア（２０１４年から実施・低所得者には補助金が支給）などが提供する保険に加入しなければなりません。加入しないと罰金が科せられますが、掛け金が高いため、未加入のままという人も少なくありません。

　民間保険会社に比べて保険料が安く設定されている非営利団体が提供する医療保険としては、入院費をカバーするブルークロスと、診察費をカバーするブルーシールドがあります。

　加入した保険によって、治療や入院できる病院が限定されるため、加入前にそのシステム、利用方法、支払い方法などを検討する必要があるでしょう。

　アメリカの医療保険には免責があったり、カバー率が全額でないものが多いようです。たとえば免責額が２００ドルと設定されている場合、治療代が１５０ドルかかったとしても、免責額以内ということで治療費はカバーされず、自己負担となります。また、アメリカの医療保険には歯科、眼科などが含まれていないこともあるので、その場合は個別に保険に加入する必要があります。

8 友だちづくりの近道
ニックネームを考えておこう

ファーストネームで呼び合う国

アメリカ人は通常ファーストネームで呼び合います。医師は「ドクター・ブラウン」、先生や大学の教授は「ミスター・スミス」、「ミズ・ウィリアムズ」のようにラストネームで呼びますが、通常は、仕事や受付の人々もファーストネームを使っています。同じ名前の人も多いので、そのときは、ラストネームをつけてフルネームで呼ぶ場合もあります。

それほど親しくない人について、日本では苗字しか知らない場合があるのと同様に、アメリカでは逆にファーストネームしか知らない場合があります。

日本人の名前はアメリカ人にとっては覚えにくく、発音しにくいものです。特に日本の4文字以上の名前は、なかなか覚えてもらえません。しかし、移民の多いアメリカでは、長くて覚えにくい名前を使っている人も多いので、ファーストネームをそのまま使いたかったら、それでもかまいません。

呼び名を考える

アメリカでは、ロバートはボブ、ウィリアムはビル、エリザベスはベスといった具合に、短めの呼び名がつけられています。アメリカに着くとすぐに自己紹介が始まるので、自分が呼んでもらいたい名前を考えておくといいでしょう。

「ひろふみ」だったら「ひろ」と短くすることによって、アメリカ人にとって覚えやすい名前になるでしょう。しかし、名前を呼び捨てにされるのに不快感を持つ人もいるかもしれません。名前だけではなく、苗字をもじって、呼び名を決めてもかまいません。ただし、自分できちんと発音できる名前にすることは重要です。日本人にはなじみの「アルバート」という名前は発音がとても難しかったりします。

名前を覚えてもらうためには、最初に"I'm ○○."とか"Please call me ○○."といって自己紹介します。

ニックネームを準備

アメリカにいく機会に、思いきってニックネームを考えてみてもいいでしょう。「さやか」を「ジェシカ」としても大丈夫ですし、まったく関連のない名前でもかまいません。英語では英語名、日本語では日本名と使い分けている人はたくさんいます。

アメリカではニックネームを含めた通称名を使っている人がたくさんいます。公式書類などのOther Nameの欄にニックネームまたは通称名を書けばいいので、困ることはありません。本名をきちんと報告しておけば、子どもの学校でも、パスポートとちがった名前を使用しても問題はありません。

アメリカ人の名前

アメリカ人の名前には、日本の漢字とちがって意味がないと思われるかもしれませんが、それぞれに意味があり、もともとはどこの国の名前かもわかります。たとえば、男の子で人気のジェイコブはヘブライ語からきていて、継承者というような意味があります。コビー、ジェイク、ジェブなどはジェイコブの呼び名です。

女の子で人気のソフィアはギリシアに起源があり、「賢い」というような意味です。ソフィーと呼ばれることが多いです。

昔から使われ続けている名前もあれば、流行により変わる名前があります（表参照）。人種によっても好まれる名前がありますが、最近の傾向としては、男女共通、地名、偉人にちなんだものなどがあるようです。

アメリカの新生児名ベスト10

◆男の子

(1919年)	(2019年)
1ジョン	1リーアム
2ウィリアム	2ジャクソン
3ジェームズ	3ノア
4ロバート	4エイデン
5チャールズ	5グレイソン
6ジョージ	6カデン
7ジョセフ	7ルーカス
8エドワード	8イライジャ
9フランク	9オリバー
10トーマス	10ムハンマド

◆女の子

(1919年)	(2019年)
1メアリー	1ソフィア
2ヘレン	2オリビア
3ドロシー	3エマ
4マーガレット	4アバ
5ルース	5アリア
6ミルドレッド	6イザベラ
7バージニア	7アメリア
8エリザベス	8ミア
9フランシス	9ライリー
10アンナ	10アリーヤ

Column 1

ビジネスランチにおにぎりを……？

◆格好は何でもありのアメリカ人

四季の区切りがはっきりしている日本では、衣替えという行事がある。夏には薄手の服を、冬には厚手の服を着るのが日本の常識だ。

ところが、季節の移り変わりがはっきりしないアメリカの町にやってきたＡさんは驚いた。Ｔシャツを着た若者とオーバーコートをはおった年配女性が、バスのなかで隣り合わせにすわっている。

着るものに関しては何でもありの国なのだと思ったＡさんは、自分も好きな格好をしようと、日本から持ってきたモンペや羽織を街着として着こなしている。

◆おにぎりは勇気が必要？

Ｂさんはアメリカの大学を卒業して、そのままアメリカの弁護士事務所に就職した。同僚はすべてアメリカ人で日本人は１人もいない。

忙しい職場なので、昼食はオフィスですませることが多い。おにぎりや日本食のお弁当を持っていきたいＢさんだが、同僚から奇異の目でみられないかと勇気が出ないでいた。

寿司が世界で人気アイテムになると共に、おにぎりも認知されるようになった。いまＢさんはオフィスで堂々とおにぎりを食べている。

◆いつでも結婚適齢期

Ｃさんは、アメリカで「独身ですか？」と聞かれることが多い。イエスと答えると、日本ではそれで質問は終わるのだが、アメリカではさらに「子どもは何人ですか？」と質問が続く。

離婚の多いアメリカでは、シングルといえども、子育てをしている人がけっこう多いからだ。

それだけにアメリカでは、中高年になっても結婚相手を探しているシングルが少なくない。若い人だけでなく、どんな年代の人でも結婚適齢期といえるのがアメリカだ。

◆営業スマイルは全世界共通のもの？

Ｄさんはアメリカを旅したときに、いろんな町でマクドナルドを利用した。ところが日本とちがって、アメリカでは必ずしもスタッフの応対がマニュアル化されていないことに気がついた。

西海岸では日本のように笑顔で対応してくれるが、南部の州にいくと日本人の英語の発音に慣れていないせいか、“Ah...n ？”といって顔をゆがめたままで、“I beg your pardon ？”（何ですか）ともいってくれない。

横柄な応対に腹立たしい思いをしながらも、営業スマイルが統一化されていないのは実にアメリカらしいとも思うのだった。

PART 2

日本との簡単アクセス法

◆これがアメリカの常識◆

日本の情報は簡単に手に入る

Wi-Fi が使える場所がいっぱい

国際電話もスカイプやラインで無料に

日本の新聞や雑誌も定期購読できる

1 無料で電話をかけるには

インターネットで無料電話を利用しよう

日米に離れて暮らす家族や友人同士のコミュニケーション手段として、真っ先に考えられるのが電話です。パソコン、タブレット、スマホなどのツールが普及した昨今、インターネットを通して、無料電話（ライン、スカイプ）を利用している人も多いのではないでしょうか。

ラインやスカイプは、ソフト（アプリ）をツールにインストールして、お互いに登録した者同士が無料で通話できるというものです。もしツールを持っているのに、まだ無料電話を使ったことがない人は、渡米の機会にぜひ使い方を覚えましょう。

双方とも、有料プログラムに加入すると、登録していない相手の固定電話や携帯電話にも、格安料金で通話できます。

時差

まず使い方を習う前に、時差のことを頭に入れておきましょう。アメリカには国内でも時差があり、また夏時間と冬時間があるため、季節によっても時差がちがっています。

夏時間は3月第2日曜から、冬時間は11月第1日曜からで、夏時間は時計を1時間早めます（24頁参照）。

左記のウェブサイトを利用すると、電話をかけたい都市の時刻を提示してくれます。

・世界時計・カレンダー（https://www.jal.co.jp/worldclock/）

ラインの登録方法

ラインはスマホで使われていることが多いようです。ここではアンドロイド系スマホでの登録を紹介します。

①ラインをスマホにインストールする……「Play ストア」で「LINE」を検索し、「インストール」をタップします。

②アプリを起動する……アプリ画面に表示された

「LINE」をタップして、アプリを起動します。
③利用登録をする……「新規登録」をタップして、必要事項を記載すると、携帯メールに暗証番号が送信されるので、メールで暗証番号を確認して入力し（電話での確認もあり）、氏名を登録します。
④連絡をとりたい相手を友だち登録する……スマホの電話帳に登録されている人物でラインに登録している人は、自動的に友だち登録されます。

ラインで電話をかける

たとえば「友だち」の項にある「山田花子」をタップすると、「トーク」「無料通話」「ビデオ通話」のいずれかを選べます。「トーク」は電子メール、「無料通話」は電話、「ビデオ通話」はテレビ電話となっています。

電子メールは相手が確認すると「既読」となるため、届いたかどうかを心配せずにすみます。また、複数の人数でのメールのやりとりが可能です。テレビ電話では双方の動画を確認できます。

スカイプの登録方法

スカイプはスマホが普及する前から使用されており、パソコンで利用されていることが多いようです。ここではパソコンでの登録方法を紹介します。
①左記のサイトにアクセスする。
スカイプ（http://www.skype.com/ja/）
このサイトから、パソコン、携帯電話、スマホで使えるようにインストールできます。
②スカイプを起動する。
③スカイプ名とパスワードを登録する。

スカイプで電話をかける

パソコンの場合は機種によって、ヘッドセット（音声を聴く機器と自分が話すマイク。1000円位）が必要となります。テレビ電話にしたい場合は、ウェブカメラも必要となります（搭載されている場合は不要）。テレビ電話は孫のいる人に喜ばれています。

パソコンの画面に記載された友人がインターネットでつながっている場合、友人の名前をクリックすれば、電話がつながります。

スマホ同士の場合は、通常の電話のようにつながります。

2 日米間で連絡をとるには

工夫して電話を利用しよう

電話をかけたい相手に対して、前項で紹介したようなインターネットを利用した無料電話を使えない場合、できるだけ安く電話を使うように工夫しましょう。

日本からアメリカへ国際電話

▽固定電話

電話をかけるなら固定電話で……というのがひと昔前のコミュニケーション手段でした。しかし、いかんせん、固定電話は料金が高いのが欠点です。かける時間帯による料金制度があり、アメリカへの国際電話は1分約40～80円です（表A参照）。マイラインによる割引制度を利用しても、せいぜい半額になるくらいです。

▽ＩＰ電話

電話会社が提供しているＩＰ電話を利用すれば、月額利用料金はかかりますが、アメリカへの電話料金はそれほどかからなくてすみます（表B参照）。

ＩＰ電話の場合、ＮＴＴとＫＤＤＩはそれぞれ、アメリカへの国際電話料金（24時間均一料金）は1分9円、国内電話（24時間均一料金・全国一律）は3分８円。

▽スマホで「楽天でんわ」アプリを利用

スマホの通話料金を安くするには「楽天でんわ」アプリがお勧めです。国内電話では相手の電話番号の前に「００３７６８」を追加することにより、その番号は相手に表示されずに利用中の自分の電話番号が表示され、通話料が半額になります。

国際電話の場合は、アプリ1.2.0バージョン以降のものを使用し、国番号「アメリカ＝1」＋「相手先番号」とダイヤルしてください。ただし、相手の電話番号が０で始まる場合は、０を除いてください。32ヵ国一律30秒で10円。

日本からアメリカへの国際電話

【A】通常の固定電話
普通料金　平日 8:00〜19:00
割引料金　平日19:00〜23:00
　　　　　土日 8:00〜23:00
超割引料金：23:00〜 8:00
<電話のかけ方> KDDIの場合
001+010+1（アメリカの国番号）+相手の電話番号
（マイライン登録をしていれば、001は不要）
料金＝1分40〜80円　割引で約半額になる。

【B】IP電話
<電話のかけ方> KDDIの場合
001+010+1（アメリカの国番号）+相手の電話番号
料金＝1分9円（24時間均一料金）、ほかにIP電話の月額料金+アダプターレンタル料金がかかる。

【C】格安電話
◆Telink 格安国際電話ベーシック（かけ放題）
会員登録（無料）すれば国際電話を格安で使えるサービス。月額980円で対象の国と地域にかけ放題。スマホ・固定電話から発信OK。
決められた国内のアクセスポイント（13ヵ所）に電話し、そこを経由して格安で国際電話につないでもらう。国際電話はかけ放題だが、アクセスポイントまでの国内料金は別途かかる。24時間均一料金。
<電話のかけ方>
日本のアクセスポイントに電話をかける→（自動音声ガイダンスが流れる）→1（アメリカの国番号）+相手の電話番号+#をダイヤル

◆Smash Call0063
会員登録（無料）すれば国際電話を格安で使えるサービス。24時間均一料金。スマホ・固定電話から発信OK。国内電話も可。
スマホ＝1分10円　固定＝1分6円
<電話のかけ方>
0063+1（アメリカの国番号）+相手の電話番号

【注】相手の電話番号が0で始まる場合、0は省く。

▽格安国際電話

ほかにも「Telink」や「Smash Call0063」がより安く国際電話をかけられるサービスを提供しています。ともに初期費用は無料で、クレジットカードによる支払いとなります（表C参照）。

アメリカから日本へ国際電話

アメリカ滞在が長い場合は、アメリカでスマホを契約して利用すればいいでしょう。

日本にいる間にアメリカのスマホを契約することも可能です。日本で契約した場合は、日本で受け取って持っていくことができます（60頁参照）。

短期滞在者がアメリカでパソコンを使いたいのであれば、テザリング機能のあるスマホ（LTE機種）を契約するといいでしょう。テザリング機能があればパソコンをインターネットにつなぐことができるため、プロバイダーと契約する必要はありません。

ただし、スマホをとりまく使用環境や料金は日米で違いがあるため、それらについて十分確認してから契約するのが望ましいでしょう。

【アメリカ標準時】(夏時間)

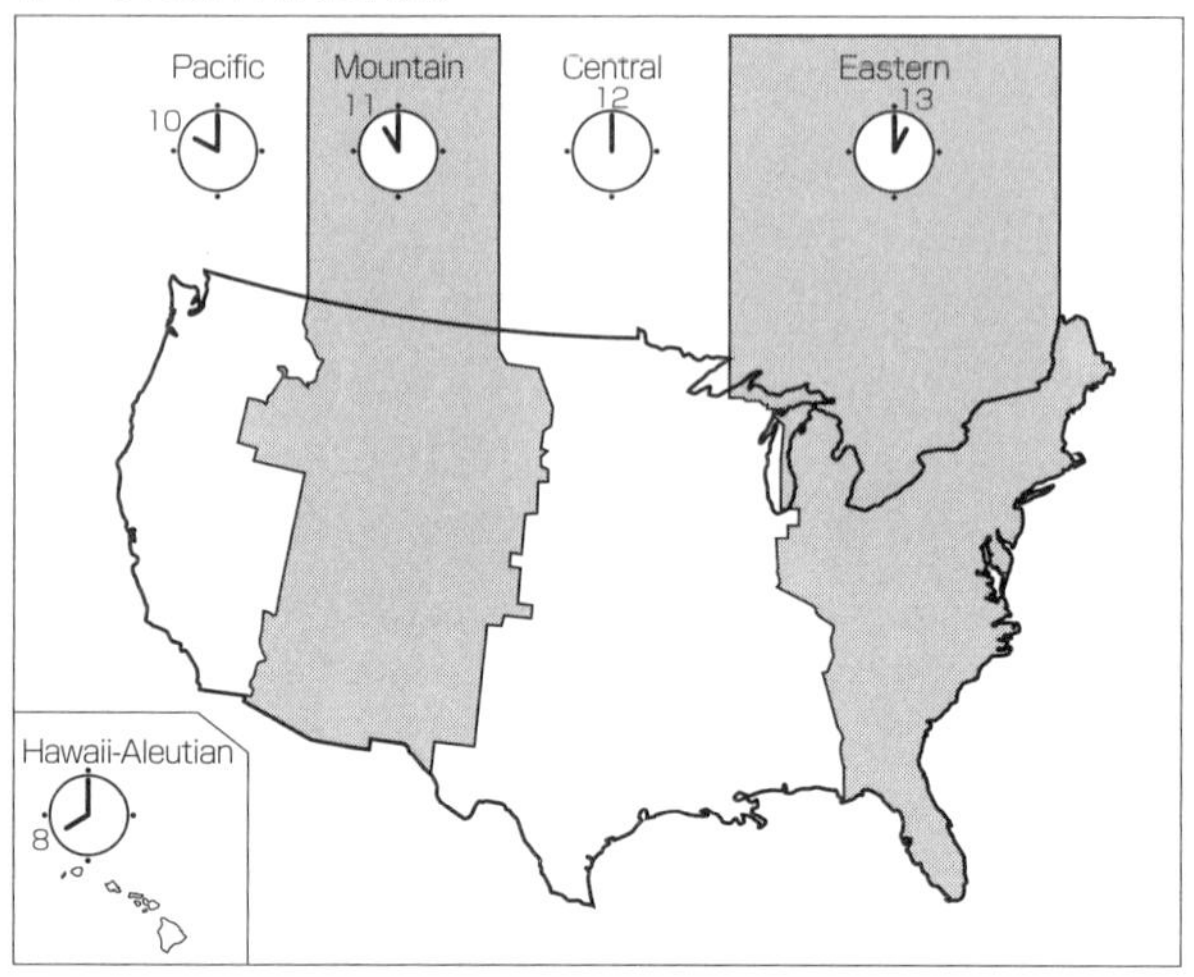

【時差】

	冬時間	夏時間＊
日本時間	2:00AM	2:00AM
Eastern Time 東部標準時	12:00（－14時間）	13:00（－13時間）
Central Time 中部標準時	11:00（－15時間）	12:00（－14時間）
Mountain Time 山地標準時	10:00（－16時間）	11:00（－15時間）
Pacific Time 太平洋標準時	9:00（－17時間）	10:00（－16時間）
Hawaii-Aleutian Time ハワイ・アリューシャン標準時	7:00（－19時間）	8:00（－18時間）

＊夏時間は3月第2日曜日から、冬時間は11月第1日曜日から

【エアメール封筒の例】

差出人：
Taro Sato
1-2-3 Kitashinagawa
Shinagawa, Tokyo 140-0011
JAPAN

切手

宛名：Ms. Hanako Sato
c/o Mr. John Smith
123 Main Street
San Francisco, CA 94107
U. S. A.

Air Mail

【国際郵便料金】(2020年3月現在)

	ハワイ・本土	グァム・サイパン
▽葉書（全世界均一・航空便）	70円	70円
▽封書（定型：12×23.5cm まで）		
25g まで	110円	90円
50g まで	190円	160円
▽封書（定型外）		
50g まで	260円	220円
100g まで	400円	330円

3 日本へお金を送るには
送金に便利なインターネット・バンキング

銀行を通して日本へ送金

銀行を通しての送金には、小切手を作って送金する方法と、相手の銀行口座に送金する方法の2種類あります。

小切手の場合は、送金者がアメリカの銀行で小切手を作成するときと、小切手の受取人が日本の銀行で現金化するときに手数料を支払わなければなりません。日本での手数料がかなり高いため受取人の負担となり、あまり賢い送金方法とはいえないでしょう。

相手の銀行口座に送金する場合、送金者は手数料をとられますが、受取人は手数料を払う必要はありません。

郵便局を通して日本へ送金

アメリカの郵便局から、国際郵便為替（International Postal Money Order）を利用して日本に送金します。

たとえば100ドルを日本の山田さんに送金したい場合、アメリカの郵便局で手数料を払って100ドルの為替を作成してもらい、山田さんの住所宛てに郵送します。

受取人の山田さんは日本の郵便局にいって、その日のレートで円の現金を受け取ります。銀行の小切手とちがって、山田さんは現金を受け取るときに、手数料を払う必要はありません。

インターネットを利用した日本への送金

日本の新生銀行に口座を持っていると、インターネットを通して、手数料なしで日本のほかの銀行口座に送金することができます（預金額により月1件、5件、10件まで）。日本の口座に支払いの機会が多い人にとっては、利用価値大でしょう。

アメリカの銀行のように通帳はなく、毎月の明細をインターネットで確認します。希望すれば3カ月に1度明細書が郵送されますが、日本の住所に送られるので、郵送先を実家にするなどの届けが必要です。

4 日本からお金を送るには ネットで調べて最適な方法を選択しよう

銀行を通してアメリカへ送金

銀行を通しての送金には、銀行口座に送金する方法と、小切手を作って送金する方法の2種類あります。小切手送金の場合、送金者は銀行で手数料を払って小切手を作ってもらい、受取人はアメリカの銀行で手数料を払って現金化します。いずれの場合も受取人はアメリカに銀行口座を開設する必要があります。

ゆうちょ銀行、郵便局を通してアメリカへ送金

ゆうちょ銀行の送金手数料はほかの銀行に比べて安く設定されています。また、小切手を作成するには、国際郵便為替（International Postal Money Order）が利用できます。

日本の本局レベルの大きな郵便局から、アメリカの住所宛てに国際郵便為替を送ると、アメリカの住所に為替が送られますので、受取人はアメリカの郵便局にいって現金化します。銀行の小切手とちがって、現金化する際に手数料を支払う必要はありませんし、アメリカで銀行口座を開設していない場合でも、利用できるという利点があります。

クレジットカードの引き落とし先銀行に入金

銀行やスーパーマーケットなどに設置されているATMを利用し、クレジットカードからドルの現金を引き出すことも可能です。すでに述べたように（12頁参照）、このシステムを利用すれば、日本からアメリカにわざわざ送金してもらわなくても、クレジットカードの代金引き落とし先の日本の銀行口座に入金することにより、送金したことと同等の行為になります。

現金化した分の利子を早く払えば支払いが少なくてすみますので、インターネットバンキングを通してそのようなサービスを提供している会社のクレジットカードを

利用するといいでしょう（http://www.card-user.net）。

お得な方法をインターネットで調べてみよう

海外に送金する場合、送金手数料、外貨両替手数料がかかります。受取人に手数料がかかることもあります。金融機関を選ぶ際には、全体として送金にいくらかかるかを見定める必要があるでしょう。

それぞれの手数料の設定は金融機関によってちがいますので、じっくりと検討することをお勧めします。インターネットの検索サイトで「アメリカへの海外送金」と入力して調べるのも、ひとつの方法です。

日本で為替レートのいいときにドル預金をしておいてドルのまま送金する方法、プリペイドカードでお金をチャージしておいて海外のＡＴＭで引き出す方法などいろいろな方法があります。また、利用する金融機関の預金残高によって送金手数料が無料になるといったサービスもあります。

後発の銀行を利用

前述したインターネットで調べてもわかる通り、大手の銀行の手数料は高く設定されていることが多くなっています。後発の銀行やインターネット銀行のほうが手数料が安く、サービスなどが充実しています。

インターネットを利用すると、

①為替レートのいいときに日本の口座に残してきた円をドル預金に変える

②ドル預金口座からアメリカの口座に送金する

といったことが簡単にできます。

新生銀行は大口預金者（預金２０００万円以上もしくは投資信託を３００万円以上保持）に対して月１回海外送金手数料が無料という特典を設けています。日本国内の振り込みであれば手数料が月10回まで無料という特典もあります。大口預金者でなくても、日本国内の送金であれば、月１回無料です。預金者でなくても、「Goレミット」を利用すると、送金手数料２０００円で海外送金が可能です（大手銀行は４０００円前後）。

ＳＭＢＣ信託銀行プレスティア（旧シティバンク）ではゴールドの顧客（月平均１０００万円以上の預金あり）は海外送金手数料が無料です。口座管理料として月２０００円かかりますが、円で50万円以上もしくは外貨で20万円以上の預金があれば、無料となります。

5

インターネット活用法
必要不可欠のパソコン

素晴らしいインターネット環境

アメリカでもインターネットの接続環境は年々整ってきています。空港やホテル、図書館などの公共施設では、Wi-Fiプロジェクトが普及しており、Wi-Fiに接続できるノート型パソコン、タブレット、スマホを持っていれば無料でインターネットに接続できる場所も増えています。

テーブルクロスがかかっていないようなレストランやファーストフードの店、モール、高速道路のサービスエリアなどでも無料Wi-Fiが利用できます。スターバックスなどのコーヒー店などでは、コンピューターを持ち込んで仕事をしている人もたくさんいます。

日本からパソコンと日本語ソフトを持っていく

日本で使っているパソコンがあれば、使い慣れたパソコンを持っていきます。もし、アメリカに行くことを機会に新しく購入するのであれば、余裕をもって買い、日本で調子をきちんと確かめてから持ち込むようにします。

日本で買うときにアメリカで使用することを伝え、注意点をメーカーに聞いておきます。たとえ海外保証があっても、現実にはアメリカの店では無料で直してくれないこともあります。日本に送り返すのは現実的ではないので、その場合は、有料でアメリカの店で修理をしてもらうことになります。

ノート型パソコンの場合は、コンセントを差し込むだけですぐに使えるし、Wi-Fi環境があれば到着してすぐにインターネットに接続して使い始めることができます。機内持ち込み手荷物として運びます。

日本とアメリカの電圧がちがうので、変圧器が必要な場合があります。最近のノート型パソコンの場合は、たいてい高圧に対応しているので変圧器は必要ありませんが、わからない場合はメーカーに問い合わせます。

パソコンの周辺機器であるプリンターやスキャナーな

どにも変圧器が必要な場合があります。

アメリカでパソコンを購入するには

アメリカにもパソコンを扱っているコンピューターショップがたくさんあり、頻繁にセールもおこなわれています。日本に比べて、パソコンの値段は安めです。

今のパソコンは、みなマルチリンガル（多言語使用可能）になっているので、アメリカ製のパソコンを購入しても、日本製のものとほとんど変わりなく使用することができます。ワードやエクセルなどのソフトもきちんと日本語対応ができていますし、日本語のソフトもインストールできます。

品数が豊富で、利用者のレビューが読めるという利点があるので、アマゾン（http://www.amazon.com/）やニューエッグ（http://www.newegg.com/）などオンラインから購入する人が多くいます。サポート体制は整っていて、自宅に修理しに来てくれるサービスを提供しています。

大型事務用品店のステープルズや家電量販店のベストバイの実店舗では、パソコン修理・相談コーナーがあり、ソフトのインストールや修理をしてもらえます。保証期間や返却の条件をよく確かめてから購入しましょう。

日本語化は簡単

ウィンドウズのコンピューターを買った場合、オペレーティングシステム（OS）を日本語で表示させることはできませんが、日本語の読み書きはできるようになります。

コントロールパネルから「Region and Language」の「Administrative」タブにある「Language for non-Unicode programs」で「Current language for non-Unicode programs:」が「Japanese (Japan)」となるように設定します。

タブレットという選択

最近は、iPad などのタブレットを使う人が増えています。iPad で写真を撮ったり、動画を撮影する人もたくさんいます。買い物やメール、閲覧以外に使わない場合は、タブレットだけで十分という人もいます。タブレット端末にキーボードをつけて小型コンピューターとして使えるものもあるので、自分の使用状況に合わせたものを買うことが大切です。

6 性能がよくなったスマホのカメラ

思い出づくりに写真をどんどん撮ろう

スマホで簡単に写真を撮る

海外にいると、自分がどんなところに住み、どんな学校に通っているのかを、日本の家族や友人に伝えたくなります。また、旅先で見た美しい景色や珍しい建物などは、写真に撮って残しておきたいものです。

最近の傾向として、カメラの性能でスマホを選ぶ人が増えてきています。いつでも持ち運んでいるスマホで、あちこちで写真を撮っている人がたくさんいます。撮った写真をその場からフェイスブック、ブログ、インスタグラム、ツイッターといった情報サービスにアップロードして、すぐに仲間と共有するのです。YouTube に簡単に動画をアップすることもできます。

その場で反応が返ってくるのが楽しいし、共有オプションをパブリックにしておくと、世界中の人からコメントがついたりします。言葉がなくても、写真で世界中とつながることができるのです。

そのほかにもピンタレストなど、新しい写真に関連するサイトもどんどん出てきています。デジタル化された今、写真は非常に身近なものとなってきています。

写真の共有、保存はオンラインストレージで

写真が手軽になってきたために、枚数もどんどん増えていきます。大切な記録ですから、何種類かの方法で写真を保存しておきたいものです。コンピューターを使っている場合は、外付けのハードドライブに保存しておけば、コンピューターが壊れても大丈夫です。また、インターネット上のクラウドサービスを利用して、写真を保存すれば、家族や友達と共有することができます。パスワードや共有オプションを使って、見せたい人以外には見せないこともできます。

クラウドサービスの無料のものは、期間限定だったり、アップロードできるファイルサイズが制限されます。簡

単なのは、グーグルが提供しているグーグルフォト。自動縮小サービスを使えば、写真を無制限にアップロードできます。スマホから自動的にアップロードもできます。

写真のサイズを縮小しないで無制限に保存したい場合は、有料サービスを使いますが、アマゾンプライムメンバーであれば、このサービスが無料になります。

プリントとアルバム作り

写真のプリントは、プリンターを使って自宅でも簡単にできますが、手軽に近くの薬局のプリントコーナーを利用する人も多いです。大手のチェーン薬局（１４７頁参照）では、パスポートの写真も撮影しますし、写真についてのたいていのことは薬局で間に合います。

薬局のホームページの写真コーナーで、オンラインでプリントやアルバム作成を注文すれば、1時間後にはピックアップできますし、郵送もしてくれます。クリスマスカードやカレンダー、写真入りのマグカップやTシャツなども簡単にできます。

品質にこだわりたい人はミックスブック（http://www.mixbook.com/）、スナップフィッシュ（http://www.snapfish.com/）、シャッターフライ（http://www.shutterfly.com/）などのオンラインストアを使っています。

iPadなどのタブレットがアルバム代わり

写真のオンラインストレージが便利になったので、タブレットを持っていれば、保存してある写真を手軽に見ることができます。通常のアルバムより、写真は大きく、きれいに見えますし、なんと言っても、タブレットひとつの中に何百冊分のアルバムが入っているようなものなので、便利です。

スマホからも見ることができるので、いつでもどこでも多くの写真を持ち歩いているのと同じです。

写真をたくさん使ってブログにチャレンジ

滞在中の思い出の記録、ほかの人への情報提供など、いろいろな目的を持って、ブログを作っている人がたくさんいます。ブログはホームページほど大変ではないので、無料で手軽に始めることができます。人気ブロガーになると、海外在住ということで注目を浴び、取材を受けたり、本の出版、テレビへの出演に結びつく場合もあります。同じカテゴリーのブログをしている人との交流もでき、仲間の輪が広がります。

7 日本の情報を得るには
自分に合った方法で情報キャッチ

情報入手のしかたはいろいろ

アメリカにいても、日本語放送のテレビを見たり、ラジオを聞いたり、インターネットで日本の新聞を読んだりすることが可能です。日本にいる人々と同様に手軽に日本の情報を得ることができます。英語の日本関連の情報も、翻訳機能を使えば、一瞬にして日本語訳できます。

最近では情報が多すぎるため、自分に合った情報を得るにはどの方法がよいかを判断し、選択することが重要になってきています。

日本語放送のテレビを見る

日本人の多く住む場所では、ケーブル会社と契約していれば、1日に数時間、追加料金なしで見られる日本の番組もあります。

テレビジャパン（http://www.tvjapan.net/）は、NHKの総合・教育テレビを中心に、BSの番組、日本の映画や一部民放の番組を含め、1日24時間放送している有料のチャンネルです。地元のケーブル会社にテレビジャパンの放送が入っていれば25ドル前後で追加契約します。

利用しているケーブル会社にテレビジャパンの番組が入っていなければ、衛星放送のDIRECTVや大手電話会社によるIPTVを利用した視聴をします。詳しい視聴方法は、テレビジャパンのホームページで確認できます。

そのほかにもいろいろな配信会社が日本のテレビ番組を海外で見られるサービスを有料で提供しています。また日本の親せき宅などに機器を設置することにより、インターネットを利用してアメリカからリモートコントロールで日本の番組を視聴している人もいます。初期投資はかかりますが、月々の料金はありません。

インターネットでドラマや映画を見る

スマートテレビはそのままインターネットにつながる

テレビです。動画配信サービスのYouTubeやHuluを見るのにはとても便利です。Netflixやアマゾンの動画配信サービスには、日本のドラマや映画もたくさんあります。

スマートテレビではなくても、グーグルが出しているクロームキャストなどの20ドル前後の小型機器を使うことにより、そのままコンピューターやタブレット、スマホの画面をテレビで見ることができます。テレビの端子に差し込むだけで、室内のWi-Fiを利用します。

日本の新聞、雑誌、本を読む

日本の新聞各社がインターネット上に記事を提供しているので、簡単に読めるようになりました。更新も頻繁におこなわれているので、最新の記事が読めます。ヤフーやＭＳＮのオンラインニュースを見る人も多いです。

日本の新聞や定期刊行物を配送するＯＣＳアメリカ（http://jp.ocsworld.com/）では、各種新聞を月額２００ドルから４００ドルで郵便配達しています。雑誌のオンラインストアである富士山ドットコム（https://www.fujisan.co.jp/）では、週刊誌や月刊誌をデジタルまたは郵送で定期購読することも可能です。

日本のアマゾンや、紀伊國屋書店のウェブストアなどを利用して、日本から本を取り寄せることもできます。

グーグルホームの勧め

グーグルホームがあれば便利です。20ドルくらいから種類がたくさんあるので、自分にあったものを選びます。簡単にスマホやタブレットから日本語設定ができます。日本のインターネットニュース、ラジオニュースやポッドキャストの再生を聞くことができます。また、株価の確認、スポーツ結果の確認も簡単にできます。

ＳＮＳ（ソーシャル・ネットワーキングサービス）

世界最大のＳＮＳであるFacebookには、日本人でも登録する人が増加しています。本名で登録するのが基本なので、人を探しやすいという利点があります。アメリカ人はFacebookのアカウントを持っている人がとても多く、Facebookを通じて、やりとりをする人もたくさんいます。

Facebookにもプライバシーの問題など、出てきてはいますが、注意して使えば、日本やアメリカの仲間と楽しくやりとりができます。

8

差がつくプロバイダー選び

インターネットの接続方法もいろいろ

さっそく必要なインターネット

引っ越ししてなるべく早く手続きをとりたいのは、インターネットにつなぐことです。インターネットに接続するためには、プロバイダーに連絡します。

アメリカでは、Wi-Fiでインターネットにつなぐことができる場所が非常に多いです。住居でインターネット接続ができるまでは、必要とあれば、ホテル、スタバなどのカフェ、モールなどを利用することができます。

大学は簡単

大学構内は、たいていWi-Fiが利用できます。ですから寮に入る場合は何の心配もいりません。大学によってWi-Fi接続の仕方はちがいますが、とても簡単です。キャンパス内ならどこでもWi-Fi接続ができるために、学生はノートを持ち歩かずに、ノートパソコンを持って授業に出る人が多くなっています。

プロバイダーを探す

インターネットに接続するためのプロバイダーは、たくさんありますが、自分が住む地域ではどんなサービスが受けられるか調べます。

アパートや賃貸の家のオーナー、または不動産屋に聞いても教えてくれますが、それが自分にとってベストとはいえません。たとえば、インマイエリア（https://www.inmyarea.com/）のようなサイトで自分のZip Code（郵便番号）を入れると、利用可能なプロバイダーと、値段の一覧が出てくるので便利です。

接続の仕方もいろいろ

インターネット接続の仕方にはいくつかの選択肢があります。ファイバー接続、ケーブル接続、電話回線を使ったＤＳＬ接続、人工衛星を介した接続などがあります。一般的に見て、衛星利用の接続が一番高く、ＤＳＬ

接続がやや安めのプランと言えます。

全米展開をしている大手のプロバイダーだからと言って、すべての地域で使えるわけではありません。たとえば全米にネットワークを持っている大手のAT&T（http://www.att.com/）は、日本語カスタマーサービスがあるので便利ですが、利用可能かどうかは地域によってちがいます。人口の多い都市部では10以上のプロバイダーの選択肢がありますが、地方の小さい町だと選択肢が少なくなります。

割引を利用する

プロバイダーはテレビや電話とパッケージにして、割引をしているところがあります。最初の契約者への割引、2年契約の割引、代理店を通しての割引などありますので、自分にはどれが得かを調べます。途中解約の条件は、最初に調べておくといいですが、通常は大きなペナルティはありません。

テレビとパッケージにして日本語放送（テレビジャパン）を見たい場合は、テレビジャパンと契約しているプロバイダーを選びます。

料金は使用目的によってちがう

アメリカのインターネット接続は、どんどん安くなってきた日本に比べると、高めに感じます。インターネットに接続するだけだったら、月額30ドルくらいからあります。しかし、安ければ問題がでてきます。頻繁に切断されたり、週末はつながりにくいとか、ダウンロードに時間がかかるということもあります。

閲覧くらいの軽い使用状況でしたら、安くてもかまいませんが、問題なく使うためには、月額60ドル以上のプランに入っていたほうがいいかもしれません。

プロバイダーに電話する

申し込みは、プロバイダーの店に直接行くか、電話で新規接続を申し込みます。週末にかかると月曜まで待たなくてはいけない場合がありますが、早ければ翌日か2、3日以内には工事に来てくれます。

工事といっても、その地域にはすでにどこでも使用できるようになっているので、室内でモデムを設置したり、テレビと接続したり、インターネットにつながるか確認したりの作業なので、1時間もあれば終わります。

Column 2

バス旅行、油断は禁物

◆自己管理が原則のバスの旅

Ａさんはグレーハウンドの１カ月乗り放題パスを購入して、アメリカ周遊のバスの旅に出た。長距離を走るグレーハウンドバスは車内にトイレもあって快適だが、運転手が変わるたびに、真夜中でも起こされて下車を余儀なくされ、バスディーポ（発着所）の待合室で待機させられる。同じバスに乗り込むのに、なぜ待合室で待たされるのか、腑に落ちない。

また、乗り換えのときは、飛行機と同じように、乗客は手ぶらで乗り換え、荷物はスタッフが積み替えてくれる。

しかし、荷物の積み替えミスが多いことを聞いていたＡさんは、じっくり監視することにした。

案の定、スタッフはＡさんの荷物を積み残している。

「この荷物を××行きのバスに運んでください」

Ａさんはスタッフのもとにかけ寄って指示した。

アメリカでのバス旅行は自己管理が大切だと、肝に銘じたＡさんだった。

◆いまでも電気なしで生活する人々

Ｂさんはペンシルバニア州にあるランカスターの町を訪れた。この町の郊外には「アーミッシュ」と呼ばれる人々のコミュニティがあり、先祖が移住してきた17世紀の生活様式をそのまま保って暮らしている。家に電気はなく、車のかわりに馬車を使い、主に農業に従事している。

子どもをたくさん産み、コミュニティの学校に通わせるが、高等教育は重視していない。自然と共存している素朴な人々の生活をみて、“多様性”のアメリカをあらためて実感したＢさんだった。

◆昼間のマクドナルドでもこわい思い

ワシントンD.C.で昼食のためにマクドナルドに入ったＣさんは、店内はすいているのに、わざわざ壁際に立っている２人組の男たちに気づいた。

Ｃさんの連れの男友達がハンバーガーを買いにカウンターにいった途端、壁際の男がテーブルの上にあったＣさんのカメラをさっと取って、外に逃げていった。あっという間のできごとだった。

戻ってきた男友達があとを追ったが、すぐに戻ってきた。見知らぬ土地で迷ってしまったり、危ない場所に足を踏み入れたらこわい。カメラを盗んだ男たちを捕まえたところで、どんな武器を持っているかもしれず、どうすることもできない。

あきらめることも安全策のひとつである、とＣさんもしかたなく納得した。

PART 3

自分に合った住まいの見つけ方

◆これがアメリカの常識◆

アパートにはリースとレントがある

シェアハウスも一般的

自分で大型トラックを借りて引っ越しをする人もたくさん

やってみると意外に重労働、芝刈りと雪かき

1 学生寮からコンドミニアムまで

予算・目的別に豊富にある選択肢

学生寮

数十人の学生が同じ建物の中で生活するオーソドックスな学生寮のほかに、一軒家に数人の学生がそれぞれ個室を持つ学生寮、既婚者や子どものいる学生のために設けられたタウンハウス形式の家族寮などがあります。

日本の学生寮とちがって、アメリカの学生寮には男子寮・女子寮の区別がなく、同じ建物に男女が居住するタイプが主流となっています。

古いタイプの学生寮にはDonと呼ばれる寮長が住んでいて、寮内の学生の勉強面や生活面の相談にのったり、寮内での行事を取り仕切ったりしています。

シーツや毛布などを入寮者持参としているところもあるので、入寮前に問い合わせておきましょう。また、夏休みなどの長期休暇に入ると、一時的に立ち退かなければならない学生寮もあるので、あらかじめ情報を入手しておき、休暇に備えた計画をたてておきましょう。

若者向け宿泊施設

比較的大きな都会には若者のための宿泊施設があり、1人部屋、2人部屋、バス・トイレ付きの部屋、と種類は豊富です。いずれもベッドなどの家具類をそろえる必要はなく、ほとんど身ひとつで生活を始めることができるという利点があります。オプションで食事がついているところでは、食堂でほかの宿泊者と知り合う機会もあって、宿泊施設を利用しているいろんな国の人と知り合うことができるでしょう。

アメリカで落ち着き先を見つけるまでの一時的な住まいとしても利用できます。エコノミー旅行者向けの観光ガイドブックや、各地のツーリストインフォメーションなどで見つけることができます。

レントルーム

家庭にある1部屋だけを間借りするレントルーム

（Rent a Room）を利用すると、ホームステイ感覚で暮らせて、しかもアパートで暮らすようなプライベートも保てます。光熱費や電話代の支払い、喫煙に関して、入居前にあらかじめ確認しておきましょう。

アパート

アパートには家具付き(Furnished)と家具なし(Unfurnished)がありますが、家具なしでも冷蔵庫やコンロが付いていることが多いようです。Studio とあれば、キッチン、バス・トイレ、居間兼ベッドルームがある物件で、日本のワンルームに相当します。One Bedroom とあれば、キッチン、バス・トイレ、居間、ベッドルームが1部屋ある物件で、日本の1LDKに相当します。

1人で住む場合は、家賃を安く抑えるために、広めのアパートを共同で借りて（シェアハウスして）、ルームメイトたちと家賃を折半するケースが多いようです。

コンドミニアム

コンドミニアム（もしくはコンド）とあれば、分譲マンションのことで、駐車場、プール、テニスコート、アスレチックジムが完備されるなど、設備の充実したものが多いようです。

コンドミニアムは購入が原則ですが、持ち主が第三者に賃貸することもあります。コンドを借りる場合、家賃は普通のアパートに比べて高くなっていますが、よりレベルの高い生活環境が期待できます。

貸家

オーソドックスな一戸建てのほかに、タウンハウスやコープなどがあります。タウンハウスは、2階あるいは3階建ての長屋風の集合住宅で、それぞれのユニットに小さな庭、玄関、ガレージがついています。コープ（Co-op）は、株式を購入することで入居者全員が建物を共有する形式をとっていて、住民の代表者で組織する管理委員会（Board Member）が、売買や賃貸、改装の決定権を握っています。ですから、入居する際は管理委員会の審査を受けなければなりません。

また、デュープレックス（二世帯住宅）、トライプレックス（三世帯住宅）といった大きな一戸建て住宅もあり、貸借することが可能です。若者たちの間では、シェアハウスもごく普通におこなわれています（44頁参照）。

2

アパートを借りるには

実際に行って自分の目で確かめる

アパートの探し方

自分でアパートを探す場合は、インターネットの賃貸情報を利用します。いろいろな不動産屋の総合サイトであるRealtor（https://www.realtor.com/）や使いやすいと評判のTrulia（https://www.trulia.com/）のほかに、クラシファイドコミュニティサイトであるクレイグリスト（https://www.craigslist.org/about/sites）を利用する人も増えています。

どのサイトも物件の情報が詳しく出ていますから、良さそうなところがあったら、グーグルマップで周囲の環境をチェックします。スーパーやショッピングセンターの位置、子どもがいれば、学区のよしあしは重要になるので調べます。

ホテルに泊まりながら探してもいいのですが、住む予定の地区でエアビーアンドビー（https://www.airbnb.jp/）を使って民泊を短期間利用することも考えられます。

アパートの部屋を見学する

インターネットで、気に入ったところがあったら、電話をかけるかメールで、部屋を見る予約を取ります。早ければ当日に見ることができます。

アパートには通常、管理者がいるリーシングオフィス（Leasing Office）がありますが、別の場所から管理人が来る場合もあります。顔写真付きの身分証明書を求められることがあるので、まだ免許証がない場合などはパスポートを持参します。

大きなアパートでは、部屋によって条件がちがう場合があり、いくつか見ることができるときがあります。自分の予算や条件を伝えて、遠慮せずになるべくたくさんの部屋を見せてもらいます。部屋は季節や賃貸期間、アパート全体の空き部屋状況によっては、値引き交渉ができます。

部屋のチェックポイント

写真だけで決めるのではなく、必ず部屋を見て確認するようにします。部屋を見るときは、治安、通勤や通学に便利かどうか、公共の交通機関があるか、キッチンやバスルームの清潔さ、騒音などをチェックし、案内してくれる人にエアコン、暖房設備、駐車場について聞きます。忘れがちなのは、自分の使う携帯電話の電波の状況がいいかどうかです。アパートによって、暖房費や水道料金が家賃に含まれている場合があります。アパートは共同のランドリーのところが多いので、ランドリーまで行って様子を見ておきます。駐車場は場所によって無料のところと有料のところがあるので確認します。テニスコート、プール、ジムなどの施設があれば、使用条件も確かめます。アマゾンなど宅配の荷物をオフィスで預かってくれるかどうかも聞いておきます。

契約までの流れ

気に入ったところがあったら、いつから入居できるか確かめます。賃貸期間についても確認します。賃貸期間の途中で解約する条件についても聞いておきます。納得をしたら、アプリケーションフォームに住所、電話番号、ソーシャル・セキュリティー・ナンバー、収入状況を記入して提出します。場合によっては、直近二カ月分の銀行の残高証明書と給与証明を求められるときがあります。たいていはオンラインでダウンロードできるので、用意しておくと便利です。

デポジットを払って仮押さえをしておきます。また申込金（Application Fees）が必要な場合があります。契約は通常1年契約となります。クレジットヒストリーがない場合は、あとで戻って来ますが、数カ月分のデポジットが必要な場合があります。日本のように保証人は必要ありません。

審査に通ったら賃貸契約書（Leasing Contract）にサインをします。このときに、入居前にあったダメージを記入しておきます。すぐにコピーをもらって保管しておきます。支払方法はアパートによってちがいますが、最初の契約時だけ、パーソナルチェックは受け付けず、銀行発行の Banker's Check で支払うところが多いです。デポジットは、部屋を出るときのクリーニング代や修繕費に使われ、余ったら返却されます。入居日を決めて鍵をもらいます。

3 協調性が大切 ホームステイ先を探すには

ホームステイ先のファミリーの人たちが話す英語はまさに生きた英語です。ホームステイには現地の暮らしぶりをつぶさに観察できるというメリットがあります。英語の勉強や異文化体験が目的の渡航であれば、ぜひ選択したいのがホームステイです。

学校で紹介してもらうには

学校がホームステイ先を紹介してくれる場合は、自分の希望を伝えましょう。入学願書にAccommodationという欄があるので、その欄を利用して自分の希望を記入します。通常次のようなことを聞かれます。

・個室か相部屋か。
・食事は朝食のみか、朝夕2食か、朝昼夕3食か。それとも自炊を希望するのか。
・子どものいる家庭かいない家庭か。

このほかにも個人的な希望があれば記入します。たとえば禁煙オンリー（喫煙ＯＫ）のステイ先、ペットがいる（いない）ステイ先、ベジタリアンである（ない）ステイ先、父子家庭ではないステイ先などです。食べられない物があれば、そのことも記入します。

現地で探すには

現地に着いてから自分で探す場合は、口コミ、掲示板の貼り紙、アメリカや日系メディアの広告などを通して探し、面接に出向きます。

面接では家の中や部屋を見せてもらい、家族構成、料金、何食付きか、食事時間、門限、洗濯やバスルームの使用の決まりなど、ステイ先を決定する際に必要な事柄を尋ねて、決めていきます。

子どもや老人の世話をしたり、家事をしたりするのとひきかえに、無料で食事と部屋が提供される形のホームステイ、小遣い程度の報酬が支払われる形のホームステイもあります。

お互いのルールを確認

ホームステイをすれば、ファミリーの一員として団体行動をともにしてファミリー単位のルールを守り、愛想よく会話にも参加していかなければなりません。

そのためにもホストファミリーとは最初にお互いのルールを確認しておくことが望ましいでしょう。また、アメリカの食事は簡素なことが多いので、食事に関する要望などがあれば伝えておくといいでしょう。

問題があればなるべく早い時期に話し合って、解決するように努力しましょう。

部屋代を払っているからといって上げ膳据え膳は許されません。食べた後の食器を運んだり、皿洗いの手伝いをしたりする中から家族とのコミュニケーションが始まるからです。ときには日本食を披露してファミリーのみんなに食べてもらいましょう。

トラブルがあった場合は

ホームステイを学校や留学斡旋業者に紹介してもらった人は、何か問題が生じた場合、遠慮なくその担当者に申し出ましょう。言葉や文化の壁から相手に誤解されているという場合であれば、それを修正する手助けをしてくれます。あとから考えてみれば、誤解や取り越し苦労だったというケースも少なくありません。

ホームステイを提供している家庭には、留学生を通して異文化の相互理解を深めるのを目的にしている家庭と、副収入を目当てにしている家庭とがあります。後者であればもし何か誤解が生じたときなどに元々お互いの文化を理解しよう、留学生の助けになろうとする気持ちがないだけに、修復不可能な状況になりやすいようです。営利目的が極端な場合には、留学生を数名引き受け、一部屋に2人ずつ住まわせるということもあるようです。

多民族社会のアメリカではホームステイ先のファミリーが必ずしもネイティブの英語を話すファミリーでなかったり、また最近の傾向として片親であったり、子どもがいなかったりすることがあります。

ホストファミリーがかつてのイメージ通りではないケースが多いかもしれませんが、それも移民が多いアメリカの姿と割り切って、むしろそういった一面を積極的に観察するくらいの意気込みで臨んでいきましょう。

4 住まいをシェアして借りる

若者同士で気楽に生活するなら

　アパートや一軒家を複数の人数で借りて、それぞれ個室に住みながら、台所、冷蔵庫、バス・トイレを共通で使用して暮らすといったことが、アメリカではごく一般的におこなわれています。

　シェアで住むメリットは、1人で借りるよりはるかに安く借りられることと、一緒に暮らす人々のライフスタイルを間近に見られることです。ホームステイとちがって年齢的にも近い人々と対等な関係で生活していると、英語を話す機会も多くなり、英語でのコミュニケーションにとってもプラスに作用するでしょう。

　シェアのデメリットとしては、プライバシーが保てないことです。また、シェアの住人が減ると1人あたりの負担分が増えるという難点があります。

　物件は口コミで紹介してもらうか、インターネット、学校、コインランドリーの掲示板、新聞などの広告で探します。

　募集には"Second person wanted"や"Third person wanted"と書かれています。

　相手の都合を聞いて訪ねていって部屋を見せてもらい、面接を受けます。男女が一緒に住むことになる場合も多いので、どのような人たちと同居するのか面接でよく観察したうえで決めましょう。複数の目で判断するのがいいと思った場合は、面接を受けるときに信頼できる友人に付き添ってもらいましょう。

　面接の際には、部屋代、光熱費、共有負担費（トイレットペーパーや食器用洗剤など）はいくらなのか、空き部屋ができた場合の負担金はどうなるのか、入居の際に保証金を払うのか、払うなら返却の条件はどうなっているのかなど金銭的な事柄について尋ねていきます。ほかにも喫煙、冷蔵庫やキッチン棚の共有使用の方法、共同部分の掃除の分担などについても尋ねます。

5 治安と公共設備が目安
長期滞在なら思いきって購入を考える

家の購入を考える

3年以上の長期間、アメリカに滞在するのであれば、家を購入してしまったほうが経済的な場合もあります。家の値段に比較すると家賃が高いので、高い家賃を払い続けるよりは、思いきって購入を考える人もいるようです。働いている人の場合は、ローンを組むと、大きな節税対策にもなります。

場所選びのポイント

一番重要なのはアパートや貸家を借りるときと同様に治安です。次に町の公共機能や設備を考えます。アメリカでは自治体が独立して学校、警察、図書館などを運営しています。自治体の経済状態、つまり住んでいる住民からの税金で、自治体の設備や福祉がちがってきます。子どもがいる場合には、学区の学校の良し悪しも考慮に入れなくてはいけません。一般に教育がよい町は治安もよく、住環境がいいといえるからです。学校のレベルは不動産屋に聞けばわかりますし、インターネットでも簡単に検索できます。時間があれば、近くのマーケットやショッピングセンターにいくと、コミュニティの雰囲気がわかります。

車通勤をする場合には、職場との往復の朝夕、運転するときにまぶしくない方角を選ぶ人もいます。これも重要な要素かもしれません。

日本人が多くいる所では、日系の不動産屋に頼むこともできます。日本人にとって便利な場所、つまり日系のスーパー、食料品店、商店、子どもの学校についての情報などに詳しくて便利です。

家の管理を考慮する

アメリカでは日本とちがって、家が古くなっても価値がそれほど下がりません。また、古くても修繕したり、新しい設備に変えて、よい状態を維持している家がたくさんあります。しかし、古い家を買えば、その後の修理や手入れもたいへんなので、一概にはいえませんが、建てた年数が比較的新しいほうがいいでしょう。

買うときの一番のポイントは、売るときに売りやすい家だといわれています。そのためには、前述したように環境や便利さを十分考慮して選びます。また、土地が安いために、郊外では広大な敷地を持つ家の購入も可能です。

アメリカの家は日本人の感覚からすると安く思えるのですが、芝刈り、雪かき、落ち葉の始末などの手間を考慮しなくてはいけません。たとえば、芝刈りは春先から秋にかけて、1週間から10日ごとにしなくてはいけません。これを人に頼むと1回30～50ドルです。雪が降ったら、ドライブウェイ（車道への道）と家の前の歩道の雪かきをしなければなりません。これは1回、40～50ドルくらいかかります。もちろん、自分で芝刈り機や雪かき機を使ってできますが、危険で重労働なので人に任せる場合が多いようです。プール付きの家もたくさんありますが、プールは思っている以上に、管理にお金と手間がかかることを覚悟しておく必要があるでしょう。

オープンハウスに行く

家を買うときに一番利用されているのは、Zillow（表参照）です。Zillowで、オープンハウス情報を見て、オープンハウスに行ってみましょう。オープンハウスは、予約は必要ありません。家の前に「Open House」という看板があるので、すぐにわかります。オープンハウスは、日曜日の午後1時から3時までのことが多く、気軽に家の中を見てまわれます。ドアに鍵がかかっていません。勝手に中に入って、不動産屋に挨拶をしたら、自由に中をチェックできます。あとで、不動産屋が連絡をしてくることもありませんので気楽です。

条件のよい家は出たらその日のうちに売れてしまうこともあるので、即断できるように、ある程度の相場を勉強しておく必要があります。

家が見つかったとき

気に入った家が見つかったら、念入りに家の中を調べます。それから、不動産屋を通して持ち主と価格の交渉をします。その家がどのくらい長く市場に出ていたかにより、10％程度の値引きを交渉できる場合もあります。交渉に入っている間は、次の客はその交渉が終わるまでは通常、持ち主と交渉ができません。
　値段の交渉がうまくいったら、エンジニアインスペクションといって、専門家に家を調べてもらいます。素人にはわからない部分も調べてもらえ、修繕が必要な部分があったら、その分を値引きしてもらうか、持ち主に負担してもらうか交渉します。

購入の手続き

いったん購入する家が決まると、日本で家を買うときよりも手続きは簡単です。取引の書類作成を弁護士に依頼します。弁護士は不動産業者に紹介してもらうこともできます。購入の際の手数料は、売り主側が不動産業者に払います。予算としては、購入費用のほかに、住民税、固定資産税を毎年払わなくてはいけないことを考慮にいれます。中古の物件の場合には修繕などの維持費の予算も考えます。
　ローンを組む場合には、毎月の支払いがどうなるのか、不動産業者に計算してもらいます。融資には多くの種類があるので、ローンを利用する場合は、なるべく早く調べ始めます。場合によっては有料でも専門家の意見を聞いたほうが、節約できることもあります。大手の不動産業者にはモーゲージアドバイザーがいて、ローンの借り方や組み方の丁寧な説明をしてくれます。

クロージング

ローンが決まり、頭金などの用意ができたら、弁護士に連絡をとって、売主側とクロージングの日を設定します。クロージングとは、双方の弁護士と不動産業者が立ち会って書類の交換をし、本契約を結ぶことです。

役立つサイト情報

◆家の価格が簡単にわかる不動産情報サイト
　家探しはZillow(http://www.zillow.com/)から始まると言っても過言ではありません。Zillowは、消費者や不動産業者に対して、データを提供するサービスです。Zillow独自の査定情報で、不動産の販売価格、価格の変動がわかります。
Zip Code（郵便番号）を入れると、その地域の地図上に売りに出ている不動産情報が出てきます。住所を入れるとその家の土地の広さ、家の広さ、建築年、寝室数、バスルームの数、固定資産税、最後の販売年と値段など、多くの情報がわかります。

◆学校情報サイト
　学校のレベルを調べることは大切なことです。学校は1から10までランク付けされていて、8以上がのぞましいと言われています。人種構成・進学率などもわかります。
エデュケーション(http://www.education.com/)
グレートスクールズ
(http://www.greatschools.org/)

6

賃貸契約のときの注意点

これで安心、入居前のチェック

契約書をじっくり読む

賃貸契約書をもらったら、なるべく早いうちに目を通しておきます。契約書の中で重要なのは追加契約（Additional Agreement）です。重要な部分は契約書にサインをする前に不動産屋が説明をしますので、必ず一緒に確認をします。日本とちがって、不動産業者は紹介をするだけで、その後の家主との対応は不動産屋を通さずに、自分で直接することが多いようです。

入居前の確認事項

最初にしておく確認事項としては、次のような項目があります。

・契約期間はどれくらいか。
・家賃はどうやっていつまでに払うのか。
・出るときは何日前に通告しなくてはいけないのか。
・出るときの条件は何か。
・光熱費の支払いは誰がするのか（アメリカでは家主が払うことも少なくありません）。
・修理や修繕の必要があったときは、家主がどこまで負担するのか。
・ペットを飼ってもよいのか。
・庭の手入れ（芝刈りや木の手入れなど）は誰がするのか。
・借家人の火災保険や損害保険の加入義務はあるのか。
・一戸建ての場合、その地域の住民税や教育税は家賃に含まれているのか。

このほかにも水まわりの異常や寒冷地の暖房など緊急の処置が必要な場合には、どこに連絡をしたらよいか確認をしておく必要があります。

また、前の居住者と同じ鍵をそのまま使うのは不安もあるので、地域によっては、安全のために鍵を変えたほうがよい場合があります。鍵を変える場合は、鍵のつけかえを家主に要求するか、家主に確認をとってから、鍵をつけかえます。

入居後の確認事項

入居すると備品チェックのリストを渡されますから、なるべく早く確認します。リストとちがっている内容がないか、細かくチェックします。チェックリストがない場合でも、家の状態をよく調べておきます。

ひどい傷がある場合には、証拠写真を撮っておいたほうがいいでしょう。冷暖房、台所や浴室の給湯設備は使えるか、カーペットや壁に傷や汚れはないか調べます。前の居住者が置いていった荷物がある場合は、勝手に捨ててしまわないで、どう処理したらよいか尋ねます。

鍵をもらいますが、一軒家の場合、出入り口が多いので、いろいろな種類の鍵があります。どこの鍵であるか、すべて使えるか、確認します。なるべくオリジナルキーは保存して、合鍵を作って使います。

家主への連絡

屋外アンテナをとりつけるなど、設備の変更をしたいときには、必ず家主の許可を得なくてはいけません。また、どんなに小さな修繕でも、家主に連絡をとります。家主とはたいてい直接連絡をとることができるので、近所のことでわからないことがあったら、気軽に聞くこともできます。

家賃の滞納は、借主への信頼を落としますから、家賃は期限に遅れないように払います。また、家賃を払った証明（レシートや銀行の記録など）は、契約期間中と出たあともしばらく保管しておきます。

安全に住むために

盗難が多いアメリカでは留守をするときには十分な注意が必要です。長期間、家を空けるときには、日本にいるときと同様に、新聞は留守中に配達しないように連絡をします。郵便は郵便局に局留めにしてもらいます。近所に親しい人があれば、一声かけておくといいでしょう。タイマーを設置して、夜になったらテレビやあかりをつけるようにして、留守をさとられないように工夫したり、ハウスシッターを頼むことや、アラームをつけたりすることも考えられます。状況に応じて、安全対策をします。

もし、アラームがついていなくて、セキュリティシステムの導入を考えている場合には、家主に相談します。

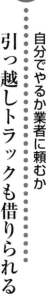

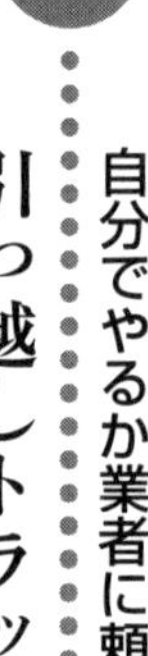

自分でやるか業者に頼むか
引っ越しトラックも借りられる

引っ越しが決まったら

最初にすることは、住まいが借りているものであれば、大家に連絡をすることです。通常は1～2カ月前には大家に退去の通知をします。通知の期限は契約書に書いてあります。契約書に定められている期間は、たとえ引っ越し後でも家賃を払わなくてはいけません。

連絡を受けると、大家は広告を出して次に入居する人を探し始めます。引っ越し前でも、入居希望者が部屋を見にくることはアメリカでは一般的です。部屋を見にくるときは、不動産屋か大家から連絡があり、日時を指定してきます。部屋を見る時間は15分くらいですが、その間、出かけて部屋を空けておくことが普通です。不動産屋は合鍵を持っていて、入居希望者に部屋を案内します。

自分でもできる引っ越し

普通免許で運転できるトラックの大きさが日本に比べて大きいので、手伝ってくれる人がいる場合には、大型トラックを借りて、自力で引っ越しすることも可能です。

日本では引っ越しは業者に頼むことが一般的ですが、アメリカでは自分たちで引っ越しをする人もたくさんいます。U-HAUL社などのレンタル会社では、トラックのレンタルからダンボールまで引っ越しに必要なものを何でもそろえて、自分たちで引っ越しができるようにしています。引っ越しの仕方を説明したビデオもあります。

引っ越し業者に頼む

引っ越し業者はインターネットで探します。アメリカ版の口コミサイトであるYelp（https://www.yelp.com/）の検索で、moving companyというキーワードと探している場所を入れると、引っ越し業者の情報とその評価を見ることができます。各業者のRequest a Quote欄で、部屋数や距離、荷物内容など必要な情報を入れると見積もりを出してもらえます。小さな引っ越しの場合は、自分でしたほうが、ずっと安くなりますが、引っ越し業者に頼むときは料金にずいぶん差があるので、何社かに見積もりを出して選びます。

パッキング

引っ越しの費用を安くあげようと思ったら、パッキングなど自分でできることは自分でします。ダンボールは最寄りのスーパーや酒屋でわけてもらうのが簡単です。U-HAUL社や倉庫会社で購入することも可能ですが、アマゾンなどオンラインで購入して届けてもらうこともできます。

アメリカの引っ越し業者も頼めばパッキングや引っ越し先で荷物を取り出すこともしてくれます。

引っ越し前の各種連絡

引っ越しの日程が決まったら、出るところと引っ越し先と両方の電気、電話、ガス、プロバイダー等の会社に電話連絡が必要です。入居後すぐに必要なものは、1週間前には必ずすませておきたいものです。3日くらい前や週末をはさむと、なかなか予約がとれずにうまくいかないことがあります。

郵便局への住所変更は、郵便局にある所定の葉書に記入し、窓口に出すかポストに投函します。または、郵便局のホームページのChange of Addressから、オンライン上で手続きすることもできます。

そのほかの手続きとしては、子どもの学校への連絡、購読している新聞や雑誌の住所変更、ゴミ会社（契約をしている場合）への連絡などがあります。

引っ越し後の手続き

近くの警察署かＤＭＶ（車両管理局）で車の免許の住所変更をおこないます。手続きはＤＭＶのホームページからも可能です。

引っ越してから10日以内に移民局にも住所変更の提出をしなければいけません。移民局のホームページで手続きをします。管轄の日本領事館にもオンラインで住所の変更をしておきます（74頁参照）。

その他、銀行、クレジットカード、車の保険も住所変更が必要です。銀行は新しい小切手を注文して住所を変更しなければいけません。

8

引っ越し先でのおつき合い

地域によって差があるご近所さん

引っ越し直後

アメリカでは引っ越しをしても、日本のように近所に挨拶まわりをする人は少ないようです。逆に近所の人がやってきて自己紹介をしていく場合があります。アメリカでは自分の住んでいるコミュニティを大切にする意識が強いので、近所の人にはたいてい親切です。

場所によってずいぶんちがうご近所付き合い

同じ町でも場所によってご近所さんとの関係がずいぶんちがいます。また近所の人種構成や経済状態によってもちがいが出ます。ご近所さんと一緒にＢＢＱをしたり、クリスマスのクッキー交換をするなど仲のよい地域がある一方、何十年も隣近所の人と話したことがなくても問題がないところもあります。こればかりは住んでみないとわからないことです。

一般的には大都市よりも小さな町のほうがコミュニティの結びつきは強く、近所の付き合いも密接になり、西部のほうが東部より親しみやすく気さくだといわれています。

日ごろのコミュニケーション

一軒家に住んでいたら、地域の住民として、落ち葉の片付け、芝刈り、雪かきなどをきちんとして、住みやすいコミュニティになるように協力します。話し好きの人は、あちらから話しかけて来ますが、日本でもいるように、こちらから挨拶をしても返さない人もいます。そういう人に出会っても、気にしないことです。

子どもがいれば、スクールバスのバス停で近所の人と出会う機会も増えます。これはよいコミュニケーションをとるきっかけにもなりますが、子どもの世話を一方的に頼まれたりすることもあるので、嫌なときにははっきり断る勇気も必要です。

9 タウンの住民向けサービス
子どもも大人も楽しめる町の施設がいっぱい

町のサービス

それぞれの町では住民に対するサービスを、無料または安い価格で提供しています。町の規模や経済状態により、運営している内容はちがっています。子ども向け、大人向け、家族向け、高齢者向けなど、きめの細かい内容のサービスが提供されています。

近隣の町と共同で運営している施設もありますし、相互利用できる施設もあります。

主なものとしては、プールやテニスコートなどのスポーツ施設、ジム、体育館の開放、地元の企業や新聞がスポンサーとなっての講演会、各種講座、イベント、コンサート、住民同士の交流をはかる目的の会合などがあげられます。

町の情報を得るには

図書館や町の Parks and Recreation のホームページをのぞいてみましょう。図書館では町の催し物の情報、Parks and Recreation では、スポーツ関係の施設の種類、場所、利用方法などについて書いてあります。多くの町がホームページを持っていて、町の歴史や観光案内などの地域情報を提供しています。

町によってはタウン情報を掲載した独自の週刊または月刊新聞（有料）を発行しているところもあります。町のガソリンスタンドや書店で、町発行の新聞がないかどうか探してみましょう。町発行の新聞は、通常の新聞などでは得られない細かい情報や学校情報が出ています。

住民に対する割引

町の中の施設のほかに州内の美術館や水族館などの割引パスを発行している場合があります。キャンプ場や池、湖、海岸、公園などによっては、住民に発行されるパスがないと駐車場が利用できないところもあります。

Column 3

個性派家主とのつき合い方

◆家主が気になる

日本とちがって、アメリカの不動産屋は契約成立後に家の管理はしてくれない。そのため好むと好まざるとにかかわらず、家を借りると家主とコミュニケーションをとる必要がでてくる。

引っ越しの多いＡさんはいままでいろいろな家主に会ってきた。

Ｅメールのやりとりをして、近隣のことを気軽に聞けた家主もいたし、ときどき不意打ちのように部屋を見にきて、破損箇所を確かめる家主もいた。

家主が遠くに住んでいるときは、修理が必要な箇所のチェックが遅れて、不便をこうむったこともある。

Ａさんは引っ越しをするたびに、治安を含めたまわりの環境とともに、どんな家主と付き合っていくことになるのかたいへん気になったという。

◆人前で子どもをほめるお母さん

Ｂさんは５歳の子どものいるアメリカ人家庭を訪問した。

——What a pretty boy he is ！

その家のお母さんは、Ｂさんに子どもを紹介しながら、目を細めている。子どもはお母さんのいっていることを聞きながら、にこにこしている。

Ｂさんは驚いた。日本だったら、いくら自分の子どもがかわいくても、口には出さず、「やんちゃな子で……」とかなんとかいってほめたりはしない。日本には「愚息」「愚妻」という謙遜の言葉があり、身内のことをへりくだって表現することが美徳だという文化がある。

しかし、他人の前でわが子をほめるのは、とてもいい習慣だとＢさんは思った。実際ほめられた子は満面の笑みを浮かべていた。

◆強いことこそ美しい

Ｃさんがアメリカへの渡航に向けて準備をしているとき、日本に住むアメリカ人女性が神妙な顔をして、Ｃさんに忠告した。

「日本では女性は物事を知っていても知らないふりをするけれど、アメリカでは知らないことでも知っているふりをして堂々としていなくちゃいけないわよ」

日本では強い女性はきらわれるので、可愛らしく振る舞って、世間知らずを装っていたほうがいいとされる。だが、アメリカでそんなことをすると見くびられるから、自力で風をきって雄々しく生きていかなければならないと友人は強調する。

——強いことこそ美しい。

Ｃさんは、その言葉をいまも大切にしている。

PART 4

生活ツール〈電気・水道・ガス・電話〉の開設法

◆これがアメリカの常識◆

携帯電話はかけたほう、受けたほう、双方に料金がかかる

理髪店では切りっぱなしが普通

美容院や理髪店でもチップが必要

郵便局はオンラインでできることがいっぱい

1

ソーシャル・セキュリティ・ナンバー
戸籍も住民票もない国でのＩＤ

ソーシャル・セキュリティ・カード

アメリカで銀行口座を開設したり、自動車運転免許証を発行してもらう際などに、提示を求められるのがソーシャル・セキュリティ・ナンバー（Social Security Number）です。ＳＳＮが発行されると、ナンバーが記載されたソーシャル・セキュリティ・カードが発行されます。

ＩＤとして使用

アメリカの就労者は、ＳＳＮを通して、給料から税金や年金を天引きされています。これらの資金は将来支給される年金や社会保障などに運用されます。

ＳＳＮは本来は就労者のみに必要なナンバーですが、扶養家族を届けるときに家族のＳＳＮの記載が求められるため、アメリカ人は出生したときにＳＳＮを申請するのが一般的となっています。

戸籍や住民票のないアメリカでは、ＳＳＮはいわば国民総背番号制のような役割をはたしていて、ＩＤとして使用されています。

ＳＳＮ保持者は、住所の変更、結婚、離婚、死亡など身辺の変化があった場合、日本に帰国することになった場合に報告の義務があります。

ＳＳＮを申請するには

かつてはビザを持っている外国人にはＳＳＮが発行されていましたが、96年からは就労許可を持たない外国人には発行されないようになりました。

就労許可を持つ外国人はパスポートと有効なビザを持参して、最寄りのSocial Security Administration Office（ＳＳオフィス）に出向いて申請書に記入すれば、通常3～4週間ほどでカードが郵送されてきます。

ＳＳオフィスによっては出生証明書の提出を要求する

ことがありますが、そのような場合は日本の戸籍抄本とその翻訳、翻訳証明書を提出します。

SSNを申請できない場合は

現在ではSSNは就労許可を持つ外国人にしか発行されていません。SSオフィスによっては、就労許可がなくても取得可能なところがあるようですが、今後の傾向としては取得できなくなっていくでしょう。

SSNがなくて銀行口座を開設できなかったり、自動車運転免許証をとれなくて困る場合は、次のいずれかの方法で対処します。

ソーシャル・セキュリティ・カード（表と裏）

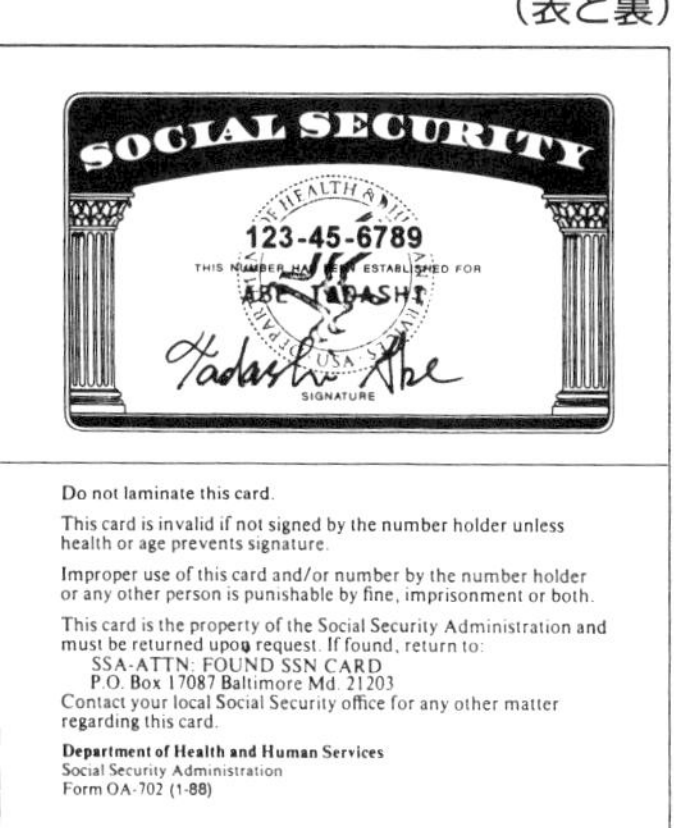

SOCIAL SECURITY
123-45-6789
THIS NUMBER HAS BEEN ESTABLISHED FOR
ABE TADASHI
SIGNATURE
Do not laminate this card.
This card is invalid if not signed by the number holder unless health or age prevents signature.
Improper use of this card and/or number by the number holder or any other person is punishable by fine, imprisonment or both.
This card is the property of the Social Security Administration and must be returned upon request. If found, return to:
SSA-ATTN: FOUND SSN CARD
P.O. Box 17087 Baltimore Md. 21203
Contact your local Social Security office for any other matter regarding this card.
Department of Health and Human Services
Social Security Administration
Form OA-702 (1-88)

どの方法が適切かは、SSNを要求する銀行やDMV(車両管理局)などに問い合わせて確かめてみましょう。

①学校で割り当てられるナンバーを使用

アメリカの学校ではSSNを学生番号として使用する場合が多いようですが、SSNを持たない外国人学生にはSSNと同じ9桁の学生番号を割り当ててくれます。その学生番号をSSNの代替として使用できることもあるようです。

②合法滞在を証明するフォームを発行してもらう

カリフォルニア州のDMVでは、就労許可を持たない外国人に対して、SSNの代わりに「フォームSSA-L676」を提出させることになりました。このフォームは合法滞在の外国人であることを証明する書類です。

発行してもらうには、パスポート、ビザ、I－94（入国時に各自がウェブサイト https://i94.cbp.dhs.gov/I94/request.html にアクセスして印刷した用紙）を持参して、SSオフィスで申請します。

③納税者番号を使用

SSNに代わるものとして、96年7月7日から納税者番号が発行されることになりました。

納税者番号を発行してもらうには、各地のIRS（Internal Revenue Service 日本の税務署に相当）の事務所で、W－7の用紙に書き込んで申請します。

2

公共サービスの申し込みかた

オンラインのマイページで管理する

アメリカの公共サービス

電気・水道・ガスといった公共のサービスは、総称でユーティリティー（Utility）といいます。家庭で使われるガスは一般にナチュラル・ガス（Natural Gas）と呼ばれ、ガソリンを意味するガス（Gas）と区別します。

新居の住所と電話番号が決まっていれば、通常は引っ越す前にこうしたサービスの申し込み手続きをおこなうことができます。

アメリカでは、これらのサービスを提供する公益事業会社の管轄が州や地域によってまちまちです。地域によって電気・水道・ガスをそれぞれ別の会社が管理している場合と、電気と水道、電気とガスを同じ会社が管理している場合などがあります。ですから、新規申し込みの際は、自分が住む地域の電気・水道・ガスを扱っている会社がどこになるのか、アパートの管理人や不動産業者に問い合わせたり、インターネットなどで調べておく必要があります。

公共サービスの申し込み

申し込み先がわかったら、各事業会社のホームページにアクセスしてアカウントを開設します。もちろん電話でもできますし、最寄りの窓口に直接出向いて申し込むことも可能です。申し込みの際は、①名前、②住所、③電話番号、④メールアドレス、⑤ソーシャル・セキュリティ・ナンバー、⑥引っ越し日、などが聞かれます。

開設の手続きにはデポジット（保証金）を要求されますが、会社によってはデポジットのないところもあります。ただし、以前に料金を一定期間滞納したことがある場合などは、デポジットが要求されます。デポジットの金額はだいたい2カ月分の平均使用料金に相当し、初回の請求書に加算されます。引っ越しなどで解約する場合は、通常、利子とともに返金されます。

設置・点検時には立ち合おう

必要事項を入力し、新しいアカウントを開いたら、メーターなどを設置する日時を予約します。係員が来て、台所のレンジ（Stove）のガスを点検したり電気のメーターを始動する場合は、できるだけその場に立ち合うようにしましょう。特にガスに関しては、ガス漏れがないように入念にチェックするよう係員に伝え、ガス機器が正常に作動するか自分の目でも確認します。メーター類が地下室などにあるアパートでは管理人に鍵を開けてもらう必要があるので、事前に連絡しておいたほうがいいでしょう。

使用料金の支払い方

ペーパーレス請求の場合、アカウントはＩＤ（顧客番号、メールアドレスなど）とパスワードで管理され、各事業会社のホームページからマイページへログインすると、月ごとの使用量や料金などの情報が閲覧できます。支払いはオンラインのほか、パーソナル・チェックを郵送したり、最寄りの窓口での現金払いなど、いくつかの方法があります。オンラインで支払う場合は、クレジットカードなどの情報をあらかじめ各事業会社のアカウントに登録しておきます。日本のようにコンビニで支払うことはできません。また、銀行の間違いが多いせいか、口座からの引き落としにする人は少ないようです。

料金を滞納すると、通告のあと一定期間で供給が止められます。一旦サービスを止められると、次に再開する手続きが非常に面倒なので注意してください。

アメリカの飲料水

水道水を飲んでも衛生上は差し支えありませんが、水質の悪い地域では、スーパーや自動販売機で飲料水を買うことがあります。店頭で買うより、空の容器を持参して買う自動販売機のほうが安上がりです。販売されている飲料水には大きく分けて、ミネラル成分を含む天然水（Spring Water）とミネラル成分を取り除いた濾過水（Purified Water）、蒸留水（Distilled Water）の３種類があります。

住んでいる地域によって異なりますが、飲料水メーカーに注文すれば、定期的に配達してくれる宅配サービスを利用することも可能です。また、コストが安く手間がかからないという理由から、蛇口に浄水器をとりつける人も増えています。

3 携帯電話は必需品

自分に合ったプランを見つけ出す

固定電話はいらない

誰でも携帯電話を持つようになってから、だんだん固定電話を置く人が少なくなってきました。今では、あってもほとんど使わない人が増えてきています。固定電話がなくても、困ることはありません。

アメリカの携帯電話の番号は固定電話の番号と区別がありませんから、連絡先として固定電話を要求されることもまずありません。

携帯電話会社の選び方

大きな携帯電話会社（キャリア）としては、Verizon、AT&T、T-Mobileなどがあげられます。一番広いエリアをカバーしているのはVerizonですが、自分が住む地域では、どこのキャリアの電波が一番強いか確認してから選ぶことが大切です。

通常の契約では、アメリカでのクレジットヒストリー、ソーシャル・セキュリティ・ナンバー、ID（自動車運転免許証）が必要です。これらがないときには、保証金を払わなくてはいけません。保証金は各電話会社によってちがいますが、半年または1年後に戻ってきます。

日本ではありえない形態ですが、アメリカではプリペイド（先払い）で契約する人もたくさんいます。保証金の必要もなく、基本的には誰でも買うことができ、また解約もいつでも自由です。お金をチャージしておけば、通常の契約と同様に使うことができます。

日本とのちがい

アメリカの携帯電話は、かける側にも受ける側にも料金が発生します。呼び出し音だけでも、留守電を聞くときにも料金がかかります。日本からなどの国際電話がかかってきた場合は、国際電話のレートではなくアメリカ国内電話を使用しているのと同じ料金が発生します。

固定電話からトールフリーの番号へ電話をすると無料ですが、携帯電話の場合は、通常の通話と同じ扱いになります。またコーリングカードを使っても、国内通話料金が発生します。

スマホで日本語を使う

iPhoneもアンドロイド系のスマホでも簡単に日本語を使うことができます。そのままでも日本のウェブサイトやメールは日本語表示しますが、日本語入力したい場合には、Play Storeから無料のグーグル日本語（Google Japanese Input）をダウンロードします。

設定のLanguage & Inputで、Google Japanese Inputにチェックを入れれば大丈夫です。これで簡単にテキストを含め、日本語入力できるようになります。

ＯＳまで日本語にしたい場合は、MoreLlocale 2をダウンロードします。

携帯電話料金のしくみ

通話料、テキスト（ＳＭＳ、ショートメッセージ）、データ通信の3つの契約があります。通話料金は、月の基本料金によって何分無料かちがってきます。超過料金はとても高いので、使用量に応じて決めます。通話よりもテキストでやりとりする人が多いので、テキストの契約は、無制限にしておいたほうがいい場合があります。

携帯電話は、同じ携帯会社同士の通話は無料であるのに加えて、夜9時以降から翌朝7時までと土曜、日曜の週末はアメリカ国内なら無料です。ただし、プリペイド携帯電話にはこの特典はありません。

5台まで入れるファミリープランもあるので、家族はファミリープランを利用します。

日本からアメリカの携帯電話を契約する

アメリカにある日系の携帯電話会社にはＫＤＤＩアメリカがあります。特にアメリカの携帯会社と比べて料金が高いということもありません。

これら日系の携帯電話会社は、引っ越しの1ヵ月前から日本で申し込め、日本で携帯電話を受け取ることも可能です。また、クレジットヒストリーやソーシャル・セキュリティ・ナンバーがなくても保証金は必要ありません。契約期間もないので、解約も簡単です。

どちらも日本の固定電話への通話がとても安くなるプランがあります。

4

グローバルに使おう

グーグルＦｉも選択肢の一つ

グーグルの携帯電話プラン、グーグルＦｉ

携帯電話のサービスも年々変わってきています。既存の大手携帯キャリアに加えて、グーグルが２０１５年に出したグーグルＦｉは利用者が増えてきています。

月々の固定使用料が20ドルで、国内電話とテキストは無制限、データの使用料は１ＧＢあたり10ドルです。データは使用料に応じて使用した分だけ払います。とても明瞭でシンプルな料金で安心して利用することができます。

世界中で使えるグーグルＦｉの仕組み

いくつかの携帯電話会社の電波の中から接続状況がいいものを選んで自動的に接続してくれますから、広範囲で使うことができます。日本を含め、海外でも同様なシステムになっていて、ローミング料金がかかりません。日本に帰国したときやアメリカ国外へ旅行したときにも、アメリカ国内と同じ条件で使うことができるので、旅行をよくする人に便利です。

グーグルＦｉの申し込みのしかた

グーグルＦｉのオンラインで申し込み手続きをすると（https://fi.google.com/about/）、ＳＩＭカードを送ってきますが、アメリカ国内の住所しか対応していません。だんだん増えているとはいえ、どの携帯機種でも使えるわけではないので、対応機種を調べてから購入します。

英語での設定になりますが、画面の指示に従うだけなので、特に難しいこともなく、セットアップが完了するとすぐに通信可能になります。使用しているＳＩＭカードは、グーグルアカウントに紐づけられているので、専用サイトから使用データ量を確認することができます。

5

スマホを使いこなす
日本とはちがう人気アプリ

通信手段としてのアプリ

ラインは日本の人とのやりとりや、国際電話を無料でできるなど便利ですが、アメリカ人で利用している人は少ないです。一般的に利用されている通信手段は、電話機能を使ったテキストです。電話番号で、相手にメッセージを送ることができます。

そのほかにフェイスブックのメッセンジャーや若者に人気があるSnapchat、ラインに似ているWhatsAppなどを利用している人もいます。

人気のアプリ

アメリカで人気のアプリは、やはりフェイスブックです。日本と同様に、インスタグラムやツイッターも使用している人が多くいます。車を運転することが多いので、グーグルマップやWazeといったアプリをカーナビとして使います。

日本にはないアプリですが、有名なものにYelpがあります。レストランのクチコミ情報サイトです。ホームページがないようなお店でも、情報を得ることができ、レストラン予約サイトのOpen Tableと連動していて、予約を入れることもできます。

スマホでお金の管理

自分の銀行のアプリを入れておけば、残高確認をしたり、小切手を受け取ったときに、銀行に行かずにカメラ機能を使ってオンラインで入金することができます。

年々、モバイルペイを使う人も多くなってきています。主なものは、Apple Pay、Google Pay、Samsung Payの3種類です。アプリにクレジットカード登録をすると、スマホをかざすだけで、支払いができます。

スターバックス専用のモバイルペイのように特典がいろいろ付くものもあります。

6 ゴミの捨て方とハウスキーピング

ゴミの回収は業者に頼んで有料

ディスポーザーの使い方

台所の流しにディスポーザー（生ゴミ処理機）がついている場合は、ディスポーザーを利用して生ゴミを処理します。使用するときは、必ず水を流しながらスイッチを入れます。野菜くず、茶殻、残飯をこなごなにして流すことができます。残飯を大量に流すと、ディスポーザーが正常に動かなくなり、故障してしまうことがあります。種や骨のようなかたいものは流せません。

もしスプーンやフォークなどをまちがって入れたためにディスポーザーが作動しなくなったら、すぐにスイッチを切ります。スイッチを入れたままでディスポーザーの中に手を入れるのは危険です。異物を取り除き、ディスポーザーの下にあるリセットスイッチを押してみます。

ゴミの捨て方

ゴミの収集会社からゴミの出し方を細かく指定したリストをもらい、その町のゴミの収集方法に従ってゴミを捨てます。

アパートやコンドミニアムでは共同の大型ゴミ捨て場があって、ゴミの処分代も家賃に含まれています。一軒家の場合は有料となり、個別にゴミ収集会社と契約をします。1週間に収集してもらう回数、ゴミ容器の大きさによって金額がちがいます。3カ月で60～90ドルです。

一軒家の場合、ゴミ容器のふたをきちんとしめておかないと、動物に荒らされるので注意が必要です。また、収集日以外は外から見えないような場所に置くようにします。芝生を刈ったときに出るゴミ、木を切ったときの枝葉、落葉樹の大量の落ち葉などは各地区の処分場に持っていくこともできます。

ゴミ容器は大きいので、かなり大きなゴミも入りますが、家具や電気製品などの粗大ゴミは、通常の収集では扱いません。また、車の部品や危険物を出したい場合は、契約しているゴミ収集会社に問い合わせます。自分でゴミを処分場まで持ちこむと無料になる町もあります。

リサイクル

リサイクルは日本ほどは徹底していません。州によってリサイクルへの取り組み方にちがいがあります。一般にリサイクルは都会ほど熱心で、環境問題への関心の高まりから活発になってきました。田舎ではほとんどリサイクルをしていないところも多いようです。

資源ゴミとしてはビン、缶、ペットボトル、新聞・雑誌、ダンボールがあります。資源ゴミを出す日時をよく確認して、指定の場所に出します。州によっては缶のドリンク製品、プラスチックボトル、ビールビンを売るときに、あらかじめ、デポジットとして5～10セントを上乗せして売り、回収用の機械に入れるとデポジットが戻ってくるしくみを採用しているところもあります。

スーパーなどに回収用の機械がありますが、実際に戻ってくるのは現金ではなくて、機械の置いてあるスーパーで有効な金券です。そのスーパーで買い物をするときに、その金額分だけ合計金額から引かれます。

あると便利な住まいの洗剤

Clorox・・・洗濯、お風呂、台所でも共通の漂白剤
Lysol・・・トイレ、お風呂等の掃除用洗剤
Easy-Off・・・オーブンやレンジまわりの汚れとり
Drano・・・排水溝の詰り用
X-14・・・カビとり用

家の手入れ

アパートや家を借りている場合は、常に出るときのことを考えて、ハウスキーピングを心がけます。家の内外で変わったことがあったら、すぐに家主に知らせます。

忙しくて掃除ができない場合は、毎月1～2回、クリーニングサービスを頼むこともできます。家の広さや掃除の方法により、値段はちがってきます。何社かに見積もりを出してみます。一人で来る場合もあれば、何人かで来ることもあります。

カーペットにできたシミなどの汚れは、専用のクリーナーですぐに取り除きます。台所には換気扇がついていないところも多くて油汚れが付着しやすいので、炒め物や揚げ物を多く作る場合は、掃除をこまめにしておきましょう。

7

理髪店・美容院の利用の仕方

美容院では必ずチップを渡す

切りっぱなしの理髪店

大都市にある日本人経営の美容院や理髪店では、日本と同様のサービスが期待できますが、アメリカの一般的な理髪店の場合は、髪の毛を切って、最後にドライヤーで切った髪の毛を吹き飛ばすだけです。これさえもせずに、切りっぱなしの店も少なくありません。理髪店を出るときは、濡れたままの髪で、切った髪の毛がたくさんついていることも珍しくありません。頼めば、切った後に洗ってくれますが、あまり上手なところはなく、日本人には評判はよくないようです。

家族全員でヘアーカット

ショッピングセンターにはWalk-in Barberといって、予約なしでもヘアーカットをしてくれる家族向けの理髪店があります。休日には家族全員で利用している姿も見かけます。予約なしの店のほうが値段は安く設定されていて、だいたい15～25ドルくらいです。カットだけだと時間は10～15分で仕上がります。

理髪店で思いどおりの髪型にするための秘策

男性の場合は、細かくバリカン（hair clippers）の種類を指定することで、ある程度の好みの髪形に近く仕上げてもらえます。ハサミよりもバリカンのほうが、うまくいくようです。サイドとバックはバリカンのNo.2（短かめ）、No.3（普通）、No.4（長め）で、トップはTrim（整える）してもらいます。"Not so short."といっておかないと、非常に短く切られてしまいます。きちんと指示さえできれば、高い店も安い店も、技術的には仕上がりは変わらないようです。

美容院

女性も時間とお金の節約からWalk-in Barberにいく人

が多いようです。しかし、パーマをかけたり、髪を染めてもらう場合は、美容院にいきます。

　パーマはなかなか思いどおりにならないようで、かかりすぎてしまったり、ほとんどかからなかったりというトラブルがあるようです。日本人にとっては、日本人経営かまたは髪質が近い中国、韓国などアジア人が経営する美容院の評判がいいようです。

ネイルアートは人気

アメリカでは爪に絵を描くネイルアートをしている人が多いです。日本よりお店を多く見かけるし、値段も安めでカジュアルに楽しんでいる人が多いです。通常は予約の必要はありません。無地のカラーを塗るだけの単純なマニキュアは、乾く時間も含めて15～20分くらいででき、料金は15～50ドルほどです。

　絵を描いてもらいたい場合には、その絵を持参して見せたり、店にあるカタログの中から選びます。絵の複雑さによっても多少のちがいはありますが、絵を描いた指1本につき、3～5ドルくらい追加になります。

　ネイルアートを気軽に楽しみたい場合は、ドラッグストアなどの化粧品コーナーにあるつけ爪のセットを買います。好みのネイルアートをほどこしてあるつけ爪を、専用の接着剤を使って爪にはりつけます。

チップの渡し方

理髪店、美容院などではチップが必要です。多くの人が20％程度渡すようですが、指名したり、気に入った場合などはもう少し大目に渡します。

　チップの渡し方で一番簡単なのは、お金を払うときに、会計の人に渡す方法です。髪を切ってくれた人が、会計まで一緒にきた場合は、その人に直接渡します。また、シャンプー、カットなど複数の人に担当してもらった場合には、1人にまとめて渡して分けてもらうこともできます。

　切ってもらった髪がとても気に入った場合には、会計が終わった後で、切ってくれた人にお礼をいいにいき、チップを渡す人もいますが、そのときの状況に応じて、自分の渡しやすい方法をとります。

　気に入った理容師、美容師がいたら、名前を聞いておき、次回から指名すると安心です。名前を聞くと、たいていは、店にいる時間などの情報が書いてある名刺のようなカードを持っているのでそれをくれます。

8 便利なサービスがいっぱい
郵便局のサービスを使いこなそう

郵便局の場所

郵便局は見つけにくいので、インターネット検索で、場所を確認しておきます。ダウンタウン近隣には大きな郵便局があり、営業時間は比較的長いです。住宅地には思わぬところに小さな郵便局がありますが、昼休みをとる場合があるので、営業時間に注意しましょう。土曜日の午前中に窓口が開いていることもあります。クリスマスが近くなると、営業時間が長くなったり、季節により営業時間が変わる郵便局もあります。

ポストの色は青色です。ポストは郵便局の前のほかに、スーパーの入口、銀行などの場所にあり、車に乗ったまま投函できるものもあります。

郵便の種類

郵便の種類は、速達、書留など日本と同様のサービスがありますが、速達には翌日配達と2~3日かかるものと2種類あります。また海外へ小包を送る手段としては、2007年より船便がなくなり、航空便だけになってしまいました。

メディアメールと呼ばれている郵便物は、本、CD、ビデオ、DVDに割安で利用することができます。

小包を送るときは、決められたフォームに記入し、保険をかけることもできます。トラッキングナンバーをつけると、郵便物がどこにあるかインターネットで調べることができます。

郵便為替

現金書留の制度はないので、送金する場合は小切手か郵便為替（Money Order）にして送ります。郵便為替は国内用と外国用があります。外国用の上限は700ドルで、それ以上送る場合は何枚かに分けて為替を作ります。期限はなく、郵便局や銀行でも現金にすることができます。控えを持っていれば、紛失のときに再発行されます。

値上がりの影響を受けないフォエバースタンプ

切手は、郵便局のほかに、スーパー、薬局などの店のレジのところでも売っているので便利です。また、郵便局のホームページで注文すると、数量にかかわりなく、手数料1ドルで郵送してくれます。

近年、郵便料金がどんどん値上がりし、２００７年からアメリカ国内用の普通サイズの封筒用切手にフォエバースタンプが、出てきました。そのときの国内通常切手の値段が44セントだったら、フォエバースタンプを44セントで買います。たとえば、48セントに値上げされても、44セントで買ったフォエバースタンプは48セントとしてカウントされます。値上がりの影響を受けない切手です。国際用の切手にもグローバル・フォエバースタンプがあります。

郵便料金

◆アメリカ国内

▽第一種郵便(First Class)
封書　1オンス(約28g)　$0.55
1オンス追加ごとに　$0.15
大型封筒　1オンス　$1.00

◆国際郵便(日本宛)

葉書、封書とも1オンス　$1.20

▽定額優先小包(Priority Mail Box)
Small Flat Rate Box　$27.90
Medium Flat Rate Box　$51.55
Large Flat Rate Box　$67.05

2020年1月改定

宛先の書き方

宛名書きで注意しなくてはいけないのは封筒、または葉書の一番下の部分です。ここは、宛先のバーコードがはられる場所なので、宛名の下1センチ幅くらいは空欄にしておかなくてはいけません。ここに何かを書いてしまうと正しく配達されません。

日本へ送る場合、船便はないのでAIR-MAILと書く必要はありません。宛名を英語で書くように指示されることもあります。

留守中の小包や書留

留守の間に配達される小包は玄関先にポンと置いていかれます。書留に関しては、不在者通知票を残されるので、身分証明書を持って指定された郵便局にとりにいきます。とりにいかなくても日本と同様に再配達日や再配達先を指定することもできます。

長期間留守をするとき

旅行などで長期間家をあけるときは郵便局にいき、Hold Lettersというサービスを頼みます。郵便局のホームページからも申し込むことができます。帰ってくるときが未定の場合は、Hold期間を決めずに、郵便局の窓口に溜められていた郵便物をとりにいくことで解除できます。帰ってくる日が決まっている場合は、郵便配達開始日を記入します。その日になると溜まっていた郵便物が配達されます。

住所を変更する場合には郵便局にある移転通知に必要事項を記入して窓口に出すこともできますが、これもホームページでできます。

小包と速達

郵便局では、国内向け、外国向け用にプリオリティ・メールサービスがあります。郵便局に専用の何種類かの袋や箱があり、送りたいものに合わせて選びます。

重さにかかわらず、箱の大きさに応じて、料金は定額になっているので、重いものにはお得です。この箱や袋は無料で、トラッキングナンバーもついてきます。通常の郵便より、早く配達されます。

速達にも定額封筒や箱があります。夜間も休日も配達してくれます。指定時間通りに配達されない場合は、料金を返してくれます。電話をすると、取りに来てくれるサービスもあります。

小包や書類は郵便局からだけではなく、ＵＰＳ（United Parcel Service）やフェデックス（FedEX）からも出せます。

新しい郵便局のサービス

郵便局のオンラインも年々、充実してきています。Click-n-Shipというサービスは、自宅から簡単に、荷物を送るものです。荷物の重さを自分で量り、相手の住所や重さなど必要事項をオンラインで記入すると料金が出てきます。クレジットカードで支払いをして、支払い済みの送り状をプリントアウトします。その紙を切り抜いて荷物に貼ります。

家に取りに来てほしいときは、その日付、重さ、荷物を置いておく場所を記入します。これで、郵便局員が自宅にいなくても持っていってくれます。

国際郵便は郵便局まで行かねばなりませんが、オンラインで自宅で書類を用意して行くと割引になります。

9 犯罪から身を守るために
身の危険を感じても「ヘルプ」は禁句

近年、アメリカの犯罪率は減少傾向にあるとはいえ、危険な場面に遭遇しないという保証はありません。日常生活に支障をきたすほど過敏になる必要はありませんが、「自分の身は自分で守る」というルールに従うことが大切です。

まずは環境を知る

犯罪が多発する場所には昼間でも近づかないことが大切です。できれば土地の人に危険な地域がどこか教えてもらいましょう。特に大都市では、1ブロックちがっただけで周囲の雰囲気がガラッと変わることがよくあります。初めていく地域では、自分の感性をとぎすませて雰囲気を察知する癖をつけてください。

夜間のひとり歩きは危険です。夜にどうしてもひとりで歩かなければならない場合は、ひと気のないところを避け、人通りのある明るい道を選ぶようにします。つけられていると感じたら、近くに警察があれば警察に、あるいは近くの店に入るなりして、迷わず助けを求めましょう。

普段行きなれたショッピングモールや公園、大学のキャンパスなども、時間帯によってはひと気がなくなるので、その場合はできるだけ避けたほうが無難です。どうしてもいく必要がある場合は、複数の人といくようにしましょう。また、大学によっては警備員による夜間エスコート・サービスがあるので利用してください。

電車やバスなど公共の交通機関も、夜間は決して安全とはいいきれません。犯罪の多発する地域の路線や深夜バスの乗車は避けたほうが賢明です。特に通勤時間帯を過ぎると利用者の数がぐっと減り、駅や停車場はもちろん車内も閑散とすることがあります。危険だと思ったら、タクシーを拾うか、安全な待ち合わせ場所を決め、家族や友人に車で迎えにきてもらうようにしましょう。

ねらわれないことが最大の自衛

路上での事件に巻き込まれないようにするには、犯罪のターゲットとなりそうな場所を避けると同時に、相手にとってねらいやすい行動をとらないことが大切です。警戒心に欠けた行動をとると、犯罪の絶好のターゲットになってしまいます。歩くときは建物や路地の陰、周囲の人物に注意を払いましょう。事前に危険を察知し、巻き込まれないような行動を常に心がけることです。ただ、警戒しすぎておびえてしまうのは逆効果です。オドオドすることなく、「この街のことは全部知っている」といった毅然とした態度でいることが肝心です。

人目をひく派手な服装やアクセサリーは控えたほうがいいでしょう。また、バッグやカメラなど、目立つ荷物を無造作に持ち歩くのも避けたいところです。たとえば荷物に上着をかける、両手でバッグを抱える、肩ひもがついているバッグならたすきがけにするなどの工夫が必要です。

ジーンズの後ろポケットなどに財布を入れることがありますが、スリや強盗にねらわれる危険性があるので避けるべきでしょう。また、多額の現金を持ち歩くのもお勧めできません。現金は必要最小限にとどめ、代わりにクレジットカードやパーソナルチェックを持ち歩くほうがいいでしょう。

家やアパートには二重のロックを

自宅で起こる窃盗や空き巣には、ねらいにくい家だということをアピールするのが簡単で効果的な予防策です。玄関には二重、三重の鍵をつけ、短い外出でも必ずロックするように心がけましょう。鍵をなくしたり、盗まれたりしたら、すぐに新しいものと取り替えるようにします。自転車など、自分の持ち物はすべて部屋の中に入れておきましょう。

一軒家の場合は、セキュリティ会社と契約するか、監視カメラを取り付けてスマホを連動させましょう。そこまで出費できないという場合は、セキュリティ・システムを使っていることを示すステッカー類を目立つ場所に貼るのも有効です。これらはスーパーや電気店などで安価で購入できます。

押し込み強盗などの被害を避けるためには、知らない人が訪ねてきても、絶対に家の中に入れないことです。制服を着ていたり証明書を持っている場合でも、約束なしに訪れる他人に対してはむやみにドアを開けないように注意しましょう。

家を長期間留守にする場合は、新聞の配達を中断し、郵便物は局留めにします。留守中であることを他人に知らせないために、タイマーなどを利用して夜間に室内照明がつくようにしておくのも効果的です。

自家用車内も要注意

自家用車内といえども常に安全とはいえません。座席の上などに金目のものやカバン類を置くと盗難にあう危険性があります。トランクもこじ開けられることがあるので、車から離れるときは、貴重品は身につけるようにしましょう。

係員のいない駐車場や路上駐車中の車両盗難が多発しています。ドライブレコーダー（アメリカではダッシュカム。123頁参照）などを設置して自衛策を講じることをお勧めします。夜間の駐車場などでは、車内に不審な人物が隠れていないとも限らないので、車に乗る前に後部座席などをチェックするようにします。

また、悪用されるおそれがあるので、車の鍵に名前や住所、電話番号などを書いたタグをつけるのはやめたほうがいいでしょう。

ある体験談

自宅まであと数百メートルというところで、Kさんは車で近づいてきた若者たち2人から道を聞かれました。その後、若者たちは車から降りてKさんを囲み、ピストルをつきつけて「金を出せ」と要求してきました。アメリカ暮らしの長いKさんは両手を挙げて、「財布は上着の左ポケットにあるから」といって若者たちに探させました。

ここで大事なのは、「ヘルプ」といって助けを呼んだりしないことです。「ヘルプ」といったために、パニックになった犯人に射殺されてしまった日本人の痛ましい事件がありました。

また、自分でポケットやバッグに手を入れて財布を探したりしないことです。ポケットに手を入れると、攻撃するための武器を探していると思われます。

加害者も「反撃されるかもしれない」という切羽詰まった状態に陥っています。若者たちが去っていくまで、決してあわてたり騒いだりしなかったKさんの態度は、賢く正しいものだったといえるでしょう。

10

義務を怠ると罰金
新渡米者がしなければならないこと

移民局にＡＲ－11（住所変更届）を提出

アメリカに30日以上滞在する外国人（非移民ビザ保持者とグリーンカード保持者）が、入国時に報告したアメリカの住所から転居した場合、移民局に届けを出す必要があります。入国時の住所が学校や会社になっている人は、届けを出しましょう。

転居から10日以内に新住所を報告することが、移民法第２６５条により義務づけられています。ただし、申請用紙の中に転居した日付を記載する項目はありません。転居報告義務を怠ると２００ドル以下の罰金または30日以下の拘禁刑に処するとされています。

〈提出方法〉

◆オンライン登録

http://www.uscis.gov/ar-11

◆郵送による提出

前述のサイトにある「AR-11, Alien's Change of Address Card Form」をクリックして用紙をダウンロードします。記入後に投函日と署名を書き入れ、用紙の下に記載されている住所に郵送します。念のため、印刷したりコピーをとるなりして証拠を残しておきましょう。

在米日本大使館・総領事館に「在留届」を提出

３カ月以上滞在する場合、在米日本大使館・総領事館に「在留届」を提出します。転居・家族の追加などの際には「変更届」を、帰国・管轄外へ引っ越す場合は「帰国・転出届」を提出します。

https://www.ezairyu.mofa.go.jp/

このサイトより、オンライン登録でも、用紙をダウンロードして郵送かＦＡＸによる提出でもどちらでも可能です。

インターネットにアクセスできない場合は、管轄の大使館か領事館に連絡して、用紙を入手してください。

到着後2週間以内にすべきこと

◆日本ですること

▽かなり前からしておくこと

· 本、情報誌、インターネットなどで現地の情報をできるだけ集める。

· クレジットカードへの加入。

· 歯の治療をすませておく。

▽渡航が決まったらすること

· ビザの申請をする。ノービザ渡航者はESTA 登録をする。

· 役所（海外移転、健康保険、国民年金）や税務署（確定申告）で必要な手続きをする。

· 医療保険の準備をする。

· 渡航直後に電話をかけられるように手配をする。

· アメリカで当面必要なお金を準備して、必要であればあとの送金の手配を誰かに頼むか、日本の銀行口座を自分で管理できる手配を整えておく。

· 国際運転免許証など必要書類の取得。

· 携帯所持品リストをつくって、必要な物をそろえる。

· 目的に合わせて手荷物と別送荷物にわけ、別送荷物を発送。

◆到着1週間目

· 出入国記録カード（I-94）を印刷して保管（最優先）（p250参照）。

· レンタカーを借りる（必要に応じて）。空港からレンタルするか、レンタカーのデリバリーサービスを利用。

· 仮住まいを決める。
住まいが決まるまで、低料金の宿泊施設を利用して仮住まい。

· 住まいを探す。
口コミ、日系食料品店やコインランドリーなどの掲示板の貼り紙、新聞の情報、不動産屋などを通して、住まいを探す。

· 車を買う（必要ならば）。住まいを探しながら、車を買う情報も集める。

◆住む場所が決まったらすること

· 当座に必要な家具や食器をそろえる。

· 移民局に新しい住所を報告する（p74参照）。

· 電気、ガス、水道会社に連絡をする。

· 日本からの船便がある場合、現地引っ越し会社に連絡をして、荷物配達の日を決める。

· 電話会社で手続きをする。
ソーシャル・セキュリティ・ナンバーがなくても、オフィスにいってパスポートを見せれば手続きをしてもらえる。併せて電話帳をもらえるように手配する。

· 銀行口座を開く。
ソーシャル・セキュリティ・ナンバーがなくても開ける。

· 家族、友人に新住所を知らせる。

· ソーシャル・セキュリティ・ナンバーもしくは税務署番号を申請する（必要であれば）。

· プロバイダーと契約する（必要であれば）。

▽車の購入が決まったらすること

· 運転免許取得の手配をする。
DMV（車両管理局）にいって運転マニュアルを入手し、筆記試験を受け、路上試験を受ける。

· 車の保険に入る。

◆到着2週間目

· 日曜の朝には地方新聞を買って店の情報を得る。

· 足りない家具や家電製品など、生活用品を買いそろえる。

· 車を運転して、まわりの状況を把握する。

· 日本大使館または総領事館に在留届を出す（p74参照）。

Column 4

日本の良さも悪さも見えてくる

◆花鳥風月に親しむ日本人

日本では春になると、ニュースなどで「梅の花が満開となりました」、「桜がほころび始めました」と各地の花だよりが話題になる。四季の移り変わりのなかで花鳥風月に親しんできた、日本ならではの風習だ。

自然がほとんどない都会でも、住宅地の庭先に咲き誇る花々を楽しむことができる。入り組んだ路地でも、玄関先の植木鉢が道行く人を楽しませる。

海外から帰国すると、様々な日本人の生活習慣が目新しく感じられることがあるが、「花を愛でる習慣」もそのひとつである。

◆日本はエチケット未開国？

アメリカには自動ドアのある建物が少ない。そのため、ドアを開けたら必ず後ろを確認し、通行人がいる場合は、ドアを開けたままにして待つという習慣が徹底している。

後ろの人も、前方にドアを開けて待っていてくれる人がいれば、急ぎ足でドアに向かい、“Thank you” と会釈してドアをくぐる。

このエチケットは見ていて実に気持ちがいい。

ところが日本に帰国してみると、アメリカで見慣れた麗しいエチケットがゼロに等しいことに気づく。

後ろに人がいるとわかっていても、自分だけドアをくぐれば、それでよしという人が、何と多いことか。

また、気をつかってドアを開けて待っていても、お礼もいわないで通り過ぎる人もいる。

こんなことでは、日本はエチケット未開国として名を馳せそうで心配だ。

◆遅かれ早かれのアメリカ化

アメリカで導入されたことは遅かれ早かれ日本でも導入されることが多いが、禁煙はまさにその一例だ。

1994年にカリフォルニア州で「屋内職場禁煙法」が可決され、その後例外であったバーでも喫煙が違法となった。ハワイ州ではショッピングセンター、公共交通機関、ホテルのロビーなど公共建築物の出入口から約6メートルの範囲も禁煙場所に指定され、ついに禁煙領域は建物の外にまで進出している。観光局はビーチでの喫煙もできなくなるだろうと予測している。

喫煙天国だった日本でもアメリカ化・禁煙化がすすみ、いま愛煙家は形見の狭い思いをしている。

PART 5

きっと役に立つマネー相談〈銀行・税金・年金〉

◆これがアメリカの常識◆

アメリカでは銀行の預金通帳がない

家賃・月謝などの支払いは小切手を使う

夫婦は連名の預金口座を共同利用

ホテルやレンタカーの予約にはクレジットカードが必要

1

銀行口座の種類

最もよく使うのが当座預金口座

アメリカの銀行は預金金利が自由化されていて、口座の種類も日本より多く、日本にはないサービスもあります。どんな口座を開設しても、口座規約書が渡されるので、きちんと読むことが必要です。同じ口座でも、銀行により内容がちがうので、口座開設を希望する銀行に直接問い合わせることが大切です。

口座受付係

銀行には窓口のほかに、たいてい入口に近いところに口座受付係がデスクを置いています。新しい口座を開設するときは、窓口ではなく、ここで相談して開設します。

定期預金の相談、口座の開設、住所変更など、お金の出し入れ以外のことは、口座受付係のところにいきます。

当座預金口座

アメリカの生活で、一番必要となるのは当座預金口座（Checking Account）です。日本では個人が当座預金を利用することはまれですが、アメリカでは家賃やお稽古事の月謝など、パーソナルチェックと呼ばれる小切手しか支払いを受け付けない場合もあります。

通常、当座預金には口座管理料や小切手取扱手数料がかかりますが、最低預金額を満たしたり、給料を直接振り込みすることにより、料金が無料になります。

当座預金を夫婦で開設することも可能です。ジョイント・アカウント（Joint Account）を作り、"Taro Yamada OR Yoko Yamada"のように2人の名前を入れてもらいます。そうすると、どちらがサインしても小切手を使うことができます。あとから追加してジョイント・アカウントにすることも可能です。

口座を開くと、チェックブック（小切手帳）が発行されます。チェックブックの左肩には本人の住所と氏名を印刷してもらいます。ジョイント・アカウントの場合は、夫婦2人の名前を記載します。

手続きが終わるとその場で臨時の薄いチェックブックを発行してくれます。注文した正規のチェックブックが届くまでには、1週間くらいかかります。チェックブックは、カーボンコピー付きのものが便利です。

銀行には日本のような通帳がないうえに、口座の明細書も送ってこないので、オンラインで口座管理することはとても重要なことになります。残高を超えるチェックを切ると、1枚につき数十ドルものペナルティ（罰金）を支払うことになります。

銀行のオンラインの自分のアカウントでは振り出した小切手のイメージ写真を見ることができ、それが小切手を相手が受け取った記録になります。

普通預金口座

利息のつく当座預金もありますが、そのための最低預金額が高く設定されているため、利息をつけたい場合は別に普通預金口座（Saving Account）を開設し、普通預金で利息をつけて、必要な金額だけ当座預金に移動させるのが一般的です。

普通預金には利息はつきますが、日本と同様に非常に低い金利です。出し入れは自由ですが、定められた最低金額の預金がないと、当座預金と同様に口座管理料がかかります。しかし、ほかの口座に比べると管理料が安く、開設時に必要な預金額も低く設定されています。また銀行によっては、ほかの口座に預け入れている金額と合算して手数料を設定しているところもあり、その場合は手数料が免除になることがあります。

普通預金は小切手を使用することはできませんが、送金の受け取りをするときには便利です。最低預金額を決めておき、その預金額を下回らなければ引き出すこともできる定期預金と合わせた普通預金もあります。

定期預金

定期預金（Time Deposit）の種類は多く、途中でお金を引き出せるものや、利息がついたときに受け取れるものなどがあり、銀行によってもちがいます。

金額と預け入れ期間などの条件により利息が変わりますから、銀行で相談して納得のいく定期預金を選びます。また途中解約すると手数料をとられる場合もあるので、口座受付係と相談して慎重に選びます。

2 口座を開くときの注意点

賢く自分に合った銀行と口座を選ぼう

銀行口座を開設するにはパスポートとソーシャル・セキュリティ・ナンバー（56頁参照）が必要です。このナンバーがなくても、学生番号や納税者番号などを提示すると開設できますが、定期預金など利息がつく口座に関しては、開設できないこともあります。

開設にあたっての確認事項

銀行口座を開設するにあたっては、その地域に一番支店が多い銀行を選ぶのが便利でしょう。日本人が多い都市では日系の銀行もあります。

次のような項目を検討しながら、自分にとって最もよいと思われる銀行を選びます。

▽信頼性

アメリカの銀行は倒産することもあるので、信頼できる銀行を選びます。そのためにも銀行がＦＤＩＣ（Federal Deposit Insurance Corporation）に認可されているかどうか、事前にチェックしましょう。認可されている銀行であれば、仮に倒産しても預金のうち最大25万ドルまでは保険で保証されています。夫婦連名のジョイントアカウントの場合は、50万ドルになります。

▽大きな銀行の利点

小さい銀行の支店だと、たとえば、現金を円からドルに換えたりという外国為替を扱っていないことがあります。日本に送金したり、日本からの送金を受け取る場合に便利な銀行を選ぶことも大切です。

▽銀行の営業日と営業時間

銀行窓口の営業時間は通常午前9時から午後3時までです。銀行の支店により、土曜日に営業していたり、金曜日は営業時間を延長しているところもあります。

スーパーやショッピングモールの中で営業している銀行では通常の銀行の営業時間とはちがい、スーパーやショッピングモールの営業時間に合わせて窓口業務をおこなっているため、土曜日や日曜日も開いていることがあります。

▽口座管理料の最低額

日本の銀行とちがって、アメリカの銀行口座はそのほとんどに口座管理料がかかります。しかし、ある一定の金額以上の預金額があると、この口座管理料がかからなくなるので、その最低額を確認しておきます。

最低額は口座の種類によりちがいますが、最低額以下になっても、決められた期間内に入金すればいいというシステムになっていることが多いようです。

▽口座管理料の比較

アメリカ国内で最も支店が多く、預金占有率が大きい銀行であるBank of Americaの一般口座は月に4・95ドルの管理料がかかります。ＡＴＭの数が一番多いChase銀行は月に12ドル。単純に口座管理料だけで比較はできません。残高の額がいくらだったら無料になるかにもよります。学生は口座管理料が無料になる銀行が多いです。

サインの登録

日本では口座を開設するときに印鑑の登録をしますが、アメリカでは印鑑のかわりにサインの登録をします。

銀行にもよりますが、サインの登録はアルファベットで要求されることが多いようです。パスポートのサインが漢字で、銀行でのサインがアルファベットであっても特に問題はありません。

当座預金の場合は小切手を切るときや受け取った小切手を現金化するときにサインをします。登録されたサインと同じでなければ口座への入金、出金はできないので、いつも同じサインをする必要があります。

日本でアメリカの銀行口座を開設する

日本にいるときにアメリカの銀行であるユニオンバンク（Union Bank）の開設をすることもできます。ユニオンバンクはアメリカ現地の三菱ＵＦＪ銀行のグループ会社なので、三菱ＵＦＪ銀行に口座を持っている必要があります。

開設方法は三菱ＵＦＪ銀行のホームページ（https://www.bk.mufg.jp/tsukau/kaigai/kouza/cali/index.html）に詳しく書いてありますが、ソーシャル・セキュリティ・ナンバーがなくても開設できます。

アメリカからＡＴＭカードが届くのにひと月ほどかかる場合があるので、余裕をもって申し込みます。

3

小切手活用法

アメリカ生活には欠かせない小切手

小切手を使う場面がいっぱい

家賃、電気代、電話代などの支払いは、日本では銀行引き落としが一般的ですが、アメリカでは小切手を郵送して支払いをすることもできます。代金を請求する側は、クレジットカードや銀行引き落としの利用者に料金割引などのサービスをおこなって奨励していますが、それでも小切手で支払う人もいます。クレジットカードやデビットカードを使ったほうが手続きが簡単なスーパーなどでの買い物でも、年配の人たちが小切手で支払いをするのをよく見かけます。

子どもの学校への支払いは、子どもに現金を持たせることを避けるために、どんなに少額でも現金を受け付けてくれない場合があります。

このように小切手を使う機会は多く、受け取る機会もたくさんあります。個人間での物の売り買い、ちょっとしたお金の貸し借りなども、小切手を使うと証拠が残るので便利です。

スーパーなどの買い物の支払いに小切手を使うときは、ID（身分証明）として、運転免許証をみせます。クレジットカードが使えなくても小切手が使える場所もあり、チェックブックを持ち歩くのは不便なので、小切手を一枚、お財布に入れておくと助かることがあります。

小切手の切り方

チェックブックは有料で、口座開設時に様々なデザインの中から選ぶことができます。

小切手を切るには、まず最初に小切手の表面の右上に日付を入れます。次に Pay to the order of（または Make check payable to）のあとの空欄に支払う相手の名前を記入します。

次に支払い金額を記入します。右端の$のあとの空欄に数字で金額を記入し、支払い先の名前の下段には英語で同額を書きます。たとえば、123ドル56セントの場合には、**One hundred twenty three and 56/100**と書き、そのあとには横線を引きます。そして一番下の段に、銀行で登録しておいた自分のサインを記入します。

小切手によってはカーボン紙と2枚組みになっていて、2枚目に記録が残せるタイプのものもあり、とても便利です。もし、そのようなタイプのチェックブックが選べなかったら、小切手番号、日付、支払い先、金額の記録を残すようにします。電気代や電話代の小切手を切って郵送するとき、小切手の左下の欄に請求書のアカウント番号を書いておくとまちがいがありません。

当座預金で使用される小切手

小切手と明細書の管理

支払った小切手が、自分の銀行から引き落とされたかどうかは、オンラインで自分で確認するしかありません。引き落とされた小切手は番号とともにイメージを見ることができます。

送った相手は、いつ引き落とすかわからないので、注意が必要です。

預金残高を超す小切手を使用すると、ペナルティ（罰金）を取られ、何度も繰り返すと銀行への信用がなくなります。余裕をもって口座にお金を入れておきます。

小切手を受け取った場合は、小切手の裏面の**Please endorse here**の部分にサインをして、自分が口座を持っている銀行で入金するか、または小切手発行元の銀行に行って現金化します。

口座に小切手を振り込む場合は、銀行のATM機で、画面の指示に従って入金します。スマホに自分の銀行のアプリを入れておけば、スマホから小切手の入金をすることもできます。

紛失やまちがえて発行したら

もし自分の小切手をなくしてしまったり、まちがって発行してしまった場合、小切手番号がわかっているときには、特定番号の小切手に対する支払いを止めるために、有料ですが**Stop Payment**をかけることができます。

チェックブックごと紛失してしまった場合には、銀行にいって相談する必要があります。

4 カードを使う場面がいっぱい

クレジットカードは安心便利

クレジットカードの取得は難しい

クレジットヒストリーがないと、アメリカでは簡単にはクレジットカードを作ることができません。クレジットヒストリーというのは、クレジットカードや公共料金、ローンの支払い状況の記録です。業者からクレジットカードの案内が来ますが、作れるとは限りません。その後の審査で却下されることもあります。却下が続くとクレジットヒストリーが悪くなりますから、注意が必要です。銀行口座を開いて1年くらいすると、クレジットカードが作れるようになります。

日本発行のクレジットカードでも問題なく使えますが、アメリカでのクレジットヒストリーが必要になったり、長期にわたる滞在の場合は、アメリカ発行のクレジットカードを作ることも考えます。クレジットヒストリーがなかったり、悪かったりするとローンを組むことができなかったり、借りたときの利息が高くなったりします。

クレジットカードを作る方法

比較的容易に作れるカードもあります。デパートのクレジットカードやフルタイムの大学生用のクレジットカードは、条件がそろえば発行してもらえます。また、セキュアードカード（Secured Card）といって、500ドル前後のデポジット（保証金）を積むことにより、その金額内で使用できるクレジットカードもあります。しばらくセキュアードカードを使っていると、本来のクレジットカードを作ることができます。

銀行でデビットカードを作るときに、ビザやマスターカードのクレジットマークをつけることもできます。このマークがつくことでクレジットカードと同様に使えますが、本来のクレジットカードとはちがいます。デビットカードと同様に、その場で口座から使用した金額が引き落とされます。また、クレジットマークを利用して支払いをしても、クレジットヒストリーはできません。

日系のプレミオカードや、JAL USA CARD、ANA CARD U.S.Aは、アメリカのクレジットカードですが、出発前から申し込むことができます。アメリカで働く人は日本のクレジットカードヒストリーを考慮して、作ることができます。

◆プレミオカード(MasterCard)(http://www.premio.com/)
日本での履歴を考慮して、通常のアメリカのクレジットカードよりも早く取得でき、米国でのクレジットヒストリーも作ることができる。オンライン申し込みも可。
(電話)日本から　0120-500-280(9:00-17:00土日祝休)
(電話)米国から　1-800-947-2030(5:00-17:00PT 土日祝休)

身分証明代わりに提示することもある

クレジットカードが身分を証明する場合もあります。

ホテルやレンタカーの予約には、たとえ精算のときに現金を使う場合でも、クレジットカードのナンバーを求められます。何かあった場合に、あとからでもクレジットカードで支払いをしてもらうためです。銀行のキャッシュカードについているクレジットカードでは駄目な場合もあります。

クレジットカードは安全

クレジットカードが不正に使われたらと不安に思う人がいるかもしれませんが、もし、不正に使われた場合は、クレジットカード会社が保証してくれます。クレジット会社はカード保持者の使用を管理していて、通常とはちがった場所での使用があると確認の電話がかかってくることがあります。確認がとれるまで、使用停止になることもあります。海外旅行をするときは、クレジット会社に海外で使えるように連絡しなければいけない場合もあるので確認する必要があります。

クレジットカードの不正使用への対処

クレジットカードの明細は、毎月、確認する必要があります。もし、不正だと思われるものがあったら、なるべく早く、クレジットカード会社に連絡して訂正手続き(Dispute)をしてもらいます。小さな額だったら簡単に払い戻してくれます。

支払いをしてから、相手のサービスが悪いために返金を求める場合も、クレジットカード会社に伝えれば相手との間に入って解決してくれることもあります。Disputeの手続きは、クレジットカードのオンライン口座から簡単にできることもあります。

5

知っておきたい税金の知識

"居住者"か"非居住者"で異なる税金

外国人でもアメリカを源泉とする収入があれば、課税されることがあります。アメリカで受け取った給与やボーナス、家賃収入、アメリカの銀行に預けた預金の利子、アメリカで買った株の配当金などが、収入とみなされます。

F、J、M、Qビザ（263頁参照）保持者の収入については、一定期間につき納税免除があります。適用されるためには、税務署に関連書類を提出する必要があります。

居住者と非居住者に対する課税のちがい

外国人の場合、「居住者」か「非居住者」のいずれかに分類され、課税方法が異なります。移民法と税法上での扱いが必ずしも一致しないので、注意が必要です。

また所得税（Income Tax）での居住者、非居住者の扱い、贈与税（Gift Tax）や日本の相続税に相当する遺産税（Estate Tax）での居住者、非居住者の扱いもそれぞれちがっています。

①所得税法上で居住者とみなされる者

・移民ビザ保持者（263頁参照）

・非移民ビザ保持者（263頁参照）で1年のうち在米日数が183日以上の者（F、M、J、Qビザ保持者を除く）

②贈与税・遺産税法上で居住者とみなされる者

・移民ビザ保持者

所得に対する税金

所得に対して課せられる税金としては、所得税、ソーシャル・セキュリティ・タックス（FICAともいう）、メディケア・タックスがあります。後者ふたつの税は雇用主と被雇用者それぞれに課せられます。被雇用者の場合は、給料から源泉徴収されます。

アメリカでの所得に対しては、税法上の居住者と非居住者の双方に、支払い義務があります。日本を源泉とする収入に対しては、非居住者には支払い義務がありませんが、居住者には支払い義務があります。日本の銀行にある財産（１００万円以上）や不動産は利益が生じなくても申告する義務があります。

居住者の納税

「所得税法上の居住者（右記①参照）」の場合は、日本を源泉とする収入に対しても課税されます。

「贈与税・遺産税法上の居住者（右記②参照）」の場合は、日本で受けた贈与や相続した遺産も課税対象となります。

日本では相続を受けた者が税金を払いますが、アメリカでは財産を残して亡くなった者が税金を払います。したがって、「居住者」の父親が亡くなって日本にある財産を相続した場合でも、アメリカの税法では税金を払う必要がありません。しかし、「居住者」が相続財産を売却して現金を得た場合、アメリカの税法によって課税されることになります。

ただし、もし相続人が相続とほぼ同時に相続財産を売却した場合、アメリカでは売却益が発生しないとみなされるため、実質上の課税は生じないことになります。

永住権保持者の納税申告

「居住者」のうち、非移民ビザ保持者が日本に帰国すれば、アメリカの納税申告の必要はありませんが、永住権保持者の場合は、その権利を放棄しないかぎり、納税申告の必要があります。

アメリカ国外で働く場合は特例があり、連続する12カ月のうち、３３０日以上アメリカ国外に滞在していれば、アメリカの税務署に海外在住者特別控除を申請することにより、アメリカ国外源泉の勤労所得について約8万ドル（インフレ調整で毎年少しずつ増額）を上限として、アメリカでの課税対象から除外されます。しかし、外国で発生した利子、配当金、不動産からの家賃は課税対象となります。

永住権保持者が日本に住んで仕事をする場合は、日本とアメリカの税法上の居住者となって、両国から課税対象とみなされますが、両国の外国税額控除の制度を利用するか、前述の海外在住者特別控除を利用すれば、二重課税を回避することができます。

▽アメリカ国税庁（ＩＲＳ）https://www.irs.gov/
▽『アメリカ税金ハンドブック』（ＴＫＣ出版）

6 確定申告と節税
アメリカではサラリーマンも確定申告

給与生活者も確定申告が必要

日本では会社が年末調整をおこなってくれるため、給与生活者は自分で確定申告をする必要がありませんが、アメリカでは各個人が確定申告をして、払いすぎていた税金を還付してもらったり、税金を支払ったりします。

毎年4月15日までに前年度分の申告をおこないます。最寄りの税務署や郵便局で申告書を入手するか、電子申告（エレクトリック・ファイル）を利用して申告します。

電子申告を利用する場合は、専門家を通す、ソフトを購入して申告書を作成して送信する、電話をかけてプッシュホンを通して必要データを送る（電話は税務署からその旨を通知された人のみ使用可能）……のいずれかの方法をとることになります。

もし自分だけでは申告が不安だと思った場合は、会計士や他の税金専門家に相談してみるか、地域のＹＭＣＡなどの施設で、毎年申告シーズンに特設される税金相談コーナーを利用してみるのもいいでしょう。

自分に合った申告書選び

日本では確定申告書を最寄りの税務署に提出するだけですが、アメリカでは連邦、州、郡・市など別々に提出しなければなりません。申告書にはそれぞれ種類があって、簡単に申告できる1頁のものから、複雑な申告にも対応できる2頁の申告書まであるので、自分に合った申告書選びが確定申告のポイントとなってきます。

連邦税申告書には3種類あって、課税所得10万ドル未満の人は、簡素化されたフォームを利用できます。

夫婦合算申告

夫婦の場合は、夫婦で個別に申告するか、夫婦合算申告にするか選択することができます。

夫婦で個別に申告する場合は制約もあるため、余分に税金を支払う結果になることがあります。そのため、夫婦合算申告と夫婦個別申告による納税金額を比較検討したうえで、申告方法を選択する必要があります。

夫婦の一方にのみ所得がある場合は、夫婦合算申告のほうが節税ができるようです。

税金の算出

給与所得者の場合、「①総所得」から「②控除の対象となるもの」「③項目別控除」「④扶養控除」を引いて、確定税額を算出します。

①総所得

給与の総所得に関しては、年明けの1月末までに前年度（1月1日～12月31日）の源泉徴収票（Form W-2）を会社から発行してもらいます。給与外の収入については、収入を受け取った機関や個人からForm 1099を発行してもらいます。

給与外の収入には、銀行の利子、株の配当金、コミッション、アリモニー（離婚による扶養費）、課税対象の恩給、年金手当、権利使用料、ビジネスの純利益、賃貸収入、原稿料・印税収入、宝くじやクイズ・コンテストの賞金などがあります。

②控除の対象となるもの

個人で支払う年金（ＩＲＡ）の掛け金（90頁参照）、離婚手当、転勤費用など。

③項目別控除

州・地方所得税、固定資産税などの税金、医療費、住宅ローンの利子、災害損失、寄付金など。このほかに給与所得者の必要経費として、現職に関する技能の向上のための教育費や書籍代、業務に必要なユニフォームとそのクリーニング代、会社の要求に従って受ける健康診断などの費用が控除の中に含まれます。通勤費用、出張費用などが自払いの場合も含まれます。ただし、調整総所得（①－②）の２％を超えた分だけが、控除の対象となります。

④扶養控除

扶養家族として認められるのは、アメリカで一緒に暮らしている家族構成員のみで、日本に仕送りをしていても、扶養家族としてカウントされません。

扶養される家族構成員は、年間所得額が扶養控除の額（２０１３年で、３９００ドル）未満であり、ソーシャル・セキュリティ・ナンバーまたは納税者番号（56頁参照）を取得している必要があります。

7 税金控除のＩＲＡ

日米合算10年で年金受給資格が得られる

年金を受給するには

アメリカで老齢年金を支給してもらうには、40就労単位の掛け金を納める必要があります。1年掛け金を払うと4就労単位の掛け金を支払ったとみなされるので、普通に働いていれば、通常10年で年金の受給資格が得られることになります。

アメリカでの就労が短期間でも、年金の掛け金は必要です。日本での年金加入期間も加算して10年以上になる場合は、アメリカで掛けた分の老齢年金を受け取ることができます。老齢年金を全額受給できるのは、65歳（67歳に段階的に引き上げ）からとなります。

専業主婦は10年以上の婚姻生活があれば、（離婚したとしても）、夫の年金の50％を受け取れます。ただし再婚すれば、受け取ることができません。

受給資格のある人は、日本に在住していても年金を受給できますが、受給資格を確認するためにソーシャル・セキュリティ・オフィスから定期的に送られてくる質問書に返答しなければなりません。

４０１ＫとＩＲＡ預金

働いている人は老齢年金が給与から天引きされます。これらの記録はソーシャル・セキュリティ・ナンバーを通してなされます。会社の多くは４０１Ｋという厚生年金に似た年金制度（就労者と雇用者が同じ額を積み立てていく）を取り入れていて、就労者がより多くの年金を受給できるように手助けしています。

４０１Ｋがない会社に勤めている人、パートタイマー、自営業者、働いていない人などは銀行が提供しているＩＲＡ（Indivisual Retirement Account）という名の預金をして、将来のために積み立てています。この口座には年間６０００ドルまで（年齢によってちがう）の預金ができ、税金控除の対象になります。

8 インターネットやスマホで銀行利用

オンラインアカウントを持とう

オンラインでの口座管理

オンラインで管理するものが年々、増えていきます。オンラインでアカウントを作れるものがあったら、自分のアカウントを作って管理します。今まで明細を郵送してきた銀行やクレジットカード会社は、郵送するのを有料にしたり、とりやめる方向になってきています。

一番、重要なのは銀行の口座管理です。日本の銀行でも海外からオンライン管理できる銀行が増えてきました。クレジットカードもオンラインで管理して、不正使用がないか、時々、チェックすることが必要です。ローンをしている場合には、オンラインアカウントで、支払い履歴を確認できます。

健康保険のオンライン管理は便利です。自分のかかった医療機関に保険会社がどれくらい支払ったかなどの詳細がすぐにわかります。病院や医院でも、自分のアカウントを作ると病歴や支払い履歴を見ることができたり、予約をとることができる場合もあります。

携帯電話のアカウントでは、自分の携帯電話の契約期限、使用状況の確認、新しい電話の注文などができます。そのほかにも、電気、プロバイダー、車の保険、DMVの車登録情報、EZパス（東海岸の高速道路の自動料金引き落とし）など、オンラインアカウントを持つことができるものはたくさんあります。

スマホでの便利な管理

スマホでも管理できるものが増えてきました。銀行のアプリでは、残高確認など口座情報を得たり、小切手の入金もできます。クレジットカードのアプリでは、利用履歴がいつでも確認でき、次回の請求額もわかります。

オンラインのアカウントからアラートをかけておけば、大きな金額の移動があるときなど、スマホにテキストで知らせてくれます。

Column 5

これって差別？

◆差別か差別でないか？

Ａさんは友人のＢさん（白人のアメリカ人）とガソリンスタンドに入った。Ｂさんが、従業員に「××の調子がおかしいので、ちょっと見てもらえませんか」といったところ、“It's not my job.”という答えが返ってきた。

アメリカでは自分の担当以外の仕事をする必要はないが、それにしても従業員の態度は横柄すぎる。案の定、Ｂさんは不快な表情を見せている。Ａさんも従業員の態度に腹がたったが、同時に「差別」について考えさせられた。横柄な態度が日本人である自分に向けられたものであれば、「差別」だと感じただろうが、これは白人のＢさんに向けられたものである。

——この従業員は人種の別なく、すべての客に対して平等に横柄なのだ。

Ａさんは妙に納得した。

アメリカでは「差別」かどうかを判断するのは非常に難しい。

◆習慣のちがいは差別を招く？

1989年のことになるが、テネシー州にある日本の全寮制高校に火のついた十字架が投げ込まれた。燃える十字架は白人至上主義を掲げる団体「クー・クラックス・クラン」を連想させた。

——日本人に対する差別か？

当時の日系新聞はこの事件を大きく取り上げた。だが、アメリカ生活の長いＣさんは記事を読んで、すぐさまニュースの裏にある事情を推理した。

「これは日本人学校の生徒に対する嫌がらせにちがいない……」

日本人の高校生はアメリカに来ても、自転車に乗って歩道を走ることが多い。しかし、アメリカでは自転車は車道を走ると決まっている。このルールを平気で無視した高校生に対して、住民は警告の気持ちを込めて火のついた十字架を投げ込んだのではないか、というのがＣさんの推理である。

◆カリフォルニアを出るのが怖い

カリフォルニアにはアジア系アメリカ人が多く住み、アジアからの移民も多い。故国から新しくやってきた移民よりも、アメリカ生まれのアジア系アメリカ人のほうが差別に対して敏感だ。

日系アメリカ人のＤさんは、子どものころ、真珠湾攻撃（この攻撃は「ジャップのダーティ・アタック」と呼ばれている）のあった日が近づくと学校でいじめられ、鼻の骨を折られたことがあるという。

中国系アメリカ人のＥさんは、「中西部の町で、日本人とまちがわれて中国人が殺された事件があった。旅行をしたくても怖くて、カリフォルニア州を出たことがない」と語る。

アジア系住民の少ない地域では、いまでも差別は残っていて、カリフォルニアを出たくないという人も多い。

PART 6

アメリカ流ショッピングに精通する

◆これがアメリカの常識◆

寿司を置いているスーパーがたくさんある

サンクスギビング翌日が一番のバーゲン

オーガニック製品が充実

返品は簡単、理由はいらない

スーパーでも野菜や果物はバラ売り

個人売買がとてもさかん

1

スーパーでの買い物

クーポン券でお得なショッピング

クーポンを探そう

スーパーや薬局で売られている日曜日の地方紙には、1週間分のスーパーマーケット、デパート、その他の店の広告が入っています。店の広告にクーポンが出ていたり、クーポンを集めた冊子のようなものも入っています。

新聞を買わなくても、たいていの店は、オンラインで見ることができる広告があります。目当ての商品のクーポンがあったら、切り取ったり、プリントアウトして持っていきます。

クーポンの使い方

有効期限は1カ月と短いものから1年、無期限のものまでさまざまです。メーカーで発行するクーポンのほか、クーポン発行の店だけで使用できるものがあります。オンラインでアカウントを作り、ストアカードと連動しておけば、クーポンなしでも登録商品が割引になります。スマホを利用して店が出しているクーポンのバーコードを会計時に見せれば割引になるところもあります。

店の会員になる

住所と電話番号だけの簡単な登録で会員になると、割引サービスが受けられる店があります。レジで精算の前にこの会員カードを見せると、自動的に割引されます。もし、レジで"Member's card, please."といわれたら、持っていませんと答えるより、どうやって会員になれますかと聞けば、すぐに案内書を渡してくれるので、入会を希望する場合は、カスタマー・サービスデスクで会員登録をします。

会員制のディスカウント・ストア

はじめから会員のみのディスカウント・ストアもあります。主な店としてコストコ（年会費60ドル）、サムズクラブ（同45ドル）、ビージェイズ（同55ドル）などがありますが、全米展開でも地域によってはない店もあります。品ぞろえは食料品、家電、事務用品、タイヤなどの車用品など幅広く、旅行やメガネなどのサービスもあります。

会員ではなくても店内に入ることができますから、興味がある場合は、まず商品の種類や値段を見てから決めるといいでしょう。

スーパーでの買い物の仕方

スーパーマーケットでは大きなカートが利用できるようになっています。まだ首のすわっていない赤ちゃんを乗せるバスケットつきのカートもあれば、子どもを2人乗せられるカート、身体障害者用の電動カートもあって、カートの種類も豊富です。

野菜や果物はバラ売りなので、好きなものを好きなだけ選んでビニール袋に入れて買います。バナナ1本、玉ねぎ1個でも買えるので、少量が必要な人にとっては便利です。はかりが売り場に置かれていますから、重さをチェックすることができます。このほかに買い得な大袋入りの商品もあります。

セールのひとつとしてBuy one get one freeというのがあります。これは、1個買うともう1個が無料、つまり2個買うと半額になるというものです。肉やハム、パン、洗剤、シャンプーなどさまざまなものがこのセールの対象になるので、クーポンとともに利用すると大きな節約となります。

アメリカのスーパーにもある日本食

大きなスーパーでは、アジア食品コーナーがあり、ここに日本米に近い米や、しょうゆ、ラーメンなど日本食が置かれています。豆腐はアメリカでは日常的な食品となっていて種類も多く便利ですが、野菜コーナーやベジタリアンコーナーにあることが多いようです。寿司コーナーがあり、いろいろな種類の寿司を買えるスーパーも増えてきました。

対面販売も利用しよう

ハムやチーズの対面販売はいつも混んでいて、整理券をとって番号を呼ばれるまで待ちます。注文を受けてからハムやチーズをスライスするので、時間がかかります。

日本では見かけないその場でスライスしてくれるチーズは種類も豊富で、パックされたものよりもおいしいため、対面販売は人気があります。1パウンド（約450グラム）、ハーフ・パウンドといって注文しますが、枚数を指定して注文することもできます。

サービスの多いスーパー

食品のほかに、スーパーにはトイレットペーパー、石鹸、シャンプーなどの日用雑貨や、市販の薬、文具も売っています。大きなスーパーには処方箋を調合する薬剤師がいる薬局もあります。値段がわからないときに、値段のバーコードを読み込む機械があるところもあります。

花屋も入っていて、フラワーアレンジメントをしてくれたり、誕生日やイベントのために使う風船なども、カタログから選んで買うことができます。

商品の見つけかた

日本とちがい、アメリカのスーパーマーケットはとても大きいので、慣れるまではどこに何があるのかよくわかりません。商品の並んでいる棚にはアルファベット順に並んだ商品名のリストがぶらさがっているので、欲しい商品の棚の番号をこれで探すことができます。

支払い方法

現金、小切手のほかに、クレジットカードや銀行のデビットカードが使える店がほとんどです。小切手を使う場合には、身分証明のために免許証をみせます。支払いをするレジには「12商品以下」「8商品以下」などとレジの上にランプがついて、通常のレジとはちがうところがあります。ここは、買い物が少ない人専用のレジです。商品の返品や問い合わせは、レジとは別のカスタマーサービスカウンターにいきます。

アメリカのコンビニ

日本では日常生活にかかせないコンビニですが、アメリカでは日本のコンビニが進出している大都市をのぞいて、それに相当するものはありません。しいて言えば、ガソリンスタンドについている小さな売店には新聞や飲み物、スナックなどが置かれ、日本のコンビニと似ています。

大型スーパーが年中無休で長時間営業をしていたり、食品や雑貨も置いている薬局が24時間営業をしているところもあり、コンビニの役割を果たしています。

2
サンクスギビング後が最大のバーゲンセール
ブラックフライデイかサイバーマンデイか

ブラックフライデイ

サンクスギビング（11月第4木曜日）の翌日をブラックフライデイと呼び、1年を通じて最大のセール日になっています。早朝4時、5時からオープンして目玉商品を出すお店がたくさんあります。目当てのものを買うために、前日から並んでいる人もたくさんいて、毎年ニュースで、行列の長さが取り上げられるなど、アメリカの年中行事となっています。このセールの時期にクリスマスプレゼントを買って用意する人が多く、商品も一番豊富に出回ります。

以前はサンクスギビングデイはどこの店も閉まっていましたが、最近は午後からオープンしてセールを始めるモールも出てきました。

サイバーマンデイ

サイバーマンデイは、サンクスギビングの翌週の月曜日のセールのことです。ブラックフライデイが実店舗の買い物の日なら、サイバーマンデイは、オンラインショッピングの大セールの日です。

実店舗でお目当てのものを買うには、朝早く起きて出かけたり、混雑することもあるのでそれを嫌う人たちがオンラインショッピングすると言われています。

買い物するならクリスマス前

毎年、11月に入るとクリスマスの飾り付けをするところも出てきて、ショッピングセンターもどんどんにぎわっていきます。クリスマスのセールは年々、前倒しになっていき、ブラックフライデイまで待つ必要はないと宣伝しているところもあります。

クリスマスを過ぎると閑散として、冬物セールはあまり盛り上がりません。買い物をするなら品数が豊富なクリスマス前がいいと言われています。

3 日本食はどこで手に入るか
中国系、韓国系のスーパーが狙い目

アジア系のスーパーマーケットを利用

日本人が多く住む大都市には、たいてい日本食のスーパーマーケットがありますが、数はそれほど多くはありません。しかし、中国系または韓国系のスーパーは日本食の店よりも多く見られます。

中国系や韓国系のスーパーマーケットでは、現地のスーパーにはないような日本の食品や雑貨を扱っています。特に韓国は日本と食生活が似ているため、韓国系の店は日本人にとって重宝です。中国系と韓国系の店では扱っている日本の商品がちがいます。

米

アメリカで販売されている米としては、昔からある「国宝ローズ」や「錦米」に加えて、コシヒカリ系の「かがやき」「田牧米」「玉錦」など新しい品種が増えてきました。

「国宝ローズ」はアメリカのスーパーでも売っていることが多いですが、その他の銘柄の米は韓国系、中国系の店で扱っていることがあります。

昔は日本の米に比べて値段が安かったのですが、米の品質があがるにつれ、値段もどんどん高くなってきました。韓国系、中国系の米は安いですが、日本の米とはずいぶんちがいます。

魚

大きなスーパーには魚コーナーがあり、切り身にしたものと、丸ごと1匹売っているものがあります。切り身の魚は3枚におろしてあり、皮もはがれているので、見ただけでは何の魚かよくわかりません。

1匹丸ごとのものは、そのままの重さを量って値段がつけられています。購入してから、好みに応じて頭や内臓を取ってもらったり、"Fillet please."（フィレにしてください）と告げて、頭を取り、皮をはぎ、３枚におろしてもらったりします。

日本人にはなじみの薄い淡水魚も売られていますが、これらはにおいが強いので、海水魚かどうか確かめてから買うといいでしょう。

キリスト教徒とユダヤ教徒は宗教上の理由から、金曜日に魚を食べる習慣があるため、金曜日に魚を買いにいくと、種類も豊富で新鮮な魚が手に入りやすいようです。

冷凍品の魚もあります。売られている魚は、解凍している場合が多く、かえって冷凍品のほうが質のよいものが見つかります。店によっては、サケ、タラ、ヒラメなどのほか、イワシ、わかさぎなどを置いているスーパーもあります。

薄切り肉

スーパーでも薄切り肉にしてくれるところがありますが、イタリア人も薄切りの肉を使うので、イタリア系の肉屋で薄切り肉を頼める場合があります。中国系や韓国系のスーパーでは、冷凍の薄切り肉を扱っていることもあります。

自分で薄切り肉を作るときは、塊肉を買ってきて、冷凍庫で弱めに凍らせます。これを薄切りにするとうまくいきます。

アメリカの食材で日本食に挑戦してみよう

現地のスーパーでは、野菜が豊富で安く手に入ります。日本食の店にいかなくても、代用できるものがないか探してみます。工夫すると、まったく同じものではなくても、かなり日本食に近いものができます。

すき焼きには現地生産の固めの豆腐、マッシュルーム、リーキといわれる西洋ねぎなどを利用します。太巻き寿司にはアボカドやチキンハム、チーズなどを入れ、日本にはないようなオリジナルの日本食を作ることも楽しいでしょう。

オンラインで日本食を買う

オンラインで日本食を扱う店は年々、少なくなっています。２０２０年2月では、実店舗のマルカイがやっているTOKYO CENTRAL (https://www.tokyocentral.com/)があるくらいです。しかし、アマゾンの日本食の品ぞろえが年々豊富になってきて、お米や味噌、海藻類、だしの素といったものまでそろっています。

4 新鮮で安全なものをどこで買うか

ファーマーズマーケットに行ってみよう

水

日本人は水に対して敏感で気を配りますが、アメリカのたいていの都市では、水はそのまま飲んでも安全です。アメリカのほうが水質に厳しく、安全性が非常に高いといわれています。ただし、安全性が高いからといって、おいしい水であるかは別問題です。

スーパーで水を購入したり、飲料水の配達サービスや浄水器を利用する人もたくさんいます。味が気になる場合は、台所のシンク下に透過膜の飲料水用フィルターを設置することもできます。水自体は安全だといっても、水道管に問題がある場合もあります。乳幼児に与える場合には、乳幼児用の水を利用する人もいます。

ファーマーズマーケットは都会にもある

都市近郊には農家が集まって、ファーマーズマーケットを開いているところがたくさんあります。なかには1年中オープンのところもありますが、夏だけというところが多いようです。

たいていは、週末の土曜か日曜に開かれます。生産者と直接話ができ、新鮮な野菜や果物が手に入ります。また農家だけにとどまらず、酪農家、ワイナリー、ベーカリーが来ているところもあります。

コーヒーや軽食を売っているので、ファーマーズマーケットを見て歩きながら、週末の朝食を食べる人もたくさんいます。

果樹園や農家では、“Pick your own”といって、季節ごとにいろいろな種類の果物や野菜の摘み取りができるところがあり、人気の高い観光のひとつになっています。特に入園料はなく、摘み取ったものの重さを量って買うだけです。店で買うよりはずっと安い値段で摘み取ることができます。時期が限られているので、どんな摘み取りができるかインターネットなどで確かめてから行くようにします。

自然食品店をのぞいてみよう

健康に対する関心の高いアメリカでは、Natural Food Shop などという名の自然食品の店がたくさん見受けられます。ショッピングセンターの片隅にはたいていあります。

自然食品の店ではアレルギーの人でも安心して食べられる食品や、ダイエット用品、無農薬の食品、ベジタリアン用の食品などを扱っています。そのほかに海草類、干し椎茸などの乾燥食品、お茶などの日本食を健康食として、扱っていることもあります。香料を使わない化粧品もあります。

スーパーの有機食品を利用

スーパーの野菜のコーナーには Organic（有機栽培）と書かれた野菜が並んでいます。普通の食品よりもやや高めの値段になっています。日本よりも有機栽培の野菜の種類は豊富です。

大きなスーパーには野菜の Organic コーナーのほかにも、Natural Food と書かれたコーナーが設けられています。ここにはシリアル、スパゲッティ、ケチャップ、スープ類、菓子類、ベビーフードなど有機栽培でできた食品や、無添加物食品が置かれています。

身近な自然食品のチェーン店

２０１７年にアマゾンが買収した「ホールフーズ」(http://www.wholefoodsmarket.com/) というチェーン店は、通常の店より値段が高いのですが、健康志向が強い人や自然食品に関心のある人に支持され、急成長しています。アマゾンプライム会員には、会員向けのセール品や割引があり、宅配サービスもしています。無農薬の野菜や果物、薬品を使わない飼育法で育てられた動物の食肉などを扱っています。

「トレーダージョーズ」(http://www.traderjoes.com/) は、自社開発で、流通コストや製品コストを下げ、安くてユニークな商品を扱っている自然派のチェーン店です。

「オーガニック食品」とは、アメリカ合衆国農務省 (USDA) で定められている規則に従って作られた農作物や乳製品、加工食品などを意味します。認定された商品には、(USDA ORGANIC) のシールが貼られています。

5 オンラインショッピング
家から手軽にインターネットでお買い物

初心者にはアマゾンがお勧め

オンラインショッピングサイトで巨大なのはアマゾンです。利用者も商品数も群を抜いています。アマゾンは、年々、取り扱い商品も多くなり、配送も早くなり、信頼を置いている人がたくさんいます。

日本のアマゾンと使い方は同じです。アマゾンプライムに登録すると年会費は１１９ドルです。最低金額なしにプライム商品は送料無料で３日以内に商品が届くことや、プライム会員向けの動画や音楽が無料でダウンロードできるなどの特典があります。

返品も簡単

アマゾンの場合は、返品もだんだん簡単になってきています。返品したいものの手続きをオンラインでします。スマホに返品用のバーコードが送られてきます。商品は梱包しないでそのままＵＰＳ（United Parcel Service、宅急便取扱所）に持ち込み、スマホのバーコードを読み取ってもらったら、商品をそのまま渡して、レシートをもらいます。返品はＵＰＳだけではなく、Kohl'sというチェーンの雑貨店でも受け付けています。

商品を買うときはレビューをよく見よう

自分で手にとって見ることはできませんが、多くの人がレビュー（評価のコメント）を書いていますので、参考にできます。過去の質問と答えもありますが、疑問が解決しなかったら、質問を送ってみます。

日本の家電製品や食品も扱っているアマゾン

まず欲しいものがあったら、アマゾンで調べてみましょう。炊飯器や掃除機など日本のメーカーの家電製品やお菓子などの食品もアメリカのアマゾンではいろいろ扱っています。不便な土地に住んでいる日本人はアマゾ

インターネットを利用して買い物しよう

◆アメリカのオンラインショッピング利用者が多いベスト5

1. Amazon（https://www.amazon.com/）
2. eBay（https://www.ebay.com/）
3. Walmart（https://www.walmart.com/）
4. Etsy（https://www.etsy.com/）
5. Target（https://www.target.com/）

◆オンラインショッピング用語

in stock　在庫あり
out of stock　在庫切れ
back order　入荷待ち
pre-owned　中古
no refund　返金不可
no returns　返品不可
restocking fee　返品手数料
warranty　保証
billing address　請求書送付先
estimate　見積もり
flat rate　一律料金
invoice　納品書
terms and conditions　利用規約
tracking number　荷物追跡番号
order status　注文状況
sales tax　消費税
handling charge　取り扱い手数料
place an order　注文する

ンで米などの日本食品を買っている人もいます。

スマホとの連携

アマゾンのアプリをスマホに入れておきます。買い物に行ったときに、ほしい物のバーコードをアマゾンアプリで読み取ると、アマゾンではその商品がいくらで買えるかなどの商品情報が出てきます。

アマゾンのほうが安かったら、スマホからアマゾンに注文をすることもできます。

ペイパルの利用も考える

アマゾンのような大手ショッピングサイトはセキュリティ強化に努めていて信用できますが、どうしても欲しい商品が小さなショッピングサイトや個人だった場合には、クレジットカード番号を相手に教えるのも不安です。

そんなときはペイパル（Pay Pall）を利用すると安全度が高まります。ペイパルはもともとはeBayの子会社で個人売買を安全にできるようにした決済代行機関です。ペイパルを利用すると、相手にクレジットカード情報を伝えずに安全に取引ができます。アメリカのオンラインショップはほとんどペイパルを導入しています。

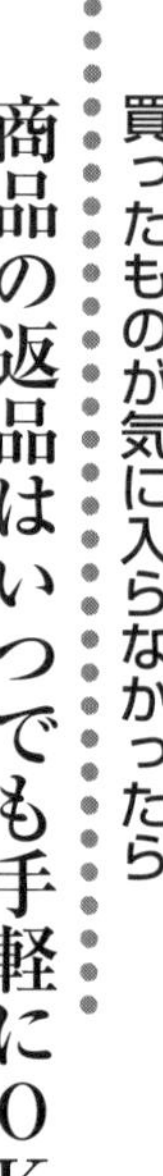

6 買ったものが気に入らなかったら 商品の返品はいつでも手軽にOK

簡単な返品

アメリカでは返品はごく一般的なことです。交換または返品したい商品があれば、レシートを持参して手続きをします。2週間以内であれば簡単に返品ができ、特に返品の理由を聞かれることもありません。

大きな店ではたいてい返品専用のレジがあり、いつも人が並んでいます。クリスマス後には、返品専用のレジは長い行列ができます。

メールで送ってくるデジタルレシート（e-receipt）の利用が増えてきました。レシートをなくしてしまう心配がありません。紙レシートも希望すれば両方もらえます。一般的には返金よりも交換のほうが簡単です。

不良品が多い電気製品

電気製品は新品でも不良品が多いので、レシートは必ず保管しておきましょう。ほかに品質保証書があれば、返品のときに渡します。元の梱包材も万が一の返品に備えて、しばらくは保管しておきます。

パソコンなどの高額商品は、ほかの商品よりも返品期間が短かかったり、制約がありますので、購入したらまず、きちんとした商品であるかどうか確かめることが大切です。また、付属品も含めて商品がすべてそろっているかどうかもチェックしましょう。

返品できない商品に注意

たいていの商品は返品に応じてくれますが、No return とか final sale などと書いてあるものは返品できない場合があります。

赤札や最終セールのときなどは、返品可能であるかどうか確かめてから商品を購入したほうがいいでしょう。アメリカでは安物を買ったら不良品だったということがよく起こるので、注意が必要です。

7

個人売買がさかん

土曜の朝はガレージセールを見に行こう

ガレージセールとクレイグリスト

ガレージセール（東海岸ではタグセールともいう）の中には数軒の近所の家が共同で開くものや、Moving Saleといって、引っ越しのためのセールもあります。

子どもが大きくなったために、いらなくなったおもちゃやベビーベッドなどの子ども用品を処分する目的のものや、長年たまった不要品の整理、趣味で集めたものの整理など目的もさまざまなガレージセールがあります。目的にあったセールをみつけましょう。

大きな家具などはクレイグリスト（Craigslist）を利用する人もいます。クレイグリストは「売ります」「買います」の個人売買の情報を探せる無料の広告媒体です。eBayとはちがい、地域に密着して実際にその家まで商品を取りに行くことが多いです。とても便利ですが、トラブルもあるので、利用するときは、注意します。

土曜の朝は早起きをしよう

土曜日の地方紙の朝刊やインターネットで検索するとガレージセールの情報が出ています。ガレージセールは土曜日の午前中におこなわれるのが習慣になっています。ガレージセールは告知されている時間より早めに行く人もたくさんいます。9時からと書いてあるので、9時に行ってみたら、よいものはほとんどなくなっているということがあります。

土地柄がわかる

引っ越しして間もないころはなにかと物入りですが、運がよければガレージセールで必要な物がみつかることもあります。

地図を頼りにガレージセールをまわることにより、土地勘ができたり、地域に住んでいる人の生活状態がわかることもあります。

Column 6

家庭に牛１頭分入る冷凍庫!?

◆３カ月後の返品、取り替えに成功

クリスマス後のバーゲンセールで、Ａさんはフォーク、ナイフ、スプーンなどのディナーセットをデパートで買った。ずっと使う機会がないままに３カ月がたったころ、客をもてなそうとセットを開けてみて驚いた。フォークが２本不足しているのである。

通常、返品は２週間以内といわれている。レシートも必要だ。Ａさんの手元にはすでにレシートはなく、そのデパートで買ったという証明は何もない。しかもバーゲン品。

しかし、Ａさんはだめでもともとと、デパートに交渉しにいった。すると、店員は、

「次回からはきちんとレシートを持ってきてください」

といって、すんなり数のそろっているセットと取り替えてくれた。

さすが“返品先進国”と感心したＡさんであった。

◆牛１頭分を冷凍庫へ

Ｂさんは、料理が趣味というアメリカ人の家庭を訪れた。アメリカ人は「ここは書斎」「ここはリビング」といって、マイホームを案内してくれる。Ｂさんが驚いたのは、巨大な冷凍庫。それは普段使う冷凍庫ではなくて、牛１頭分の肉を購入して、冷凍するためのものだった。

そのアメリカ人にとって、今日はこの部分を、明日はこの部分を……と考えながら料理をするのが無上の喜びらしい。

——家族全員が超肥満なのもうなずける……。

アメリカ人の食欲に恐れ入ったＢさんであった。

◆不良品の回収と取り替え

知り合いから「故障が多い」といわれたにもかかわらず、Ｃさんは近くの中古車販売店でアメリカ車を購入した。５年前の車だが、値段のわりには乗り心地もよく、故障知らずの掘り出し物だった。

しかし、その後２年の間にリコール（メーカーによる不良品の回収と取り替え。無料）が２回もあった。リコール部品が出ると、普通の修理場ではなく、ディーラー直営の店に車を持っていかなくてはいけない。調べてみると、一番近い直営店で、片道１時間もかかるところにある。しかも１日では修理できないので、翌日になるといわれた。

車を預けた後は、送り迎えもしてくれるのだが、遠いとそれだけで大変である。

今度買うときは、ディーラーの場所も考えてから車のメーカーを選ぼうと、Ｃさんは思っている。

PART 7

クルマを自在に使いこなそう

◆これがアメリカの常識◆

アメリカでは車検の心配がいらない

州によって交通法規がちがう

路上試験に使う車は自分で手配する

ガソリンは自分で入れる

1

運転免許証の取得方法

お金も時間もかからない自動車免許取得

日本では車の運転免許証を取得するにはお金も時間もかかりますが、車が必要不可欠なアメリカでは比較的簡単に、ほとんどお金をかけないで免許証が取得できます。資格取得年齢（州によって差がありますが多くは16歳以上から）に達していて、有効なビザを所持していれば、アメリカで運転免許証を取得することができます。

マニュアルを取得して筆記試験を受ける

ＤＭＶ（車両管理局）に出向いてDriver's Manualを取得しましょう。インターネットのサイト（3頁参照）でも情報が得られます。州によってはインターネットを通して模擬テストの体験もできます。

マニュアルを通して試験に備えた勉強をして、自信のついたところで、予約をしてＤＭＶで筆記試験（四問択一方式が多い）を受けます。州内であれば、どのＤＭＶを選んでもかまいません。

筆記試験は日本のように難しいものではなく、州によっては日本語で受験できるところもあります。

仮免許で路上運転の練習

筆記試験に合格して視力テストに受かれば仮免許証（Learner's Permit）が与えられます。仮免許証があり、隣りの助手席に免許証を持っている人が乗車していれば、州内の路上を運転することができます（州によってフリーウェイなどで制限あり）。

この制度を利用して友人に運転技術を教えてもらえば、ほとんど無料で運転資格をとることが可能です。

もし周囲に教えてくれる友人がいなければ、ドライビング・スクールを利用します。日本のスクールとちがって、担当教官がブレーキ装置が2個ついた練習用車で家まで来てくれ、レッスンのあとは家まで送り届けてくれます。

人によってちがいますが、だいたい十数時間のレッスンを受ければ、実技試験の受験を勧められるようです。日本人の先生がいるスクールは、日本語情報誌の広告、インターネット、日系企業の電話帳（イエローページ）などで探すことができます。

日系のスクールは費用が高くなるので、もし安い費用ですませたい場合は、その地域にある最大の移民コミュニティが経営するスクール（サンフランシスコだと中国系のスクール）を利用するといいでしょう。

アメリカで運転免許を取得するには

◆日本の免許を保持していない場合

① DMV で予約して筆記試験を受け、仮免許証を取得する。

② 仮免許で路上運転の練習をする。

③ DMV で予約して路上試験を受け、運転免許証を取得。

◆日本の免許を保持している場合

①DMV で筆記試験と免許申請の予約をする。

② 筆記試験と路上試験を受けて運転免許証を取得。

（DMV で日本の運転免許を提示する必要あり。日本の免許保持者には実技試験を免除する州もある）

路上試験

運転技術に自信ができたら、DMVで予約をして路上試験を受けにいきます。

州によって免許取得までのプロセスはちがいますが、路上試験に移る前に数時間の講習を受けなければならない州もあります。講習はドライビング・スクールや高校・大学に設けられたDriver's Educationで受講します。

路上試験の受験者は、自家用車、友人の車、レンタカーなどどんな車でもかまいませんが、自分で車を調達しなければなりません。ドライビング・スクールでレッスンを受けた人は、担当教官が試験の予約をしてくれ、試験場までの送り迎えをしてくれ、試験の際は普段練習していた車で実技の受験が可能です。

路上試験は日本に比べると簡単で、都市部よりも田舎のほうがさらに簡単だといわれています。

日本での免許証に書き換えるためには、合格時点から少なくとも3カ月以上はアメリカに滞在していなければなりません（詳細については258頁参照）。

2 車を購入するには
車選びには下調べが重要

まずは車選びから

公共の交通機関が発達していない地域では、移動手段として車は必需品です。購入する前に、新車と中古車のどちらにするか、どんな車がほしいのかなど、予算や自分の好みを考えておきましょう。ローンやリースを組む場合は、アメリカでのクレジットヒストリーや滞在期間を考慮する必要があります。

また車を購入する際には、まず自動車保険（128頁参照）に加入している必要があります。購入が決まったら、保険会社に電話して、車種とVIN番号を伝えます。

新車を購入する場合

予算があれば、やはり新車のほうが故障が少なく、長期間、安心して運転できます。

通常、新車の場合はディーラーから購入することになりますが、ディーラーがメーカーから独立しているため、同じモデルの新車でも店によって値引率がまちまちです。

たいていのディーラーは、どんな車をストックしているかオンラインのサイト内で提示しています。自分が欲しい車があればいいですが、取り寄せになると時間がかかる場合があります。

ディーラーに出向いたら、希望する車の試乗をします。購入するときは値段交渉をします。ある程度の知識がないと値引き交渉はうまくいきませんから、自分が欲しい車がどのくらいの値段で実際に売られているかの下調べは重要です。Kelley Blue Book（https://www.kbb.com/）などで適正な価格帯をつかんでおきます。一定以上の値引きには、上司の許可が必要なために、途中で上司が出てくるときもあります。

買値が決まると修理保証などの有料オプションを勧められますが、必要かどうか検討して購入する場合は、値引き交渉ができます。

アメリカの中古車

車検制度が発達していないアメリカでは、劣悪なコンディションの車が走っていることも少なくありません。中古車を購入する場合は、価格もさることながら、車の状態を見極めることが重要になってきます。ただ、自分の希望や条件どおりの車が見つかるとは限りません。内外装の状態や走行距離などの点では、ある程度の妥協は仕方のないことと考えておいたほうがいいでしょう。

肝心なのは、不備のある車を購入するときは、それを承知したうえで、納得できる価格で買うということです。

予算を決める

まず、自分の予算を決めます。その予算内で、メーカーを決めます。トヨタ、ホンダ、日産などの日本車は中古車になっても人気があります。新車からの値段の下落率がアメリカ車や韓国車に比べて小さいです。

日本車は修理などのメンテナンスコストが低いということや売るときに高く売れるというメリットがあります。

中古車はタイヤのすり減り具合などにより出費がかかることもあるので、余裕のある予算を組みます。

新車に比べて、自動車保険や毎年払わなければいけない自動車税は安くなります。

中古車を買う方法の選択肢

一番一般的なのは、中古車ディーラーから買うことです。車のコンディションは点検済みで、個人売買より値段は高くなりますが、比較的安心できます。

全米展開の CarMax（https://www.carmax.com/）は値段の交渉はありません。「しっかりと整備をしている車を適正価格で売る」というのがポリシーになっています。CarMax の技術者が車を点検しているので、安心して買うことができ、金融機関とも提携しているので、支払い方法も相談にのってくれます。

Autotrader（https://www.autotrader.com/）も評価がよい中古車ディーラーです。車の情報が豊富で、Kelley Blue Book の評価が掲載されているので便利です。

もし、近くにガリバーＵＳＡ（https://gulliverusa.net/）があれば、日系中古車ディーラーがお勧めです。ウェブサイトも日本語ですし、車についての質問や値引き交渉も日本語でできます。

中古車専用ディーラーのほかに、新車ディーラーでも中古車を保有していることがあります。自社ブランドではない中古車も扱っていますし、ディーラーが整備をして保証をつけている Certified の車もあります。

車の修理工場でも中古車を扱っている場合があり、ディーラーより値段は安くなる傾向があります。

個人売買での中古車を買うときの注意点

ディーラーに比べて安いことが多いので、個人売買で車を買う人もいますが、コンディションのよくない車もあることから、車についての知識が必要です。

事故歴があるかどうか確認するために、車のヒストリーレポートをみます。CARFAX（https://www.carfax.com/）は有料ですが、車両登録番号のVehicle Identification Number（ＶＩＮ）、または US license plate number を入れると持ち主、事故の有無、修理の状況などの車の履歴が簡単にわかります。

走行距離は同じ10万マイルでもハイウェイ中心のマイレッジか街乗りかでちがってきます。またメンテナンスのしかたでも車の状態はずいぶんちがいますから、それをオーナーに確認します。

ディーラーで買うときも、個人売買で買うときも必ずテストドライブをします。エンジン音、エアコン、車内灯、ヘッドライト、ブレーキライト、オーディオなどの電気系統をチェックします。パワーウィンドウやウォッシャーなどチェック箇所はたくさんあるので、リストを持って行って確認すると見落としがありません。

ハイウェイのテストドライブもさせてもらいます。速度を上げると出てくる不都合もあるからです。

車を評価するのに自信がなかったら、費用はかかりますが整備士にチェックしてもらいます。あとでいろいろ修理箇所が出てくる場合もあるからです。特に個人売買の場合は、整備チェックをして問題がなければ購入したいと言って交渉します。

個人売買で購入を決めるときの確認事項

個人売買で車を買うときには、いろいろな注意が必要です。相手がその車を本当に所有しているかどうか確かめる必要があります。また車の登録をきちんと更新しているか、スモッグテストなど必要なテストにパスしているかの書類を見せてもらいます。

Salvage と書かれていたら事故車で、大きな事故をしたり、車の損傷がかなり激しくパーツを入れ替えていることもあります。持ち主が何人目のオーナーかも確認し

Certificate of Title（所有権証明書：ピンクスリップ）のおもて面

STATE OF CALIFORNIA
CERTIFICATE OF TITLE
AUTOMOBILE
所有者の氏名・住所
日付　売り手のサイン
走行距離
日付　売り手のサイン　日付　買い手のサイン
IMPORTANT READ CAREFULLY

ましょう。何人も持ち主が変わっていると過去に事故があってもわからない場合があります。

一番大切なのは、オーナーがちゃんと定期点検や必要な修理をしていたかどうかです。

契約を交わすときは、値段、引き渡し日、支払日などを書面に残し、口頭のみの契約は避けます。個人売買向けの契約書（Bill of Sale）のフォーマットを検索して参考にします。

名義変更の手続き

名義変更のときに自動車保険が必要になりますので、加入しておきます。売主と一緒に近くのＤＭＶ（車両管理局）へ行き、支払いを済ませて名義変更をします。**Certificate of Title**（所有権証明書：ピンクスリップ、上図参照）には売り手と買い手双方が必要事項に記入して、売り手のサインが必要になります。あとから新しいピンクスリップが郵送されてきます。車を売却するまで、サインはしません。これは車の所有権を示す大切な書類ですから、車のダッシュボードに入れずに家で大切に保管します。

購入したときは仮プレートですが、本物のプレートはあとから登録証と共に送られてきます。自動車税は毎年納税することになり、登録証も更新されます。納税は、ＤＭＶのオンラインでできます。

3

実際に運転するときの注意点

色分けされた駐車ゾーン

州ごとに異なる交通法規

アメリカでは右側通行、左ハンドル、マイル表示が原則です。ギヤは右手で操作し、ウインカーとワイパーのレバーの位置も日本と左右逆になっています。交通法規に関しては州によってちがうことがあるので、DMV（車両管理局）でドライバーズ・ハンドブック（無料）を入手し、よく読んで理解しておきましょう。

車社会のアメリカといえども、いかなるときも歩行者優先です。車道を無理に横断しようとする歩行者もいるので注意しましょう。

州によっては前部座席だけでなく後部座席にもシートベルトの着用を義務づけているところがあり、違反すると罰金が科せられます。また、チャイルドシートの着用義務についても州によって規定が異なるので、あらかじめDMVなどで調べておく必要があります。

制限速度は標識や路面に頻繁に表示されているので注意して見てください。学校近くのSchool Zoneでは制限速度がかなり低く抑えられています。また、前方を走る黄色のスクールバスが停車し、バスの側面からSTOPサインが出たら、その間、後続車だけでなく対向車線の車も停車しなければなりません。

道路の中央にある白または黄色の二重実線は追い越し禁止の意味です。車線変更や追い越しの際は、ミラーだけに頼らず、肩越しに振り返って後方を確認する習慣をつけましょう。

一部の州を除いて、安全が確認できたら赤信号でも右折することができます。ただし、No Turn on Red（赤信号時の右折禁止）の標識がある交差点では、信号が青になるまで右折はできません。

都市近郊などでは、上下車線以外に、実線と破線で囲まれた左折用センターレーンのある道路をみかけます。これは、大通りから信号のない側道へ左折したり、側道から大通りに左折したりする際に使う車線です。

パトカーや消防車などの緊急車両がサイレンを鳴らして近づいてきたら、交差点を避けて車を道路の右端に寄せ、緊急車両が通過するまで停車します。

踏み切りでは、停止のサインが出ていない限り、安全を確認したらそのまま横断できます。一時停止が義務づけられているのはバスやトラックなどの大型車両のみです。

駐車するときの注意点

道路の縁石が色づけされているのを見かけますが、この色は駐車の条件を示しています。

赤は駐車禁止ゾーン。停車もいけません。青は障害者のみ駐車可。ここに駐車する場合は障害者用の許可証を表示しなければなりません。違反すると高額な罰金を科せられます。白は乗降時のみ駐車可。通常は、空港などでの人の乗り降りに必要な時間だけ駐車できます。緑は標識に記載された時間帯のみ駐車可。曜日や時間が細かく指定されていることがあるので、よく読んでください。黄色は一般道での人の乗り降り、荷物の上げ下ろしをするのに必要な時間のみ駐車可。非商用車のドライバーは車内にいる必要があります。

駐車違反をすると罰金額（違反内容や駐車場所によって異なります）を記したチケットがワイパーに挟まれます。チケットに付いている返信用封筒にチェック（小切手）を同封し、期日までに郵送して罰金を支払います。なお、駐車違反は違反ポイント（減点）の対象とはなりません。

フリーウェイについて

フリーウェイにはルート番号がついています。原則として奇数番号は南北を縦断するルートで、偶数番号は東西を横断するルートです。それぞれ進行方向がSouth、Westなどと示されているので、どのフリーウェイをどの方向に向かって走っているのかがわかります。

フリーウェイの制限速度は、一般的に時速55～70マイル（約88～112キロ）となっています。

カリフォルニア州などでは渋滞緩和策の一環として、カープール・レーンと呼ばれる車線が設けられていることがあります。この車線は白いひし形マークで表示され、1台の車に2人もしくは3人以上乗っていないと走ることはできません。ただし、州が指定する低排気量車はドライバー1人でも走行が認められています。

4 交通違反を犯したら

飲酒運転は、現行犯逮捕で拘置所に勾留される

警察に止められたら

駐車違反以外の交通違反は「ムービング・バイオレーション」と呼ばれ、警察にみつかれば、現行犯としてその場でチケットを切られます。

違反がみつかりパトカーに止まるよう指示されたら、路肩に停車して車内で警察官の指示を待ちます。

このとき両手はハンドルを握ったままにしてください。警察官から免許証の提示を求められたときも、まずは口頭で断ってから手を伸ばすようにします。バッグやコンパートメントにいきなり手を入れたり、車から降りようとすると、武器を取り出して警察官を攻撃するものと誤解され、トラブルに巻き込まれることがあるからです。

また、違反に対して不服であっても、その場で警察官に反論するのは得策ではありません。むやみに反抗的な言動をとると「無謀ドライバー」とみなされ、さらに重い罰金や免許停止などのペナルティが科せられることがあります。

罰金の支払い

ムービング・バイオレーションとみなされチケットを切られると、その後、管轄の裁判所から罰金額の通知が送られてきます。通知書にある罰金額を支払えば違反に対する手続きは終了します。

通知書の内容に不服であれば裁判所に異議申立てをすることができますが、違反をしていないという十分な物的証拠がない限り、この裁判で勝訴するのはとても難しいのが実情です。異議申立てのための具体的な方法は通知書に書いてあります。

違反ポイント(減点)

速度オーバー、信号無視、スクールバスの停止信号が出ているときの違反などをすると違反ポイントがつきま

す。たとえば、制限速度を時速15マイル以上超えていたら、罰金およそ300ドルと1ポイントの減点になります。この減点は39カ月間、重大な違反の場合は10年以上、ドライバーの記録に残ります。3年以内に減点が12ポイントになると免許停止になります。減点は保険会社に報告され、それにより保険料金が決定されます。州が認定した安全運転の講習を受けるとポイントを減らすことができることもあります。州ごとにシステムがちがうので、自分の住んでいる州のＤＭＶに問い合わせると詳細がわかります。

飲酒運転は刑法違反

飲酒運転（ＤＵＩ）の取り締まりは、不審な運転をしているなど飲酒運転の兆候があると、警察官は車を止めて呼吸にアルコールのにおいがするか調べます。不審な場合は、直線歩行、片足立ちなどのテストをして、さらに血液、尿、呼気などの検査から血中濃度を測ります。

飲酒運転の検査で基準以上のアルコールが検出された場合は、多くの州では現行犯逮捕され、初犯でも数日間から最長6カ月拘置されます。500ドルから1万ドルの保釈金を払うことにより、拘置所から出ることができます。すべての州で、初犯のＤＵＩは、軽犯罪に分類されています。さらに、多くの州では事故により負傷者や死者が出たら、重罪として分類され、裁判官の裁量によりますが、数年の懲役は珍しくありません。

刑罰に加えて、500ドルから2000ドルの罰金が科されます。また裁判所命令により、免許を一時停止される可能性があり、初犯だと90日間停止されます。ただし、職場や学校などの最低限の場所を行き来するための特別な免許を取得できることがあります。

多くの州の裁判所の判決には、初犯の場合、アルコール教育および飲酒運転予防プログラム、コミュニティサービスなどの代替判決が含まれることがあります。

法的罰則に加えて、保険会社は運転免許が停止になったら保険をキャンセルしたり、料金を大幅に引き上げたりする可能性があります。飲酒運転による減点は、何年もの間、運転記録に残ってしまいます。

飲酒運転で裁判になったら、州の法律に詳しいＤＵＩ専門の弁護士を雇ったほうがいいと言われています。法廷で有利に交渉したり、ライセンスの一時停止を防いだり、その他、不利益になることを最善の方法で解決してくれます。

5

ガソリンスタンド事情

ガソリンは自分で入れる

ガソリンは自分で入れる

アメリカでは、ガソリンスタンドはGas Stationといいます。旅行などで田舎へ行くと、都会ではたくさんあるガソリンスタンドが、なかなか見つからないときがありますから、グーグルマップにGas Stationと入れて検索して計画的にドライブしましょう。

場所によっては、フルサービスのところもありますが、多くの場合は自分でガソリンを入れます。フルサービスにすると自分で入れるより、値段が高くなります。

ガソリンは、オクタン価のちがいにより、日本のレギュラーにあたる87（RegularやStandardなどと表記）、日本のハイオクにあたる89（SuperやPlusと表記）、91かそれ以上のPremiumやSupremeがあります。値段は1ガロン（およそ3・8リットル）単位です。通常は、一番安いレギュラーガソリンで問題ありません。

料金の支払い方

ガソリンの支払い方法には、クレジットカードと現金があります。日本発行のクレジットカードは使用できないところが多いので注意が必要です。クレジットカードは、わざわざキャッシャーまで行く必要がなく便利ですが、ガソリンスタンドによっては、現金のほうがガロン当たりの値段が安い場合があります。

現金払いのときは、自分の利用する給油機の番号を店内のカウンターで告げます。自分が入れたい金額を払います。もし、払った金額より少ないガソリンで満タンになったら、お金を返してくれます。

クレジットカードを利用するときは、給油機で、カードをスライスして、指示に従います。給油ノズルを車の給油口に差し込み、レバーを握れば給油が開始されます。モニター上に金額（Sale）と給油量（Gallon）が出ます。満タンか先払いした金額に達すると自動的に給油は止まります。必要があれば領収書も受け取れます。

ガソリンスタンドでできること

ガソリンを入れているときに、ストッパーをかけておけば、自動的に給油してくれます。給油機の近くにウォッシャー液の入ったバケツがあり、その中に窓を洗う道具があります。給油中に掃除ができます。液をつけたスポンジで窓をごしごし洗い、反対側についているゴムベラで水分を取ります。窓だけではなく、ライトもきれいにします。

給油が終わったら、タイヤの空気圧をチェックすることもできます。AIRと書かれた機械がタイヤに空気を入れる機械です。空気圧を計りながら空気を入れます。無料と有料のところがありますが、有料であっても1ドル程度で安いです。慣れれば自分で簡単にできます。夏と冬では空気圧がちがいますから、自分で管理するようにします。車のドアに適正な空気圧が書いてあります。

コンビニを併設しているところは、飲み物や食べ物を調達でき、またトイレを借りることもできます。

できれば深夜の給油は避け、また余裕をもって給油するようにします。

セルフサービスの給油スタンド

電気自動車の場合

東海岸や西海岸、または内陸部の大都会ではEVとプラグイン車がどんどん増えてきています。主要高速道路のサービスエリアには充電スタンドが設置され、環境に関心のある町や、ウォルマートのような大型店、ショッピングセンターなどの駐車場でも急速充電スタンドを設置するところが増えてきました。

「EV Charging Station」と検索すれば簡単に場所がわかります。環境への配慮やライフスタイルを考えて、電気自動車を購入する人が多くいます。

6

車のトラブルや故障

車の整備は自分で責任を持つ

購入して間もない新車でない限り、車に故障はつきものと考えたほうがよさそうです。特にアメリカでは、一般的な車の利用頻度や走行距離は日本の比ではありません。日本ではめったにないようなトラブルが発生することがあるので、車に関する最低限の知識を持ち、日頃から点検・整備をしっかりやっておく必要があります。

州ごとにちがうスモッグテスト

ＤＭＶに車両登録するために必要な排気ガスの検査がありますが、州によって状況がずいぶんちがいます。検査をする時期にＤＭＶから通知書が届くのでそれを持ってSmog Test（Check）をしているところに持ち込みます。費用も州によってちがい、20～50ドルくらいです。

一番基本的なオイルチェンジ

オイル交換するには、オイル交換専門のところやディーラー、修理工場などの選択肢があります。車の性能やエンジンオイルの質がよくなってきて、オイル交換は鉱物オイル（Regular）なら３０００マイルごとまたは３カ月に一度、高価な化学合成油（Synthetic）なら５０００マイルで交換します。車によっては化学合成油でなければならないものもあるのでメーカーに聞いておきます。

オイル交換自体は10分で済みますが、予約していても1時間以上待たされることもあります。通常のオイル交換は30ドルくらいからあります。50ドルくらいと価格は高めですが、エンジンオイル、ウィンドウウォッシャー液、ブレーキオイル、パワーステアリングオイルなどの補充や、タイヤプレッシャー、バッテリーの点検をしてくれる便利なところもあります。

タイヤの管理

タイヤの空気圧の異常を表示する車もありますが、

点検・整備のスケジュール

〈主なチェック項目〉	〈整備時期の目安〉
(エンジンオイル) Engine Oil	3,000マイルごとか３カ月ごとに交換
(エンジンオイル・フィルター) Engine Oil Filter	3,000マイルごとか３カ月ごとに交換
(スパークプラグ) Spark Plugs	１年ごとか15,000マイルごとに交換 (必要に応じて)
(スパークプラグ・ワイヤー) Spark Plugs Wire	１年ごとか15,000マイルごとに交換 (必要に応じて)
(エアフィルター) Air Filter	１年ごとか15,000マイルごとに交換 (必要に応じて)
(燃料フィルター) Fuel Filter	１年ごとか15,000マイルごとに交換 (必要に応じて)
(タイミングベルト) Timing Belt	60,000マイルごとに交換
(エンジンベルト) Engine Belt	４年ごとか45,000マイルごとに交換 (必要に応じて)
(パワーステアリング・ベルト) Power Steering Belt	４年ごとか45,000マイルごとに交換 (必要に応じて)
(空調ベルト) Air Conditioner Belt	４年ごとか45,000マイルごとに交換 (必要に応じて)
(ファンベルト) Fan (Radiator) Belt	４年ごとか45,000マイルごとに交換 (必要に応じて)
(バッテリー) Battery	３年ごとに交換
(不凍液) Antifreeze Coolant	２年ごとに交換（必要に応じて補給）
(トランスミッション・オイル) Transmission Oil	３年ごとに交換（必要に応じて補給）
(ブレーキ・オイル) Brake Fluid	３年ごとに交換（必要に応じて補給）
(パワーステアリング・オイル) Power Steering Oil	３年ごとに交換（必要に応じて補給）
(タイヤのローテーション) Tire Rotation	10,000マイルごとにおこなう

時々、自分で見て確認します。オイル交換のときに確認しにくいタイヤの内側のすり減り具合などタイヤの状況も見てもらうように頼みましょう。ローテーションやアライメントを勧められることがあります。

ローテーションはタイヤの負担を均等にするため前後左右のタイヤを入れ替えて調整、アライメントは車体に対するホイールの位置や角度、方向を調整します。

修理が必要になったとき

車に乗ったときに違和感や、変な音があったり、メーター・パネルの警告サインが点灯していたらメカニックに相談します。走行中に車が止まってしまう原因には、オイルネーター（発電機）の故障、タイミング・ベルトの切断、電気系統の不具合などがあります。バッテリーが弱っている場合も止まってしまうことがあります。バッテリーが弱っていると信号待ちで止まっているときに再スタートできない場合があります。バッテリーの交換時期を調べて、交換しておくようにしましょう。

信頼するメカニックを探すのは大変

アメリカ人も車のメカニックを探すのには頭を悩ませています。よく女性一人が行くときと車に詳しい男性が行くときでは値段がちがうと言われるほどです。

メカニックは口コミサイトのYelp（https://www.yelp.com/）、AutoMD（https://www.automd.com/）、cartalk（https://www.cartalk.com/mechanics-files）などで探します。

ＡＡＡの会員であば、10％オフ、Costcoの会員であれば15％オフになるところもあります。

自分の車のメーカーのディーラーに持ち込むことも考えられます。高めの料金になりますが、安心できると言って利用する人もいます。

大きな修理をするときは、何ヵ所かで見積もりをもらったり、自分で前出のAutoMDでだいたいの修理代を調べて行くようにします。

自分でできることもある

車の部品はAutozone、ＮＡＰＡなどといったチェーンのオートパーツ販売店やネットで買ったり、簡単にオーダーできます。日本では自分でしないようなエアフィルターの交換などもとても簡単です。ワイパーブレード、キャビンフィルター、ランプの交換は車の性能に関わりがないので気楽にできます。

7

もし事故にあったら、事故を起こしたら

ドライブレコーダーは事故対策にお勧め

アメリカでは車の事故が頻繁に起きます。日本より運転免許を取る年齢が低いことや、車以外の交通機関がなく、高齢の人も運転していることなどが理由にあげられます。

事故が起きた場所がショッピングセンターなどの駐車場内や、一般道、ハイウェイの場合、車の損害の程度、けが人がいるかで対処方法がちがってきます。

駐車場で車をぶつけられたとき

駐車場で車をぶつけたり、ぶつけられたりすることはよくあります。まず、自分がぶつけてしまったら、相手が戻ってくるまで待つか、自分の連絡先がわかるメモを残しておきます。当て逃げだとわかったら、あとで警察に逮捕されることもあります。

地域によりますが、車の損傷の程度が低いときは、警察は当事者同士で話し合ってくれという場合もあります。

一般道の場合

信号待ちをしていたら追突された、などは一般道でよく起きる事故です。一般道での事故では、大都市でけが人もいないときは、警察官は来てくれず、当事者同士が情報交換をして、あとは保険会社に任せる場合が多いです。警察官が来る場合は、必ずどちらかに違反チケットを切ります。チケットを切られたほうが悪いことになります。

ハイウェイでの大きな事故のときの対処の仕方

まず、安全な場所で停止します。路肩があれば路肩に停車しますが、車が動かせる状態で、路肩がないような場合、ハイウェイの出口が近いときは、出たところで停車します。相手の車も停車したことを確認します。

車の中から911に電話すると、ハイウェイの場合は10分もたたないうちにパトカーが来ます。911に電話したときに救急車を呼ぶ必要があるかも聞かれます。スマホのGPS機能で場所を言わなくても大丈夫です。車の中に閉じ込められたり、火災の危険があるときは消防自動車も要請します。たいていはかけつけた警察官が対処してくれます。

あとは警察官の指示に任せます。車のダメージが大きい場合は、警察官がレッカー車も手配してくれます。警察官が双方の情報を元に、免許、車の保険の情報など必要なものを控えます。その情報（Accident Report）は双方に渡されます。どちらに違反チケットを切ったかで非が決まるので、自分が悪くないときは相手にチケットが切られたかを確認します。

事故後の処理

落ち着いたらすぐに保険会社に連絡をし、警察官のアクシデント・レポートの内容を伝えます。保険会社の事故のケース番号が決まります。保険会社とのやり取りはケース番号が窓口になります。次に保険会社のアジャスターという担当者が決められ、後日連絡してきます。アジャスターは、車の修理やレンタカーの利用の仕方を教え、相手保険会社への病院代の請求、仕事を休んだら、休業損害請求など事故の処理をします。

相手の保険会社からも電話がかかり、事故の内容を聞かれます。同じことを何度も何度も繰り返し、あちこちに言わなければいけません。

大きな保険会社だと無料で日本語の通訳をつけてくれます。保険の内容は専門的な言葉も出てくるので複雑な事故の場合は、通訳を頼むといいでしょう。通訳は電話の三者会議の方法としても使えます。「お名前は？」などのどんなに簡単な内容でも通訳されるので、時間がかかりますが、重要なところは確認しながら自分のペースで先に進めることができます。

本当に病院に行く必要がないか考える

事故のあとは気が張って、どこか調子が悪くてもわからないものです。落ち着いて、どこか悪いところがないか考えて、なるべく早く病院に行き、チェックをしてもらう必要があります。むち打ちなどは小さな事故でもあとで出てくる場合があります。事故から時間が経ってから病院に行っても認められません。

事故で自分が悪くない場合は当てられ損と言われます。事故のための修理代金や、事故により保険会社から廃車の決定をされたときは少ない支払いしかありません。事故後の処理も大変なことながら、金銭的にも被害を被ります。

特に相手が悪い場合、慰謝料を取れるのは、病院に行ったときのみです。病院でかかった費用の何倍かを相手に請求することができます。その場合は交通事故を扱う弁護士に相談します。

事故が起きたときにメモすべき項目

① 日時
② 事故現場（ストリート名）
③ 事故の状況

〈相手の情報〉
① 名前
② 住所
③ 電話番号
④ ドライバーズ・ライセンス・ナンバー
⑤ 車のプレートナンバー
⑥ メーカー名
⑦ 車種　　　　　年式
⑧ 車体番号（VIN）
※ドライバーと車の所有者が異なる場合は、車の所有者の名前、住所、電話番号も。

〈相手の保険情報〉
① 保険会社名
② 電話番号
③ ポリシー・ナンバー

〈警察官に関する情報〉
① 名前
② バッジ番号あるいは所属警察署・部署名
③ 電話番号

〈目撃者の情報〉
① 名前
② 電話番号
③ メールアドレス

ドライブレコーダーをつける人が増えている

日本でもアメリカでもドライブレコーダー（アメリカではダッシュカム）の普及が進んでいます。

ドライブレコーダーには利点がいくつもあります。事故の状況記録ができ、目撃者がいなくても事故の証拠になります。目撃者がいないと自分は悪くないと言う相手もいますが、そんなときは自分の正当性を証明できます。

駐車中でも衝撃があると自動で録画するので、駐車場での当て逃げや車上荒らしの防犯になります。後方カメラがあるとあおり運転を録画するので、あおり運転対策にもなると言われています。

8 レンタカーの賢い使い方

レンタカーは簡単便利に借りられる

レンタカーはまずネットで予約

レンタカーを借りる必要があったらまず、インターネットで予約をします。希望する車種がある場合は早めの予約が必要です。全米展開をしているチェーンの大手レンタカー5社は、ハーツ、ダラー、アラモ、バジェット、エイビスです。

これらのレンタカー会社を日本語で比較でき、予約もできるレイティングカーズ（https://www.rentingcarz.com/ja/）という便利なサイトがあります。借りることのできる車の情報が写真入りで詳しく解説してあります。

またレンタル条件である年齢制限、支払い方法、運転免許について、保険や補償、返却猶予期間、返却遅延料金、ガソリン補給料金、走行範囲、乗り捨て料金、追加運転者登録、有料道路を走行した場合についての詳しい説明を日本語と英語両方で読むことができます。

オプションでは、子ども用のシート、カーナビ、スキーラックなどを追加することができます。直接レンタカー会社から借りるにしても、このサイトを一度よく見て参考にすると役立ちます。

楽しい車選び

レンタカーの種類はエコノミー、コンパクト、インターミディエイト、スタンダード、フルサイズ、コンバーチブル、ミニバン、スモールSUV、スタンダードSUV、ラージSUV、プレミアム、ラグジュアリー、ピックアップと車種が豊富です。

カーメーカーとして、日本車、アメリカ車、韓国車などがあります。同じミドルサイズでもメーカーや車種による値段の差があります。旅行の目的が何か、人数や荷物によって車を選びます。街中ならあまり燃費を気にしなくてもよいでしょうが、長いドライブが続く旅だったら、燃費のよい車を選びます。少し奮発してあこがれていた車に乗ることもできるのがレンタカーです。

レンタカーにかける保険

保険はあまりにも種類が多くてどれに入ったらよいかわかりにくいです。最低限加入する必要があるものは、おもに三つです。

▽自動車損害賠償保険（ＰＰまたはＬＰと表記）は、日本における自賠責保険にあたるもので、運転中の事故による対人・対物の賠償責任金額を補償するものです。ほとんどのレンタカー会社で自動加入になりますが、時々、入っていないところもあるので注意が必要です。

▽追加自動車損害賠償保険（ＬＩＳ）は、レンタル料金に含まれる自動車損害賠償保険の追加保険です。この保険は追加とはいっても自動車損害賠償保険だけでは補償が少なすぎるので、必ず入るほうがよいでしょう。

▽自車両損害補償制度（ＬＤＷ）は、事故などで借りた車の破損修理代を補償してくれます。自分が悪くなくても相手からぶつけられたり、道路上の陥没で破損してしまうこともあります。修理に必要な代金を補償してくれます。また事故を起こした相手が自賠責保険に加入していなくても、この保険があれば、自分の車を補償してくれます。

フルカバーにすると、確かに高額になりますが、レンタカーでは慣れていない車に乗り、知らない場所で運転し、限られた時間で移動しなくてはいけません。それを考えるときちんとした保険に入っておくと安心できます。

空港利用のレンタカー

旅行のときに空港でレンタカーを利用する人はたくさんいます。空港のレンタカーを借りる際は、非常にわかりやすくなっていますから心配はいりません。空港によってはレンタカー会社のデスクがあり、そこで手続きしますが、レンタカー会社専用のシャトルバスに乗ってオフィスに行くところもあります。

係の人に予約番号を伝え、運転免許証を見せます。手続き後に車の駐車場所と番号を教えてくれます。キーは車の中にあり、そのまま乗って出ることができます。出発前に書類の確認と車に不備がないか確かめます。

返却するときは、返却場所にレンタカーを止めると係の人がやってきます。簡単な確認後、特になにもなかったら、それで車の引き渡しは終了です。借りるときも返すときもとても簡単です。

9 自動車保険に入るには
難解な自動車保険の解説

車購入の前に自動車保険を考える

車を購入したらすぐに自動車保険に加入することが必要です。車の購入を考えた時点で、自動車保険も同時に考えておかねばなりません。

自動車保険に加入するには、保険会社と直接契約する場合と代理店を通じて契約する場合があります。GeicoやAllstateは、オンラインで見積もりを取り、オンラインで買うことができます。代理店へのコミッションがない分、安いと言われています。オプションを自由に選択でき、最短で当日から有効にできるので、便利です。

しかし、自動車保険は複雑です。自分に必要がないものまで契約してしまうこともあります。何が必要かわからない場合は代理店を通して相談したほうがかえって安くつく場合もあります。

日本人経営の代理店も多くあります。日本語で説明を聞けるので、代理店から自分に合った保険を紹介してもらうことも選択肢としてあります。

自動車保険のアメリカと日本のちがい

アメリカは州によって法律がちがうために、自動車保険の内容もちがってきます。たとえば、ニューヨーク州やニュージャージー州など、No-Fault制度がある州があります。事故責任が相手にあっても、事故によるけがの治療は自分の契約する自動車保険でカバーしなければいけないというものです。

アメリカの自動車保険には、日本の自賠責（強制）保険のようなものはありませんが、その代わり、任意保険を一定額以上購入することが法律で義務付けられています。法定賠償限度額は州によってちがいますが、2万～36万ドルです。内容は日本の任意保険と同じで対人、対物、搭乗者医療保険、車両保険がセットになっています。

一般的な任意保険では事故の補償金額としては不十分

なために保険会社のオプションの中からプランを選択して追加していくことが必要になります。

アメリカで運転歴のない日本人が保険に入る場合は割高になることもあります。日本での運転歴は考慮してもらえませんから当初は保険料は高くなります。

アメリカの自動車保険の種類

▽対人賠償保険（Bodily Injury Liability Coverage）は、州によって最低保証額がちがいます。相手に損害を与えた場合の治療費を補償します。日本のように無制限補償プランはなく、加入者の状況に応じてリミットを決めます。多くの州では10万ドル以上が義務付けられていますが、50万ドルまで入ることができます。ＤＭＶの車両登録のときに必要となります。
▽対物賠償保険（Property Damage Liability Coverage）は、相手の自動車や所有物に損害を与えたときの補償です。
▽無保険車保険（Uninsured Motorist Coverage）は、過失のある相手が保険に未加入のときに、自分の医療費、修理費などを補償する保険です。アメリカでは30％が無保険ドライバー、35％が最低限の保険しか持たないドライバーと言われています。この保険に加入しておくと安心です。
▽搭乗者医療保険（Personal Injury Protection）は、事故の責任が誰にあっても運転者を含め同乗者の事故による医療費を補償するものです。
▽車両保険（Collision and Comprehensive Coverage）は、衝突の修理費用のほかに盗難、火災、その他の損害があった場合の保険です。過失の有無は問われませんが、免責額（通常２５０～１０００ドル）を決めておき、それを超えた金額を保険で負担します。車の年式、車種によって保険料が設定されます。車をリースしている場合やローンを利用している場合は、加入が義務付けられています。
故障や事故で車が走行不可能なときに修理工場までのレッカー代を負担するレッカーサービス（Towing）と事故により、車が修理期間中に使用するレンタカー代を負担するサービス（Rental Reimbursement）は、車両保険のオプションになります。

保険料の計算基準

保険料の計算基準は保険会社ごとにちがうので、見積もりを何社か取る必要があります。基本的には運転者の年齢、既婚か未婚か、運転年数、事故や違反歴、保険継続加入年数、住所、車の年式、車種、車の安全装備、使用目的（通勤距離、通学、商用、レジャー用）などがあります。車両保険の免責額を上げると保険料は安くなり、免責額を下げると保険料は高くなります。

保険にはいくつかディスカウントがあります。家と車の保険を同一保険会社で購入した場合の割引、複数車両割引、セキュリティアラーム割引、優良学生割引、特定企業の勤務による割引などが適用される場合があります。

このように保険料金を決める基準は複雑なので、保険会社による差が大きいです。できれば見積もりを数社でとって比べると節約になる場合もあります。保険料が安いからといっても内容がちがう場合がありますから単純に比較はできません。

保険料が上がる理由

無事故であるなど個人的な責任がなくても自動車保険の保険料は毎年上がり続けています。アメリカ全体の走行距離が増え、それに従って事故件数が増えたり、死亡事故の割合が上がってきたり、医療費の高騰にともなって人身事故のクレーム額があがっているのが要因です。車の販売台数の増加も一因です。

個人の責任で保険料が上がる例です。初めて速度違反をした場合は基本料金の約27％、3年間上がります。2回目は約40％、優良ドライバー割引もなくなります。3回目は約63％上がります。速度違反のチケットは安くても、保険料の値上りで跳ね返ってきます。講習に参加するなど各州のプログラムを利用することにより、違反を取り消すこともできる場合もあるので調べます。速度違反は3年、飲酒運転は7年間記録が残り、保険料の値上がりの原因となります。

事故を起こすと保険料は上がりますが、これは事故の種類、保険を使った金額などで値上がり率は保険会社にもよります。また相手に非がある事故の場合は、保険料は値上がりしないというのが一般論ですが、何度もぶつけられる場合は、「事故のリスクが高い」とみなされ、保険料が上がる場合もあります。

自分に責任がある損失で修理をしなくてはいけない際に、たとえ免責額より高くても修理金額が1200ドル以下のときは、保険を使わないほうがいい場合があります。その後の保険料値上げにつながることがあるからです。

10

州によってちがう規定
国際運転免許証は1年の有効期限

日本で発行してもらった国際運転免許証は、発行日から1年間の有効期限で使用できます。渡航してから最寄りのＤＭＶ（車両管理局）で運転免許証をとるまでは時間がかかるので、日本で国際運転免許証を発行してもらって、持っていくことをお勧めします（取得方法については6頁参照）。

日本の運転免許証の提示を求められることがあるので、こちらのほうも一緒に持参します。

州によってちがう規定

実際に、日本から持っていった国際運転免許証がアメリカでどの程度使用できるかについては、各州の取り決めによってちがっています。

たとえばカリフォルニア州では、「旅行者」であれば国際運転免許証で運転ができますが、「居住者」であれば居住者になって10日以内にカリフォルニア州の免許証をとることが要求されます。つまり「居住者」と「非居住者」とでは扱いがちがうことになります。

「居住者」の規定も各州によってちがっていて、カリフォルニア州では留学生は「居住者」となり、州の運転免許証が必要となりますが、テネシー州では「非居住者」となって、有効期限までフルに国際運転免許証が使用できます。

違反者には罰金・禁固刑

州が要求している運転免許証を所持していない場合は、罰金・禁固刑が課せられます。そのため州によってちがう免許取得規定を把握しておく必要があるでしょう。これらの規定については、ＤＭＶで入手可能な Driver's Manual に記載されています。アメリカ政府関連機関の検索サイト（https://www.usa.gov/）にアクセスしてdmv と入力すれば、各州のＤＭＶの情報が得られます。

Column 7

大ざっぱな運転技術で通用する

◆整備は自分の責任で

アメリカでは「よくもまぁ、こんな車が……」というような車が道路を走っている。ときにはバンパーのない車もある。

Ａさんの車も、一目見てそのポンコツぶりがわかるほどの代物で、目抜き通りを走っていたときに、警官から停車を命じられた。

整備をしていない車を運転した罪で、Ａさんは罰金を払わされる羽目になった。

アメリカには車検の制度がないため、各個人の責任で車のコンディションを管理しなければならない。アダルトスクールでは地域住民のために、車の整備関連のコースが提供されている。知識がないと無駄な費用がかかることもあって、アメリカ人は車に関して知識が豊富である。

アメリカで中古車を購入するときは、自分で車のコンディションを管理する覚悟が必要となる。

◆車の駐車でわかる日本人の性格

レンタカーを借りてハワイを旅行したＢさんは、日米のドライバーのちがいをつくづくと感じさせられた。

アメリカ人ドライバーは直線道路ではスピードを出して走るが、日本のようなくねくね道になると急にスローペースとなる。

観光地は駐車場のスペースがゆったりしていることもあって、ドライバーのほぼ全員が前進したまま駐車する。日本では車を出しやすいように、後ろから車を入れるが、アメリカではそういった発想はない。

Ｂさんは思った。

「日本人は先のことを考えて行動する。よくいえば計画性があり、悪くいえば心配性」

土地の狭さや広さが人の行動様式まで変えることに、Ｂさんは不思議な気持ちがした。

◆駐車が大の苦手

アメリカ在住20年になるＣさんは、渡米後すぐに運転免許証をとった。実技試験では前進して道路に平行して駐車する技術しか求められなかったため、縦列駐車や車庫入れなどの高度な駐車技術はほとんど練習しなかった。

Ｃさんはその後大きな家に住み、たっぷりとした駐車スペースがあったため、アメリカにいる間はとうとう細かな駐車技術を覚えることはなかった。

日本ではたいていの人が楽々と縦列駐車をしたり、後ろ向き駐車をするので、ただただ感心するばかりである。

PART 8

病気になる前に知っておきたい アメリカの医療事情

◆これがアメリカの常識◆

持っている保険によっては医療機関を選べない

予約した時間に行かないと料金を請求される場合がある

ジェネリックは一般的

予防接種は薬剤師にしてもらう

1

アメリカの医療システム
医療保険制度のちがいを把握しよう

日米の健康保険制度のちがい

アメリカには自治体が運営する万人向けの健康保険のシステムはなく、日本のような国民皆保険制度をとっていません。

会社に勤めている人は会社が従業員とその家族のために契約している健康保険を利用できますが、健康保険の特典のない会社で働いている人や自営業者の場合は、生命保険を選ぶのと同じく個人で健康保険を選んで加入しなければなりません。

健康保険によっては、指定した病院でしか診療を認めていないものと、どこでも自由に病院を選べるものがありますが、後者のほうが自己負担金は高くなります。

歯科保険や眼科保険はたいていは別に入ります。そのため健康保険とは保険会社がちがうこともあるので注意しましょう。日本とはちがって、アメリカの健康保険には産科も含まれていて、出産もカバーされます。

医者にかかるには

アメリカでは持っている健康保険によっては、患者が病院や専門医を直接訪れることができない場合がありす。まずファミリードクターに相談して、必要があれば、病院や専門医を紹介してもらいます。

直接、専門医にかかれる保険を持っていても、専門医は予約がいっぱいでなかなかとれない場合があります。そんなときは、やはりファミリードクターに相談します。専門医にかかったあとの経過は、ファミリードクターが引き継いで診ることもあります。

学生用の保険とメディケイド

学生であれば、学校の健康保険に安く入ることができる場合があります。また、低所得者と身体障害者には、メディケイドという公的医療制度があります。メディケイドは、州によって内容がちがいます。

2 医師選びのコツ まずはファミリードクターを見つける

ファミリードクター探し

アメリカではまず、自分の健康保険が使える医師の中からファミリードクターを選びます。健康保険のホームページには、医師の出身大学、専門、話せる言語、性別、新患を受け付けているかどうかなどの情報が詳しく出ています。患者から見た医師の評価が出ている場合もあり、とても参考になりますが、便利な場所にあることも重要です。

ファミリードクターは、中には簡単な婦人科なども診る全科医もいますが、内科医であることが多いです。健康診断、重症ではない外傷の治療、風邪などの内科的治療とその薬の処方箋を出します。

健康診断は大切

病気にならないと医者にかからないという日本とちがい、きちんと健康診断を受けていなければ、健康なときの状態がわからず、病気になった状態になって初めて診察をしても責任をとれないと言われます。

また保険会社で、健康診断を受けることを義務づけている場合もあります。健康診断は、たいてい年に1回、無料ででき、年齢によって大腸がんや胃がん検診、女性は子宮がんや乳がん検診が無料です。

小児科医を見つける

子どもを連れて渡航した人は、現地に到着したらすぐに小児科医を見つける必要があります。子どもを学校に入学させるために健康診断や予防接種が必要だからです。ほかにもスポーツチーム、サマーキャンプなどに参加するときに、健康診断書が必要になる場合もあります。

小児科医には、生まれてすぐから高校を卒業するまでかかります。見つける方法としては、学校のスクールナース（保健室の先生）に聞くのがいいでしょう。

3

診察を受けるには
支払いはあとから郵送で請求書がくる

医者へのかかり方

なるべく早くファミリードクターを探して、まず健康診断を受けるようにします。初めて電話で予約をするときに、医療保険の情報を詳しく聞かれるので、保険証を準備してから電話をします。

予約日には保険証を持って、時間より10分ほど早めにいきます。予約した時間に診察にいかないと料金を請求される場合がありますから、都合が悪くなったらなるべく早くキャンセルします。少なくとも24時間前には知らせなくてはいけません。数日前に医療機関から予約の確認をする電話やメッセージがくることもあります。

診察を受ける前に、用意されているフォームに記入します。それまでの既往歴（Medical Record）や健康状態、家族（両親も含む）の健康状態、緊急時の連絡先、飲んでいる薬など医療情報を書きこみます。薬に対するアレルギーなどがある人は、前もって伝えます。英語に訳したものを持っていくと便利です。

1人の患者に対する診察時間は日本よりはずっと長く、言葉のわからない外国人に対して、医師は写真を見せるなどして、きちんと説明するように努力してくれます。わからない場合は、キーポイントになる単語を書いてもらって、あとで調べてみます。

診察時間

開業医の診察日や時間はいろいろですから、きちんと聞いておきます。通常、開業医のクリニックには何人かの医師がいて、たとえ自分のファミリードクターが休暇中でも、グループの別の医師が診てくれることもあります。また、最近は簡単な診察なら、医師ではなく、フィジシャンアシスタント（略してPA）と呼ばれる医療助手が診る場合があります。

診療の時間外に電話すると、係のオペレーターが出て、簡単な質問をしてきます。その状況に応じて医師との連絡をとってくれたり、指示を与えてくれます。

治療方針への積極的関わり

医師の治療方針を聞いたら、自分の希望も伝えます。医者任せの日本の医療とちがって、アメリカの医師は患者の病気に対する理解と同意のうえで、治療を進めていくものだと考えています（インフォームド・コンセント）。患者のほうも治療に対して、積極的な態度を示すことを求められているため、疑問があったらどんなことでも医師に聞くようにします。

難しい病気の場合には、治療方針を検討するために、別の医師によるセカンド・オピニオンを聞くことも少なくありません。主治医がセカンド・オピニオンを積極的に勧めることもあります。

治療方針のほかに、家庭に常備しておくべき薬についても、主治医に聞いておくと便利です。

病院への支払い

保険によっては、医療サービスを受けるときに、コーペイ（Co-pay）を最初に払います。これはある一定額を自己負担するという保険契約の場合で、主治医を受診するたびにコーペイ25ドルや、専門医の受診ならコーペイ35ドルや40ドルを支払うことです。

あとで請求書が郵送される場合は、チェック（小切手）を送り返すか、クレジットカードを利用して支払います。保険会社からは、どのくらい保険から支払われたかの情報が郵送されてきますので、必ず確認しましょう。

病院によっては、保険で支払われる金額を推定して請求してくることがあります。推定金額と実際の金額がちがうと、あとで精算します。その精算がきちんとなされたかどうかは自分で確認します。

入院したときは、複数の請求書が送られてきます。日本のような一括請求ではありません。たとえば、手術をして複数の医師が関わった場合には、それぞれの医師から別々の請求がきます。病院の手術室使用など入院にかかった費用は病院から送られてきます。入院期間は一般に日本に比べて非常に短いものとなっています。

医療費の請求は、２～３カ月以上かかることもあります。また、病院が請求しても、保険会社が払わないなどのトラブルもよくあります。医療に関係する記録は細かいものまできちんととっておくようにします。

歯医者にかかるときの注意点

歯列矯正にも保険がきく

一般歯科(General Dentist)

歯科医は一般歯科、小児歯科、矯正歯科、口腔外科に分かれています。小児歯科は大人の歯が生えそろうまでといわれますが、一般の歯科より費用が高いので、小学校高学年くらいからは一般歯科でもいいでしょう。

歯の治療を希望する場合、まず一般歯科にかかり、必要があればそこから矯正歯科や口腔外科などの専門医を紹介してもらいます。

口腔外科では、専門的な治療しかおこなわないため、再び一般の歯科医に戻って治療する必要があります。

アメリカの歯科は技術的には進んでいますが、費用は非常に高く、保険を持っていない場合は、日本に戻って治療したほうが安いとさえいわれています。

保険がない場合、根幹治療で口腔外科にいくと、1000~2500ドルかかります。その後、一般歯科に戻って、かぶせたり、処置をするのに1000~2000ドルくらいかかります。

歯科の診察

治療を希望する場合は、電話をかけて予約をとります。最初は治療をせずに、歯の健康チェックをしてもらうといいでしょう。健康チェックとクリーニングは大人も子どもも半年ごとにおこなうのがよいとされ、歯科保険では、このチェックを全額、または一部をカバーしていることがあります。詳細については、保険会社に問い合わせて聞いておきましょう。

治療は1時間程度が目安になります。その時間内にできる限りの治療をしてくれるので、通院回数は少なくてすみます。たいていの治療には麻酔が使われ、アレルギーがある場合には、麻酔の種類も選べます。

医療保険の種類によってカバーされるものがちがうので、高額な治療になる場合は、保険のことも含めて、医師と費用の相談をして、治療計画を立てます。

納得のいく歯科医を選ぶ

アメリカで初めて歯科医に歯の健康チェックをしてもらうと、日本で治療してきたにもかかわらず、何ヵ所も悪いところがあるといわれる場合があります。治療の計画を見せられて、何千ドルも治療費がかかるといわれると驚いてしまいますが、そういう場合は、本当に必要な治療かどうか、別の歯科医に相談してみます。

歯科医によっては、美容的なことに重点を置き、日本ですでに治療された歯を治したいと思うことがあるようです。

日本と同様に歯科医によって技術も費用もちがうので、人に聞いたり保険会社に問い合わせたりして、自分に合った歯科医を見つける必要があります。

歯列矯正

歯の矯正は必要があれば、12歳くらいから始める場合が多いようです。アメリカは費用も日本より安く、技術も進んでいます。小児歯科で歯並びが悪いと、矯正歯科医を紹介されます。大人でも治せない歯並びはないといわれるくらい、歯列矯正の技術は進んでいて、大人の歯列矯正も一般的です。また、歯の美容に関してもさまざまな技術があります。

矯正歯科医では治療を始める前にレントゲン写真をとり、治療方針や費用についてカウンセリングがあります。治療が長くかかっても、費用は最初に全額を支払わなくてはなりませんが、分割払いを受け付けている場合がほとんどです。

日本では歯列矯正には保険がききませんが、アメリカでは入っている歯科保険によって、1000～3000ドル前後、保険でカバーされる場合があります。

簡単な子どもの歯列矯正は3000～8000ドルです。大人になると高くなります。

装着具をつけたあとは、1カ月から1カ月半ごとに、チェックとクリーニングに通います。

矯正は歯並びによっては1年から5年くらいにわたる長期間の治療が必要なので、日本への帰国などを考慮しながら、計画的におこなうようにします。

途中で引っ越しをする場合は、費用の精算がおこなわれ、次の矯正歯科医にきちんと引き継げるようにしてくれます。

5 薬局で薬を買うには

ジェネリックを使うのは当然

処方箋による薬

処方箋が出たら、薬剤師のいる薬局（Pharmacy）にいき、薬を調合してもらいます。大きなスーパーにも薬剤師のいる薬のコーナーがあります。同じ処方薬でも、薬局により価格がちがっています。最近は、メールオーダーも一般的で慢性病の人は利用しています。

処方箋をもらったら、医師や薬剤師に薬の効き目や副作用について、よく聞いておくようにします。もし薬が合わなかった場合や強い副作用が出た場合は、医師か薬剤師に伝えます。

薬の説明書を日本語でもらうことも可能です。大きな薬局では、電話の三者通話を利用して、無料で日本語の通訳を頼むこともできます。

医師の処方箋で出された薬には保険がききますから、薬局で保険の情報を伝えます。病院の近くやダウンタウンには年中無休で24時間営業の薬局もあります。

ジェネリック（後発医薬品）を使うのは一般的

日本ではブランドの薬を使うことが多いですが、アメリカでは保険会社の指示もあって、ジェネリックを使うことが多いです。また州によっては、ジェネリックの薬がある場合は、ジェネリックを使わねばならないという法律があるところもあります。特に薬局で何も言わなくても、ジェネリックがある場合には、薬剤師はジェネリックを処方します。

開発した新薬の特許が切れると、別の会社がジェネリックとして製造することができるようになるので、開発費がない分、安くなります。

ジェネリックといっても、ブランド薬と同じ効果が出なければ、アメリカの食品医薬品局（ＦＤＡ）の認可を受けることができないので、安心して使うことができます。どうしてもブランド薬を使いたい場合は、医師の許可が出れば保険が効き、処方してもらえます。

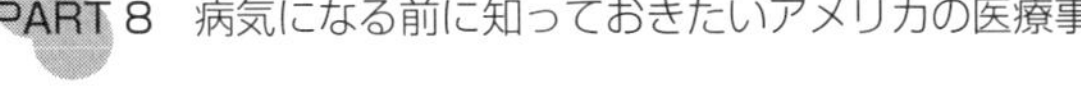

6 レーシック手術も一般的 検眼は専門医にしてもらう

検眼医による検眼

日本では、メガネを売っている販売員が検眼もしてしまいますが、アメリカではオプトメトリストという検眼の国家資格を持った人でなければできません。大学を卒業後、さらに4年間、専門のドクターコースで学び、アイ・ドクターと呼ばれています。

大きなメガネ店には、検眼コーナーがあり、そこに検眼医がいて検眼をしてくれます。通常の病院と同様に予約が必要です。日本より検査内容が多く、緑内障や眼圧検査なども含まれています。問題があれば、眼科医にかかります。検眼医が出した処方箋を持ってメガネを作ってもらいます。処方箋には有効期限があります。

健康保険に追加料金を払って、眼科の保険に入る人もいます。検眼とメガネやコンタクトレンズを買うときの費用が一部カバーされます。大きなモールに行けば、たいてい検眼医のいるメガネ店が入っています。

視力矯正手術レーシック

日本でもアメリカでも、レーシックと呼ばれる視力矯正手術が一般的になってきました。アメリカでは美容の一部とみなされて、眼科の保険は使えません。場所や医療機関により、費用に大きな差があります。片眼で500ドル以下のところもあれば5000ドルもするところもあります。片目で2000ドル前後が平均のようですが、費用には、アフターケアなど何が含まれているのか確認する必要があります。

手術は両眼とも同時にでき、片目で15分くらいです。日帰りで手術を受けることができ、視力の回復はとても早いようです。この手術は近視だけでなく、乱視や遠視も改善されます。

メガネやコンタクトレンズのわずらわしさから解放されるため、希望する人が多いようです。興味があったら、眼科医に相談してみましょう。

7 救急車は有料で高い
状況によっていろいろな選択肢がある救急医療機関

高い救急医療費用と救急車

アメリカでは救急車も高ければ、救急医療費も驚くほど高いです。よほどの緊急や重症の場合でなければ、救急車を呼んだり、病院の通称ＥＲ（Emergency Room）には行きません。

救急車は、病院までの距離や救急車内での処置に応じて、値段がちがいます。ニューヨーク市の場合、車内に医療機器が整った救急車では、最低料金が３００～５００ドルです。救急車の料金がどれくらいカバーされるかは、保険によってちがいます。犯罪の被害者となり救急車を利用した場合は、料金は請求されません。また町によっては無料の場合もあります。

９１１に電話をして救急車を呼んでもらうように頼みますが、希望の病院に運んでくれないときもあります。病院によっては独自の救急車を持っているところもあるので、決まった病院にいくときはそれを利用します。

病院の救急医療室

救急車は病院の救急医療室に患者を運びますが、誰かに運んでもらって自分で行くこともできます。通常の入り口ではなく、専用の入り口があります。わかりやすい表示があるので迷うことはありません。

法律では救急医療室に来た患者を拒否してはいけないことになっています。保険に加入していない人や低所得者も治療にやってくるため、混み合っていることがありますが、通常は緊急を要する順に診察をしてくれます。痛みは遠慮しないで、きちんと伝えないと後まわしにされてしまいます。夕方7時頃から深夜までが一番、救急医療室が混んでいる時間帯だといわれています。

診察や治療が終わったら、病院から自分のファミリードクターに診察内容を送ってもらうように頼みます。応急処置だけなので、その後の治療はファミリードクターが引き継ぐことになります。

便利なウォークイン・クリニック

アメリカに着いたばかりで、ファミリードクターがいないときは、予約なしで診てもらえるウォークイン・クリニック（Walk In Clinics）またはアージェント・ケア（Urgent Care）という診療所に行きます。これらの診療所は、朝8時から夜8時までと診療時間が長く、週末も診察していて便利です。必ず、事前に電話をして、自分の健康保険が使えるかどうか確認しなければいけません。

これらの診療所は基本的には応急手当だけです。診療所によって設備はちがいますが、処置の種類によっては、病院に送られることもあります。その後の治療はファミリードクターに行くことになります。

薬局にもあるクリニック

大手の薬局チェーンには、患者の診断と処方箋を出せる特別な資格を持った看護師（APRN）がいるところもあります。薬局ではこうした看護師を置くところが年々、増えてきています。

風邪や簡単な怪我、膀胱感染症、眼、耳、鼻などの感染症、捻挫などを診てもらえます。また治療費は健康保険がなくても、たいていの治療が100ドル未満と通常の医師や病院の治療に比べて非常に安いですが、ほとんどの健康保険が使えます。

そのほかに健康診断やラボテストと言われる結核、妊娠、インフルエンザかどうかなどの検査もおこなっています。予約もできますが、なくても診てくれます。

予防接種を受けよう

自分の持っている健康保険を調べると、無料で受けることができる予防接種がわかります。たいていの保険ではインフルエンザの予防接種をカバーしています。大人でも破傷風の予防接種をしている人がたくさんいます。

高齢や身体の状態によっては帯状疱疹、肺炎、百日咳などの日本では一般的ではない予防接種も保険でカバーする場合があります。

予防接種は薬剤師が接種できるので、わざわざ予約をとって医療機関にいく必要がありません。どこの薬局でも薬剤師さえいれば、予防接種ができるから便利になりました。24時間オープンしている薬局では夜中でも予防接種を受けることができます。薬局でできる予防接種の種類のほうが、一般医療機関よりも多いです。

8 アメリカでの危機管理

危機管理はローカルな情報がカギ

感染症の情報について

２０２０年の年初から問題になった新型コロナウィルスは世界中に広まり、大問題になりました。中心的存在のＣＤＣ（疾病対策予防センター）は、日本の厚生労働省とは根本的にちがいます。バイオテロ対策もするので、ＦＢＩやＣＩＡと並ぶ機関であるとも言われます。コロナウィルスのときもＣＤＣの情報は頼りになりました。

もともと医療機関はオンラインでアクセスできるところが多く、自分のカルテも簡単に見ることができます。問題があった場合にはビデオ診療を受けたり、必要な薬は配達してくれる薬局もあります。

情報は豊富にありますが、自分がどういう行動をとったらいいかについて重要なのは、ローカル情報です。全米でどうなっているかより、自分の州の方針はどうなのか、また自分の住んでいる町の状況はどうなのか、を知ることです。

頼りになる薬局

アメリカでは薬剤師が予防接種を打ちます。医療コストを下げるためでもありますが、営業時間も長いし、店舗数も多いので、全国民にいち早く予防接種を打つことができます。これに加えてバイオテロ対策でもあると言われ、薬局は感染症対策の最前線の一つです。新型コロナウィルスの検査もかなり早い時期にできるようになったチェーン薬局もあります。また健康状態に問題があれば、気軽に相談できるウォークインクリニックを設置している薬局もあります。

そのほかの危険

洪水やハリケーンによる被害は日本と同様にあります。これに追加して、竜巻の被害があるところもあります。洪水が多い地域はわかっているので、住むときに土地が低いところを選ばないなどの対策が考えられますが、竜巻が多いところはシェルターを作っている家も多いです。

犯罪や暴動がおこりやすい場所も調べればわかります。日本人には理解しにくい人種問題は根深く、地域によって人種に偏りがあるところもあります。治安を含め、安全なところに住むというのはアメリカの場合は大変重要です。

地元の新聞やニュース番組などでは、治安、洪水、落雷、積雪などの危険情報やその他欲しい情報があったら、スマホやメールに送ってくれるサービスがありますから、登録しておくと便利です。

州ごとに対策がちがう

連邦政府が方針を決めても、従わない州が出てきます。州ごとに州兵や州の施設を持っていて、州知事の権限が大きいためです。州兵を使って州の施設をどんどん新型コロナウィルスの患者用の医療施設にしているところもありました。連邦政府が止めても緊急事態宣言の解除をしてしまう州や逆に慎重になる州など差がありました。

毎日のローカルニュースでの州知事の対策やその説明がとても重要なものだと思われています。

メディケアは65歳以上の人が入れる公的医療保険制度ですが、実は内容は州ごとにずいぶんちがいます。裕福な州はメディケアのカバー率がとてもよく、貧しい州はカバー率がよくありません。新型コロナウィルスのときにも州ごとに対応はちがいました。

ボランティアの活躍

災害のときに頼りになるのはボランティアの存在です。最近はローカルなグループ（半径2キロくらい）のNextdoorというSNSに参加する人が多くなっています。

サンフランシスコで立ち上がった組織のNexdoorですが、全世界に広まりつつあります。

地域の住民だけが紹介者を通じて実名でアクセスでき、地元の情報交換や売買などをするものですが、新型コロナウィルスの際には、ボランティアが多く出てきて、買い物ができない高齢者の援助をしたり、何か自分にできることがあったら言ってくれという人があらわれました。

災害時には、赤十字をはじめ、教会やあちこちのボランティア組織の活動が活発になり、いつもはバラバラに見えるアメリカ人が結束して困難に立ち向かう姿を見ることができます。

アメリカでの健康診断
保険によって診断の内容はちがってくる

健康診断

健康診断は、英語ではPeriodic Physical Examinationといいますが、略して単にフィジカル（Physical）ともいいます。健康保険に入っていると、年に1度の健康診断は無料なので、ファミリードクターのところで、なるべく受けるようにしましょう。

何か健康に問題があったり、救急車で運ばれたりしたときに、ファミリードクターに連絡が行き、健康診断などの医療情報が送られることがありますから、自分の医療記録をきちんと作っていくことが大切です。

健康診断でおこなう検査

アメリカでは健康診断の内容は特に決められていませんから、医師が家系的に多い病気から必要な項目を入れたり、健康保険で無料になる検査をします。一般的なのは、身長、体重、血液検査、尿検査、心電図、問診などで、1時間くらいかかります。

血液検査や尿検査はラボに回されますので、結果が出るまで時間がかかります。問題があれば後日、電話で連絡してきます。医師が必要とみなせば胃カメラや大腸がん検診のための内視鏡が健康保険でカバーされることもあります。

女性の健康診断

ある一定の年齢以上になると、女性では乳がんと子宮がんの検診が保険でカバーされる場合が多いです。インターネットで自分の健康保険会社のアカウントにログインして、どんなサービスがあるか調べます。

乳がんの検査は、触診とマンモグラフィー検査がありますが、マンモグラフィー検査は専用の検査所に行きます。これも健康保険が適用になる検査所を自分で調べて選ばねばなりません。

アメリカの薬局・家庭常備用市販薬

◆アメリカの全国版 3 大薬局チェーン店

Walgreens（http://www.walgreens.com/）
Rite Aid（https://www.riteaid.com/）
CVS Pharmany（http://www.cvs.com/）

◆上記のほかに、ターゲットやウォルマート、大手スーパーマーケットにも薬剤師のいる薬局がある。

◆営業時間

・店によってちがうが、朝 8 時から夜10時くらいまでの薬局が多い。
・年中無休、24時間営業のところも多くある。

◆ 薬局のサービス

・処方薬、一般薬、一般雑貨、文具、食品のほか、写真サービスも充実している。
・証明写真も薬局で撮る人が多い。
・予約なしで薬剤師に予防接種をしてもらえる（インフルエンザ、肺炎、破傷風、帯状疱疹など）。
・薬局によっては、患者を診断できる資格を持った看護師がいて、簡単な病気なら診察して、処方薬を出すところもある。

◆アメリカの家庭常備薬

・解熱、頭痛薬、痛み……タイレノール（Tylenol：アセトアミノフェン）、アドビル（Advil- イブプロフェン）、アリーブ（Aleve：ナプロキセン）
・風邪　風邪一般……タイレノール風邪用（Tyrenol cold and flu）
　咳……ロビタシン（Robitussin）、セパコール（Cepacol）
・下痢……イモディウム（Imodium）、ペプト・ビズモル（Pept Bismol）
・胃薬　制酸薬……タムズ（Tums：炭酸カルシウム）
　胃酸抑制剤……プリロセック（Prilosec：オメプラゾール）
・アレルギー症……クラリチン（Claritin：ロラタジン）、ジルテック（Zyrtec：セチリジン）
・痔……プレパレーションH（PreparationH）
・かゆみ止め…… コルチゾン・クリーム（Cortisone）
・外傷用…… ネオスポリン（Neosporin）
・口内炎……アブレバ（Abreva）
・目薬……リフレッシュ（Refresh）
・便秘薬　原因によってちがうので薬剤師に尋ねる。
　即効性……ミララックス（MiraLAX）
　下剤に近いもの……セノコット（Senokot）
　硬い場合……コレース（Colace）
　慢性的……メタムシル（Metamucil）
・乗り物酔い止め……ドラマミン（Dramamine）
・時差ぼけ解消……メラトニン（Melatonin）

Column 8

ミステリーのような保険会社の対応

◆ストレスを招く複雑な健康保険

Ａさんの夫は学生で、大学から指定された健康保険に加入している。しかし、大学が健康保険会社を頻繁に変えるため、病院にいくたびに、健康保険の変更届を出さなくてはならないほどだ。

アメリカの健康保険は複雑で、診察費の何パーセントがカバーされているのかわかりにくい。保険会社や病気の種類によってもカバー率がちがう。

ときには保険会社の担当者が変わったというだけの理由で診察を拒まれたり、新しく登録したはずなのに、「未登録です」と素っ気なく対応されたこともあった。病院からは「保険会社が受け付けない」といわれ、その保険会社には「病院からは何の連絡もない」と考えられないような対応をされたこともある。

Ａさんはある件で、何度も交渉してやっと保険がおりることになったが、病気よりも健康保険のトラブルのほうが、よほどストレスになってしまったという。

Ａさんは日本の海外旅行保険のほうが安くてサービスがいいらしいので、そちらに変えようかとも思ったが、アメリカの健康保険はメガネを買う時も保険がきくし、出産時もカバーしてくれるので、いずれ子どもを持ちたいＡさんは、アメリカの保険会社で、当分は我慢してみようと思っている。

◆請求書が怖い歯の治療費

学生としてアメリカにやってきたＢさんは、住宅探しや入学の手続きなどで忙しい日が続いたある晩、激しい歯の痛みにおそわれた。翌日、電話帳で調べて、近くにある歯医者に片っ端から電話をして診てくれるように頼んだ。ところが半数くらいは、新患を受け付けていないと断られ、また保険がないというと、診察できないと拒否された。

Ｂさんが日本で入ってきた海外旅行保険には、歯の治療費がカバーされていない。途方にくれたＢさんはパソコンのサイトを通して知り合った日本人に相談して、かかりつけの歯医者を紹介してもらい、治療を受けることができた。

だが、その歯医者から、先に口腔外科で治療を受けるよう指示された。タクシーで遠い町までかけつけ、紹介された口腔外科で治療を受けると、痛みはすぐにおさまったが、治療費の高さに閉口した。しかもそのあとに一般歯科でさらに治療費を払わなければならない。トータルで1500ドル近くもの出費だ。

Ｂさんはほかの歯が痛んだときのことを考えると怖くなり、すぐに日本に帰って残りの歯の治療とほかの歯の悪いところを急いで治してもらった。そのほうが歯の保険のないＢさんにとっては安上がりの方法だったのだ。

PART 9

意欲派のあなた、MBAまで取ってしまおう

◆これがアメリカの常識◆

短大で一般教養を修め、大学へ編入するのが経済的

大学では授業への積極性も評価される

学生ビザでも働ける

図書館は情報の最前線

語学学校から大学院まで

1 自分の目的に合った学校を選ぼう

語学学校

語学学校では英語の総合力をつけるためのコース、短大・大学への入学希望者を対象にしたTOEFL受験対策コース、正規留学が決まった人を対象にして大学での受講の仕方、ノートの取り方、論文の書き方などを教える入学準備コース、上級者を対象にしたビジネスコースなどバラエティに富んだコースが提供されています。

語学学校には、①私立の独立した語学学校、②ESL(English as a Second Language)コースを設けた大学付属の語学学校、③大学のキャンパスを借りて運営している私立の語学学校、があります。

①の学校では学生は年間を通じていつでも入学できるので、1カ月や2カ月だけ短期で勉強したいという人に向いています。また、学生の希望に応じて、ホームステイ、民間の学生寮、アパートなどの滞在先を手配してくれる学校も多く、面倒見がいいという利点があります。

②③の学校は1学期の期間があらかじめ設定されているためいつでも入学できるというわけではありませんが、大学のキャンパス内にあるため、生徒は図書館やスポーツ施設などキャンパスにある施設を自由に使え、キャンパスライフをかいま見れるという利点があります。

短大

短大にはジュニアカレッジ(私立)とコミュニティカレッジ(公立)があります。

コミュニティカレッジは地域の住民のために設けられている学校で、高校卒業の資格があるアメリカ人なら学力を問われることなしに誰でも入学できる学校ですが、外国人の場合は定められたTOEFLの点数を取らなければ入学できません。ただし、大学に比べて点数が低く設定されているので、入学しやすくなっています。

短大には教養課程の修得に重きを置く教養課程コース

と実用的な技術の修得に重きを置く職業コースがあります。アメリカでは学費の安い短大で一般教養の単位を取り、その後大学に編入して勉強を続ける人がいますが、近頃では留学生も同じ方法をとる人がいるようです。

短大を卒業すると、準学士号（Associate Degree）が授与されます。ただし、コミュニティカレッジでは、専攻や履修方法によって準学士号が取得できず、修了証（Certificate）だけしか取得できないこともあります。

大学

アメリカの大学には、特に専攻がなくリベラルアーツ（教養科目）を勉強して全体的な教養を高める目的の比較的小さな規模の私立大学から、町全体が大学になっている大規模な州立大学まで多岐にわたっています。

州立大学は州の住民の税金で運営されているため、入学に関しては州住民が優先となります。また、学費についても州住民と州外住民・留学生には差があります。

アメリカの大学には、日本では学ぶことのできない専攻（旅行、ゴルフ、スポーツ・マネジメントなどの学位）を設けている大学があるので、情報を収集して自分に合った専攻を選ぶといいでしょう。

大学を卒業すると、学士号（Bachelor's Degree）が授与されます。主専攻（Major）のほかに、副専攻（Minor）のための単位を取得することもできます。また、二つの学士号を取ることも可能です。文学部でアメリカ文学とフランス文学の学士号を取得するDouble Major、文学部と工学部の学士号を取得するDouble Degreeなどです。

大学院

大学院は、アカデミックな教育や研究に重点を置く学術系大学院（Graduate School）と、専門的な分野の教育に重点を置く専門職系大学院（Professional School）とにわけられます。プロフェッショナルスクールとしては、弁護士を養成するLaw School、医師を養成するMedical School、ＭＢＡ（Master of Business Administration 経営学修士）の学位が授与されるBusiness Schoolなどがあります。

大学院は研究機関としてのほかに、高度な技術や資格を取る高等教育機関としても位置づけられているため、専門教育の必要性を感じた人が、一旦社会に出てから大学院に入学するといったケースが多く見受けられます。

大学院には修士課程と博士課程があります。修士課程では30～60単位の履修が義務づけられ、通常は1～2年で修了します。修士課程を修了すると修士号（Master's Degree）が授与されます。博士課程を修了すると博士号（Doctor of Philosophy or Ph.D）が授与されますが、取得できるまで、5～7年かかるといわれています。

専門学校

Vocational Schoolと呼ばれる専門学校には、インテリアやグラフィックアートを学ぶ美術系の学校、秘書や会計学を学ぶビジネス系の学校、情報関連技術を学ぶコンピューター系の学校、ダンスや演劇の技術を学ぶアーティスト系の学校、ヘリコプターや小型飛行機の免許を取るための各種飛行学校、宝石鑑定士の資格を取るための宝石学校などさまざまな種類の学校があります。

日本では技能や技術を身につけたい場合、専門学校に通うのが通常ですが、アメリカでは専門学校に通うかコミュニティカレッジの職業コースに通います。専門学校だけが技能や技術を身につける教育機関ではないので、専門学校に入学する場合、専門学校とコミュニティカレッジの二つの線から探してみるといいでしょう。

専門学校はアメリカ人学生を対象としているため、学校のカタログには外国人学生の入学基準について書かれていないことがほとんどですが、学校によってはＴＯＥＦＬの点数を要求するところもあります。

専門学校には世界的に有名な学校があるかと思えば、ビルの一室を借りただけでほとんど設備のない学校や、入学許可証（Ｉ－20）を発行しない専門学校もあります。Ｉ－20を発行してくれなければ、学生ビザの申請はできないので注意が必要です。

ビザに関して

語学学校、短大、大学、大学院の学生はＦ－１ビザ、専門学校の学生はＭ－１ビザが申請できます。

Ｆ－１の場合はほかの学校への転校は簡単ですが、Ｍ－１の場合は転校に制限があります。許可される滞在期限に関しても、Ｍ－１の場合は×年×月×日までと期限が指定されるのに対し、Ｆ－１の場合は特に期限が指定されず、通学しているかぎり滞在が認められるという特典があります。またＦ－１とＭ－１では、プラクティカル・トレーニング（164頁参照）についての取り決めや、受けられる長さがちがっています。

2

豊富な情報源
日米教育委員会で留学資料を閲覧

雑誌や単行本で情報を集める

雑誌としては『留学ジャーナル』（留学ジャーナル）や『ENGLISH JOURNAL』（アルク）などがあります。単行本としては、ダイヤモンド社の『地球の歩き方』の留学シリーズ、留学ジャーナル、ジオス、マイナビなど留学相談や留学手続き代行をおこなっている機関が編集した本などが参考になるでしょう。

アメリカで発売されている学校紹介のガイドブックにはほとんどの学校が網羅されていて、学校選びの際に不可欠な一冊となるでしょう（155頁表A参照）。これらの本は留学資料を閲覧できる機関で閲覧することができ、またアマゾンで購入も可能です。

日米教育委員会を利用して情報を集める

日米両国の共同管理による委員会が運営する日米教育委員会では、アメリカ留学に関するビデオ・DVDの視聴や、図書、学校のガイドブックやカタログの閲覧が無料でできます。同機関が作成した「米国留学を目指す人のために」（全4冊）はネットで読むことができます（155頁表B参照）。また、同機関が編集した『アメリカ留学公式ガイドブック』（アルク）は留学生にとって必読・必携の書です。

ほかにも留学相談、留学説明会、オリエンテーション、留学フェアなどを無料で提供しています。訪れる前に開館時間や身分証明書の有無について確認してください。

東京都千代田区永田町2―14―2
山王グランドビル207
電話　03―3580―3231
http://www.fulbright.jp/study/

留学資料の閲覧と留学相談ができる機関を利用する

アメリカ政府の管轄下にあるアメリカンセンター（2

73頁参照）では、資料を公開して、留学に関するアドバイスの提供、アドバイザーへの留学相談などを受け付けています。サービスはすべて無料です。

留学先となる学校の探し方、入学条件や手続き方法、学校の認定制度や入学適性試験、奨学金、学生ビザなどの情報のほか、よくある質問についての回答を用意していますので、積極的に利用しましょう。留学に役立つさまざまな説明会も定期的に開催しています。

日米の祝日は休館。入館には予約が必要で、入館の際は写真付身分証明書の提示が求められます。

アメリカンセンターのほかにも、各地にある国際交流センターや国際交流協会（273頁参照）で、アメリカ留学に関する参考図書が閲覧できます。訪れる前に開館時間や身分証明書の有無について問い合わせてください。

インターネットで情報を集める

留学情報機関に足を運べない場合は、インターネットを利用して情報を集めましょう（左表B参照）。

公的機関「日本学生支援機構（JASSO）」による「海外留学支援サイト」（http://ryugaku.jasso.go.jp/）では、アメリカを含む各国への海外留学の情報を提供しています。同機関が作成した留学ガイドブック「わたしがつくる海外留学」や「海外留学奨学金パンフレット」はネットで読むことができます。送料を負担すれば、郵送してもらうことも可能です（http://ryugaku.jasso.go.jp/publication/guidebook/）。

留学斡旋機関を利用する

これまでにたくさんの留学生を送り出している機関や設立してからの年数が古い機関は、雑誌や単行本の編集、資料の閲覧、留学相談カウンセリングサービス、手続き代行、オリエンテーションなどのサービスを実施しています。これらの機関を有効に利用して、自分に合った学校を探してみるといいでしょう。

海外留学斡旋業は許認可制度がとられていないため、なかには外国で勉強したいという留学希望者の夢を食いものにする悪徳業者が存在するので、斡旋機関は慎重に選びたいものです。

前述のJASSOがサイトで掲載している「留学斡旋業者の利用について」を読むと参考になるでしょう（http://ryugaku.jasso.go.jp/oversea_info/basic/agency/）。

A：学校を網羅したガイドブック（英文）

『Peterson's Four-Year Colleges』大学を紹介
『Peterson's Tow-Year Colleges』短大を紹介
『Peterson's Graduate Programs in Business, Education, Health, Information Studies, Law & Social Work』（Peterson's Inc.）大学院コースを紹介
『College Handbook』（The College Board）大学・短大を紹介
『The College Board Guide to 150 Popular College Majors』（The College Board）大学の専門分野を紹介
『English Language and Orientation Programs in the United State』（Institute of International Education）ESL コースを紹介

B：留学情報関連サイト

◆留学全般について知りたいとき
・アルク
http://www.alc.co.jp/
留学関連の書籍を出版しているアルクのサイト。留学や英語学習に役立つ情報を掲載。

◆米国国務省発行のガイドブック
「米国留学を目指す人のために」（4 冊あり）が以下のサイトよりダウンロード可能。
▽ BOOK1：大学学部課程
http://japan2.usembassy.gov/pdfs/wwwf_iywts_book1_ja.pdf
米国での学士号と準学士号の取得プログラムの選び方、出願の仕方、米国での技術・職業教育の機会について。
▽ BOOK2：大学院、専門課程および研究
https://japan2.usembassy.gov/pdfs/wwwf_iywts_book2_ja.pdf
米国の修士号取得、博士号取得、博士号取得後の研究の各プログラムの選び方や出願方法、および自分の教育や実務経験を米国で向上させたい専門家のための認証と免許取得に関して。
▽ BOOK3：短期留学、英語留学、遠隔教育、認定
http://japan2.usembassy.gov/pdfs/wwwf_iywts_book3_ja.pdf
米国で最長 1 年間勉強する機会についての情報、米国外から遠隔教育プログラムを通じて、学位、卒業証書、資格を取得するために学ぶ方法の概要、米国の高等教育機関の認定制度に関する詳細情報について。
▽ BOOK4：出発準備：米国で住み学ぶための実際的な情報
http://japan2.usembassy.gov/pdfs/wwwf_iywts_book4_ja.pd
米国の大学に入学が許可された後、渡米計画を立てる際に役立つ情報、ビザ申請、米国への引っ越し、大学のキャンパス到着後に何をすべきかについてのアドバイス。

◆学校を調べたいとき
・http://www.petersons.com/
アメリカの大学紹介、留学情報、サマープログラム、語学プログラムなどの情報を掲載。専攻分野別、アルファベット順、州別に検索可能。
・http://www.collegeview.com
オンライン出願も提供。

◆「自分の力で語学留学」を実現する！語学学校検索・出願サイト
http://www.applyesl.com/topics/07/
自分ひとりで語学留学手続を試みたい人のための無料オンライン出願サービスのサイト。ひとりで手続をおこなった人の体験なども読むことができる。

◆各種テストの情報を集めたいとき
・https://www.ets.org/
TOEFL、GRE、GMAT、SAT、LSAT などのテストに関する情報を掲載。

◆英語全般について知りたいとき
・英語タウン
http://www.eigotown.com/
英会話と英語に関するウェブサイトを多数集めたポータルサイト。

3 学生ビザ取得法

学校へ行くためにビザは必要か

アメリカへ行くには目的に応じたビザを取得しなければなりません。アメリカの学校で勉強するには、学校からI－20（入学許可証）を発行してもらって、学生ビザを取得する必要があります。

アメリカでの滞在が90日以内の場合だと、学生ビザを取得しないで、ノービザで渡航する人も少なくありません。これは、アメリカ滞在が90日以内の場合、ビザがなくても入国を認められているからです。ただし、空港のイミグレーションで厳しく入国審査官に審査されて、ノービザで学校に行くことが判明すると、入国を拒否されることもあるので注意が必要です。

90日以内の滞在でも、学校に行くのであれば、学生ビザを取得してから渡航するのが望ましいでしょう。

学生ビザの申請方法

①全体の流れを学習する

「米国ビザ申請」のサイト（https://www.ustraveldocs.com/jp_jp/jp-niv-visaapply.asp）にアクセスして申請全体の流れを学習します。YouTubeなどでわかりやすく説明されています。

②DS－160のオンライン登録をする

①で指示された通りに「非移民ビザ申請書DS－160」（https://ceac.state.gov/GenNIV/Default.aspx）のオンライン登録をします。右上のプルダウンメニューで言語を選べます。

登録には約1時間半かかるので、登録のためのデータ入力に備えて次のものを準備します。

・パスポート
・渡米データ直近5回分（入国年月日と滞在日数）
・デジタル写真
・I－20（入学許可証）

登録の際は、せっかく入力したデータをなくしてしまわないように、こまめにデータをセーブします。

③確認ページを印刷する

オンライン登録が完成すると確認ページが表示されるので、印刷します。

④ビザの申請料金とSEVIS（後述）の支払いをする

⑤ビザ面接の予約をする（オンラインのみ）

面接予約には以下のデータが必要です。

・パスポート番号

・申請料金の支払日

・③の確認ページのバーコード

⑥面接を受ける

指定された書類を持参して、札幌、東京、大阪、福岡、沖縄の総領事館にて面接を受けます。面接といっても個室で係官と向き合うのではなく、窓口で書類を提出するだけです。

申請者が家族を同行する場合は、家族も面接を受けます。ただし、年齢が13歳以下か80歳以上であれば、面接を受ける必要はありません。

SEVISで管理される学生

アメリカのすべての留学生はSEVIS（Student and Exchange Visitor Information System）のナンバーがつけられ、留学生を受け入れる学校はオンライン上で留学生に関するデータをSEVISに入力して、学生を管理しています。

許可なく休学したり、単位を落としたりすると登録されて、不法滞在者とみなされてしまうので注意が必要です。

家族ビザ保持者は通学も資格変更も可能

学生ビザ保持者の配偶者や21歳未満の未婚の子どもには家族ビザが発給され、主たるビザの保持者と同じ期間、アメリカに滞在できます。

家族ビザの保持者はアメリカで働くことはできませんが、学校には自由に通学できます。この場合、学生ビザを取得しなくてもいいいため、アダルトスクールなどI－20を発行してくれない学校に通ったり、大学の一般向けコースに通ったりすることが可能です。

また、家族ビザ保持者がI－20を発行してくれる学校へ通学する場合、アメリカの移民局で滞在資格を家族資格から学生資格へと変更することが可能です。たとえば夫が帰国したあとも、家族ビザ保持者の妻がアメリカで滞在を希望する場合は、滞在資格の変更が可能です。

4

観光・商用ビザ取得法

入学許可証を発行してくれないときは

Ｂビザを申請しなければならないとき

観光や商用で90日以内の渡航であれば、ビザを申請する必要はありませんが、渡航前にオンラインでＥＳＴＡの登録をする必要があります（２５０頁参照）。もし登録が拒否された場合は、観光・商用ビザ（Ｂビザ）を申請することになります。

また、アメリカで勉強したくても、すべての学校がＩ－20（入学許可証）を発行してくれるわけではありません。専門学校では発行しない機関も少なくありません。特に犬のトレーニング、ペットグルーミングの学校などは発行しないところが多いようです。また、陶芸、ガーデニングなど個人の先生について勉強する場合もありますが、その場合もＩ－20は発行してもらえません。このような場合は、学生ビザの代わりにＢビザを申請することになります。

Ｂビザを申請するには

Ｂビザはよほどの理由がないかぎり、申請しても却下されてしまうので、申請する際は注意が必要です。アメリカ大使館のビザ申請ページ（https://www.ustraveldocs.com/jp_jp/jp-niv-typeb1b2.asp）を参照して、必要書類を準備します。却下されないためには、ほかにも預金残高証明書、日程表、日本とのつながりを示す書類（学生の場合は在学証明書、社会人の場合は在職証明書、主婦の場合は夫の渡航同意書など）、申請理由を綴ったエッセイ（英文）、米国側の個人の先生や学校が書いた手紙などを提出します。

エッセイには申請理由のほかに帰国後に就く仕事の予定を書いて、帰国の意思があることを示します。

このほかにもかつての恩師や上司などの推薦状（英文）を提出すると、いい結果につながるでしょう。

5

留学生アドバイザー
困ったときの心強い相談相手

各学校に配置されている留学生アドバイザー

I－20（入学許可証）を発行してくれる学校には留学生アドバイザー（Student Adviser）がいて、留学生が心身ともに健康な学生生活が送れるようにサポートしてくれます。学生生活を通して、留学生アドバイザーにはその節目節目で面談することになるので、顔見知りになり、仲良くなっておくのが望ましいでしょう。

こんなときに相談を

次のような状況でアドバイスが必要になったときに、留学生アドバイザーに相談にいきます。

▽生活面に関して

学生寮へ入寮したいとき、ホームステイ先を紹介してもらいたいとき、アパートを借りるにあたって地域の治安状態を知りたいときなど。

▽学業面、編入、転校に関して

クラスや勉強について聞きたいとき、単位の取り方で相談したいとき、進路のことで相談したいとき、編入の相談をするとき、転校の手続きをするときなど。

▽アルバイト、就労に関して

プラクティカル・トレーニング（164頁参照）の申請をするとき、正式に認められたアルバイトをしたいとき、卒業後に仕事を探したいときなど。

▽ビザに関して

I－20の期限を更新してもらうとき、日本への一時帰国やアメリカ国外へ出るとき（アメリカへの再入国時に入国拒否されないためのサインが必要）、ほかの身分に滞在資格を変更するときなど。

面談では大学内でよく使われる用語を駆使して会話することになりますが、それらの用語を日本語と英語で説明している『アメリカ留学公式ガイドブック』（日米教育委員会編、アルク）が役立つでしょう。

6

大学での授業の履修から転校まで
フレキシブルなアメリカの大学

履修科目の選択

大学では新学期が始まる前、必ず新入生向けのオリエンテーションがあります。そこで履修科目の説明を受け、必修・選択科目を確認し、自分の時間割を作ります。

できた時間割は、学科の担当職員かアカデミックアドバイザーに確認してもらい、定められた方法で正規登録します。学生ビザの保持者が学生資格を維持するには、最低限の単位数を履修している必要があります。

科目の登録をする

入学手続きをすると学生用メールアカウントをもらえます。これは、どこからでもアクセスでき、大学からの連絡はこれを通じてするように指示される場合がありま す。このアカウントを利用して、専攻した学部のカウンセラーと連絡をとり、入学後の受講科目についてのアドバイスを受けます。新学期が始まる前までに時間割を決め、インターネットで受講科目の登録をおこないます。

また、インターネットで必要なテキストの予約もでき、大学内の書店で受け取ります。

フルタイムとパートタイムの学生のちがい

フルタイムの学生というのは、大学で決められた単位以上を取る学生のことで、4年制大学であれば、4年間で卒業できるような単位の取り方をしている学生です。

前述の単位を満たしていない学生はパートタイムとなりますが、パートタイムの学生でも大学が学生であると認める最低単位数の授業をとっていなくてはいけません。パートタイムであっても、卒業までに何年もかけていいわけではなく、決められた期間以内に卒業しなくてはいけない場合もあります。

日本と比べて、アメリカの大学での学び方やコースのとり方には、さまざまな方法があります。

授業料とファイナンシャルアドバイザー

日本の大学の授業料は決まっていて、単位数に限らず1年間に定められた金額を払います。アメリカの大学でもフルタイムの学生は同じですが、パートタイムの場合、履修単位数に応じて授業料を払います。フルタイムの学生に比べると1単位ごとの授業料は割高になります。

アメリカではクレジットカードを利用して授業料を払うことが一般的です。小切手、郵便為替（Money Order）、現金などを受け付けてくれる場合もあります。

授業料を払うことが困難になれば、受付にいるファイナンシャルアドバイザーに相談をします。ファイナンシャルアドバイザーは該当する奨学金を探してくれたり、授業料を安くする方法を考えてくれます。アメリカは奨学金が豊富で、留学生向けのものもあるのでどれかに該当するかもしれません。また、その学科に予算がたくさんあると、授業料を割り引いてくれる可能性があります。

科目の変更やドロップ

新学期が始まり授業に出ると、思っていたこととちがっていたり、評判のよいほかの授業に出てみたくなることがあります。特に最初の授業では、コースシラバスといってその科目の授業内容や提出レポートの内容、試験があるかないかなどの予定を配りますから、どんな授業になるかすぐにわかります。

よい成績をとりたいと思っている学生は、自分に難しい学科だと判断すると、あっさりと科目をドロップ（とるのをやめること）します。決められた期間内（たいてい授業が始まって2週間以内）であれば、簡単に変更ができます。しかし、期間が過ぎてしまうと、成績にW（Withdraw 途中脱落）が付き、授業料も返還されません。

期限を過ぎて変更する場合は、まず、担当教官に相談して、許可をもらい、さらに受付窓口の許可をもらいます。きちんとした手続きをしないと、成績にWではなくF（Failure 不可）がついてしまうので注意します。

大学での授業

大学の授業は、最初に担当教官から配られるコースシラバスに従って進みます。教科書はなるべく早くそろえます。新学期の授業が始まる前でも、大学内の本屋にいくと教科書がわかり、買うことができます。

いったん授業が始まると休講もめったになく、息を抜くひまがないほど忙しくなり、1週間の時間割に合わせて生活するような形になります。成績は、授業中のクラスへの貢献度も考慮して評価されるので、質問をしたり、意見を述べたりして積極性を見せなくてはいけません。最初はネイティブの討論になかなかついていけないものなので、担当教官に相談して対策をたてます。

施設やサービスを有効利用する

アメリカの図書館は充実しています。書籍を見たり、借りるだけではなく、学生が勉強しやすい環境を作っています。試験前には24時間開いているので、夜中でも利用する学生がいます。学生の提出課題の参考文献や授業に必要な資料を探すのを手伝う司書たちは、そのための訓練を受けているので、ていねいに検索の仕方を教えてくれます。ミーティングをしたり、ペーパーをプリントアウトするのに図書館を利用する学生も多くいます。

ラーニングセンターは、授業がよく理解できなかったり、テスト対策をしたいときに補講を受けることができる施設です。ライティングセンターでは、チューターがいて、エッセーやペーパーを書いたときに、予約をして文法チェックや表現方法、内容についてのアドバイスをしてもらえます。オンラインで自分の書いたものを提出しても、修正してくれる場合があります。母語が英語ではない人にとってはありがたいサービスです。

勉強だけではなく、学生が自由に使えるプールやジム、美術館、映画館、楽譜を借りたり楽器を使える音楽棟、スチューデントユニオンなどの施設があります。

学生向けのサービス

大学生活がスムーズになるように、「どのように時間をやりくりするか」「授業にはどんな準備をして臨むか」「仕事とどう折り合いをつけるか」などのテーマで学生の交流会が開かれ、希望者は自由に参加できます。

英語のレポートを書くのが不安な人のためのサポートも整っていて、ライティング・ラボでアドバイスを受けることができます。学生組合でもいろいろなサービスをおこなっているので、もし助けが必要ならば、アカデミックアドバイザーに紹介してもらうといいでしょう。

気になる成績

コースによっては、ある一定以上の成績をとらないと、次のコースに進めない場合があるので注意します。アメリカの学生は就職や進学のときに、成績が大きく関係するのを知っていますから、非常に熱心にAをとろうとします。そのために担当教官と話し合うためのアポイントメントを頻繁に取ります。担当教官に積極性を見せることはとても重要なことだからです。

担当教官も自分のクラスの生徒が悪い成績をとると、その指導性に問題があるとみなされるので、生徒の成績を改善するために力になってくれます。

セメスター（学期）の最後に最終グレード（成績）が出ますが、途中で出された課題や小テストの成績が悪い学生には状況に応じて、追試験、宿題などを出し、悪い成績をとらないように指導してくれます。

科目を取る順序

アメリカの大学には、科目番号（Course Number）がついています。

000番台：初級レベルで大学の単位としてはカウントされない。
100番台：初級レベル。おもに1年生が学ぶ科目。一般教養科目
200番台：初級レベル。おもに2年生が学ぶ科目。一般教養科目。
300番台：上級レベル。おもに3年生が学ぶ科目。事前に単位をとることが必要な科目（Prerequisite）がある。専門科目。
400番台：上級レベル。おもに4年生が学ぶ科目。300番台と同様にPrerequisiteがある。専門科目。大学院生も履修できる。

アメリカではこれにちなんで、初級レベルのことを指して何ごとにも「101」を使う。

夏休みや冬休みの講座をとる

アメリカの大学の授業のある期間は秋学期が9月から12月、春学期が1月の終わりから5月初めまでと短いですが、夏や冬にも講座があります。これらは通常の授業よりも期間が短いかわりに、1日の授業時間が多くなっています。大学を短期間に卒業したい、仕事でたくさんの授業がとれない、留学生で多くの授業についていけない……などの理由がある人には便利でしょう。

学校を転校するには

アメリカではほかの大学への転校が、日本に比べて頻繁におこなわれます。学校間連盟に加入している学校間では、単位のトランスファーが認められやすくなります。

学校を変わりたいときは、まず協定している学校を調べ、トランスファーできる単位を調べます。そしてアカデミックアドバイザーに相談をしてから決めることが重要です。学生ビザの保持者はI－20を転校先の学校から発行してもらう必要があります。

プラクティカル・トレーニングで就労体験

学生ビザでも就労が許可される方法

アメリカの短大、大学、大学院で勉強する留学生には、在学中および卒業後に実務研修（プラクティカル・トレーニング・PT）を受けることが認められています。PT期間中は報酬を得て合法的に働くことができます。

PTを希望する場合は、通学している学校の留学生アドバイザーを通して手続きをおこないます。

2種類のPT

① Curricular Practical Training

申請すれば在学中に専攻分野に関連した職種での就労が許可されますが、大学院生や2年次生以上の学部学生にかぎります。これは仕事と勉強を交互におこなうインターン、産学協同の教育、必修となっている実習科目、カリキュラムの一部としておこなうトレーニングと規定されているものです。専攻分野によっては、これを授業の必修科目として義務づけているところもあります。フルタイムでもパートタイム（週20時間）でも働けますが、フルタイムで12カ月、パートタイムで24カ月働くと、②のPTを受けることはできません。

研修にあたって、政府の就労許可証（Employment Authorization Document）は不要です。

② Optional Practical Training

申請すれば在学中と卒業後に専攻分野に関連した職種での就労が許可されます。在学中は夏休み、冬休み、春休みなど授業をしていない期間はフルタイムでの就労が認められ、授業期間中はパートタイム（週20時間）の就労が認められています。研修にあたって、移民局に就労許可証（I－765）の申請が必要です（オンライン登録可）。申請時に研修先が決まっていなくても大丈夫です。

卒業後のPTを希望する場合、申請は卒業90日前あるいは卒業後60日以内におこなわなければなりません。

ＰＴの期間

最高12カ月（理数系は29カ月）までのＰＴが認められています。ただし、すでに①や②で研修期間を消化してしまった学生には認められていません。

大学卒業後にＰＴを受けた人が大学院を卒業した場合、あらためてＰＴを受けることができます。

専門学校では卒業生のみにＰＴが認められています。4カ月間の勉強期間に対して1カ月のＰＴが、全体として最高6カ月までのＰＴが認められています。語学留学生にはＰＴは認められていません。

ＰＴの報告義務と非雇用期間の制限

ＰＴの研修者は、住所変更、雇用主の変更、非雇用期間について、大学へ報告する義務があります。

非雇用期間が最長で90日以上（12カ月の場合）もしくは１２０日以上（29カ月の場合）になると、ＰＴの滞在資格を失い不法滞在となるので、注意が必要です。

ＰＴから就労ビザの申請へ

ＰＴは学生ビザの保持者に認められており、滞在資格としては学生という身分のままで、ＰＴビザというものはありません。学生ビザから就労ビザに切り替えるには、雇用してくれる会社を探して、就労ビザ（Ｈ－１Ｂなど）のスポンサーになってもらわなければなりません。

ＰＴ期間中に仕事ぶりを認めてもらって、うまく就労ビザの申請へと進めていけば、就活作戦は成功となります。

雇用主がＨ－１Ｂのスポンサーになるには申請料を支払わなければならないため、よほど信頼できると見込んだ人物か能力のある人物でないと雇わないのが現状です。

そのため雇用主にとってもＰＴ期間は、その人物の仕事ぶりや協調性などを見定める期間となります。ＰＴ期間はいわば就労希望者と雇用主がお互いを試す期間です。

ＰＴの雇用主に就労ビザのスポンサーになってもらいたい場合は、最初からその旨を伝えておくのが望ましいでしょう。会社によっては、いくらＰＴの研修生が優秀であっても、採用しない方針の会社があるからです。

Ｈ－１Ｂを申請するには、雇われることになる職種で学士号かそれ以上の学位を有している必要があります。もし学歴がない場合は、相当する実務経験が必要です。詳細については１７８頁を参照してください。

8

開かれた教育機関

こんなにある一般向けスタディコース

自分に合ったコースを探してみる

アメリカではいろいろな教育機関が一般向けのコースを提供していて、気軽に勉強する機会に恵まれています。働きながら学ぶ人も多く、そのために便利なコースも用意されています。

歴史や語学の勉強がしたい、写真や絵の勉強がしたいなど、したいことが決まっている場合は、その分野で検索をかけて、近くの教育機関を探します。逆に、近くの教育機関ではどんなものを一般向けに提供しているか調べ、気に入ったコースがあれば参加する方法もあります。

新学期は9月と1月なので、その時期を逃すと途中から入ることは難しくなります。1年コースは9月始まりだけです。申し込みは8月中に済ませておかねばなりません。人気のコースは定員が早くいっぱいになります。

夏休みや冬休みを利用した短期間のコースもありますから、参加しやすいものを選びます。

聴講生になる

勉強するにはさまざまな方法がありますが、ひとつの選択肢として聴講生になることがあげられます。聴講生とは大学や大学院で、正規の学生とともに実際に授業に参加することです。聴講生は普通の学生とちがって、レポートの提出やテストを受ける必要がありません。ですからプレッシャーもなく、授業を受けることができます。実際の大学の授業の様子がわかるし、高度な勉強ができます。

しかし、大学のすべてのコースや科目が聴講生を受け入れているわけではないので、受付窓口で確認する必要があります。特に何の資格も必要ありませんが、小人数のゼミ形式の授業の場合は、なぜ聴講したいのか理由を聞かれ、担当講師の許可が必要なこともあります。

授業料は他の学生と同じで、聴講生だからといって安くなることはないようです。

気軽に参加できるといっても、ゼミ形式の小人数で講師が学生を厳しく管理している場合には、聴講生だからといって勝手に授業を休むことは許されません。聴講する条件の中には、積極性と興味を持って授業に臨むこととあり、学期途中でも講師が不適格と判断した場合には、聴講からはずされることもあります。

レポートを提出したり試験を受けたりする必要はありませんが、希望すれば講師はレポートをチェックしてくれます。しかし、単位（クレジット）は取れず、途中からクレジット学生への変更もできません。語学などの試験は家に持ち帰っておこなえることもあります。

コミュニティカレッジの一般向けコース

コミュニティカレッジ（公立の2年制短期大学）には高校を卒業したばかりの若い人からリタイアした人まで幅広い年齢層の人たちが通学しており、趣味や生活に密着したノンクレジットコースも種類が豊富です。パートタイムで通う学生や働きながら通う学生も多いので、夜間や週末に授業が設けられているコースもあります。

その州に一定期間（1年の場合が多い）以上住んだという証明（納税証明書など）を出せば住民とみなされ、授業料は安くなります。州外の人は州内の住民より高くなります。たとえ税金を納めていても、永住権を持っていない外国人の場合は、州外とみなされます。

大学の一般向けコース

大学や大学院でも広く一般の人が気軽にとれるコースを用意しています。大学の受付や図書館には、コース案内のパンフレットが置いてあるので、下見がてらパンフレットをもらいにいくといいでしょう。大学のホームページでもコースを知ることができますし、電子メールで請求してパンフレットを送ってもらうこともできます。

町の教育委員会で運営しているアダルトスクール（168頁参照）に比べると、内容は高度で専門性が高くなっています。

正式に入学していなくても単位がとれるクレジットコースもあります。あとで正式に入学するとその単位は認められ、入学するために有利になる場合が多いようです。

いずれの場合もフルタイムのコースではないため、コースに出席したからといって、学生ビザを取得できるわけではありません。

9 友だち作りにも役に立つ
アダルトスクールで肩ならし

アダルトスクールは教育委員会（Board of Education）の成人教育の一環として、興味ある勉強を継続したり、始めたりできるように設置されています。地域によってコンティニュイングエデュケーション（Continuing Education）とも呼ばれています。学校施設としては、地元のハイスクールを利用していることが多いようです。

アダルトスクールで勉強することは、現地に溶け込み、友だちを作るチャンスにもなります。興味のあるコースがあったら、ぜひ参加してみるといいでしょう。

無料の移民向けコース

州の法律で、高校卒業資格取得コース、市民権をとるためのコース、英語を話せない移民のためのESLクラスを設けることが義務づけられています。これらのコースは無料です。

本来は移民のためのコースですが、特に資格やビザを問うことなく誰でも受け入れている場合もあります。住んでいる町の財政状態や移民の人数により異なっていますので、教育委員会に問い合わせてみましょう。

一般コース

一般の社会人向けのコースとしては、スペイン語、フランス語などの外国語、絵画、彫刻など美術関係、工芸、ビジネス、料理など、多彩なコースを設置しています。語学のコースといっても、宿題や課題もない場合がほとんどなので、気軽にとることができます。

そのほか、週末にタウン内の史跡を散策するものや、ビンゴを楽しむコースなど、レジャー的要素が大きいコースも住民の交流を目的に用意されています。逆に職業訓練的要素が強いコンピューターや会計などのコースもあります。回数や期間はコースの内容によります。

スポーツ関連のコースに関しては、教育委員会とは別にPark and Recreationという機関で管轄していて、テニス、バスケット、水泳などのコースがあります。

受講資格と授業料

コースによって昼間のものもあれば、夜間のものもあります。語学のコースのように上級、中級、初級などランク分けされているものや、簡単な試験を受けるものもありますが、通常は特に受講資格や学歴も問われず、簡単に登録することができます。

アダルトスクールは、I－20（入学許可証）を発行していないので、学生ビザを取得することはできません。外国人であれば、ほかに有効なビザを保持している必要があります。

授業料はコース内容により異なりますが、セメスター（学期）ごとに20ドルから200ドルくらいです。中には無料のものもありますが、木彫りや料理など実技をともなって材料費があるものは高くなります。

コース情報の入手法

コースは秋コースと春コースがあり、夏コースがある場合もあります。1年を通すコースは、秋からのスタートになります。

秋コースの募集は8月の終わり頃から、春コースは1月頃に受付が始まります。コースの途中からは、内容や定員数により受けつけてもらえないこともあります。人気の高いコースは先着順や抽選になることがあり、人数が少ないとコースがキャンセルになることもあります。

学校がどこにあるのか、どんなクラスが提供されているのか、どんな条件で入学が可能かについては、地域の教育委員会に直接問い合わせるか、インターネットの検索サイトでadult schoolと自分の町の名前と州名を入力すれば情報を取得できます。地域によっては、郵便でコース案内を住民に自動的に送ってくることもあります。

アダルトスクールの講師

アダルトスクールの講師は住民が教えていることが多く、特に資格を持った人たちではありません。たとえば料理や手芸、ギターなど、趣味として長年やってきて得意になって教えていると言う人もいますし、現役の会計士が会計のコースを持ったりしています。語学はネイティブスピーカーが教えていることが多いです。また逆に得意なものがあれば講師に応募することも可能です。

10

図書館利用法

新しい図書館のサービスを見逃さない

変わりつつある図書館

インターネットの利用や電子ブックリーダーを使う人が増えて、図書館を利用する人は減っているかのように見えますが、実際は、利用者は増えています。図書館はインターネット技術を取り入れて、物理的な施設とデジタル世界をつなぐ場所の提供をしているという人もいます。ダウンロードできる電子書籍を増やすことにより、実際の本が減った分を、勉強したりくつろげる空間に変えつつある図書館も増えてきました。

図書館の運営

図書館の数は思っているより多く、小さな町にもいくつかあります。税金の補助を受けているところもありますが、寄付金やボランティアだけで成り立っているところも多く存在し、それは地元住民のプライドに結びついています。運用資金集めのためにブックセールをしたり、イベントをおこなったり、住民を図書館に結びつけようと努力しています。

自分の町の図書館がどんな空間なのか、行ってみましょう。素晴らしい建築の図書館や歴史のある図書館は、観光名所となっているところもあります。

図書館のイベント

図書館はイベントを数多く主催しています。図書館のホームページのカレンダーを見てみましょう。毎日、何かしらのイベントが計画されています。講演会、音楽会、映画鑑賞会などの催し物があり、ほとんど無料か安い金額で誰でも参加できます。地元の企業や新聞社がスポンサーになることが多いようです。

ベビーシッターをつけてくれたり、軽食が出されることもあります。講演会の講師は大学の教授や本の作家などさまざまで、内容も地域に密着したものや大学の講義の内容に近いものまでいろいろあります。

インターネット利用の新しいサービス

電子書籍の提供も増加していますが、図書館と出版社が協力し、図書館のサイトから電子書籍を購入するようなシステムを導入しているところもあります。

自宅から図書館のホームページにアクセスして、図書館カードの番号を入力すると、本だけではなく、図書館にある音楽や映画も無料でダウンロードできるところもあります。そのほかに全米の図書館が共通で使っている新しいサービスも充実しています。たとえばいろいろなジャンルの膨大な音楽を図書館利用者は無料でダウンロードすることができます。

図書館カードを作る

図書館カードを作るには、その町の住民である証明（免許証など）を受付で提示し、必要書類に住所と氏名を書けば、その場でカードを作ってもらうことができます。

日本より貸し出し期間は長く、貸し出し数の制限がないところが多いようです。本もＤＶＤも返却が遅れると、罰金（本やカセットは１日10セント、ＤＶＤは１日１ドル程度）をとられることもあります。

自宅や図書館内にあるコンピューターから図書館のホームページにアクセスして、本やＤＶＤ、ＣＤの検索をしたり、予約もできます。また自分の貸し出し履歴もわかります。

子どもの利用メリット

図書館では子ども向けの催し物もたくさんあります。通学前の子どもを対象にしたStory Hourというプログラムでは、小人数の子どもたちを前に図書館員が本の読み聞かせをします。孤独になりがちな母親同士の交流ができるため、人気があります。子どもの学校で課題図書が出る場合には、図書館で本が探せることが多いので、利用する人も多くいます。

州内の図書館の本を取り寄せる

同じ州内にある図書館は、連携しています。自分の町の図書館にないものでも、州内のどこかの図書館にあれば、本でもその他のメディアでも取り寄せてくれます。期間内に自分の図書館に返却すればいいので、手軽です。探せば日本の本や映画を置いてある場合もあります。

11

教育革命が起こっている

世界中が相手のオンライン教育

変化が激しいオンライン教育

年々、進化しているインターネットの世界を反映して、オンライン教育も新しいテクノロジーを取り入れながら、日々、進化しています。働きながらでも学べるので、時間と場所に拘束されないという利点があります。手軽に始められることもあって、利用者も増加しています。

オンライン教育では、バックグランド、年齢、地域にとらわれず、誰でも学ぶことができます。また生涯学習が当たり前になった時代とも言えます。

オンライン教育には教室が必要ないので双方ともにコストがかからず、通常のパソコンには、カメラやマイクが搭載されているので、新たに機器を用意する必要もありません。

アメリカの大学の授業料が高騰してきて、経済的に大学に行けない人や、発展途上国などで、大学へ行く機会を奪われている人たちに　無料で大学教育を提供して、大きく門戸が広げられています。

メリットがあるのは生徒だけではありません。大学側は世界中から優秀な頭脳を集めることができるのです。

オンライン教育の授業もいろいろ

オンライン教育でも授業の質は高く、教室の授業と差がないように配慮されています。通信環境がよくなってきたので、動画や双方向の通信を活用した授業が可能になりました。

たとえば、夕方定時に大学のサイトを通じてリアルタイムで行われる授業もあります。画面で講師やほかの学生の姿も表示されますから緊張感があります。

実際の授業と似て、リーディングやレポート、プレゼンテーション、グループ・プロジェクトがあるクラスもあります。図書館に行くことはできませんが、大学図書館のデータベースを利用することは可能ですから、ペーパーを書くために必要な資料を集めることができます。ビデオ会議の機能やインターネット上のディスカッション・ボード（掲示板）が使われている授業もあります。教授たちは、電話やメールでの質問にすぐに返信してくれる場合が多いですから、オンライン登録の学生だというハンディはそれほど感じることはないと言われています。

オンライン教育の大学の卒業や資格

オンラインで大学を卒業したい場合に大切なのは、オンラインの授業が開講されている大学が認定（accredited）されているか大学のウェブサイトで確かめることです。科目によってはスクリーニングがあって、出席が義務付けられているものもあります。

オンラインで一定以上の成績をおさめれば、正式な科目の修了認定をもらうことができ、それを履歴書に書ける場合もあります。

注目されてきたエドテック

シリコンバレーの企業が開発した教育ツールにエドテックがあります。エドテックは、パソコンやアプリだけではなく、人工知能も取り入れた新しい授業です。

エドテックは教育（Education）とテクノロジー（Technology）を取り入れた造語で、オンライン授業もこれに含まれます。

オンライン教育サービスMOOC

MOOC（Massive Open Online Course）と略される無料のオンライン教育サービスがあります。ハーバード大学やMITが参加するedXや利用者が一番多いCourseraなどがあります。Courseraには、プリンストン大学などのアメリカの有名な大学に加えて東京大学など世界中の大学や企業が参加しています。ほかにもMOOCには、XuetangXやFutureLearnなどがあります。

無料で視聴でき、またコースに参加して合格すると有料ですが修了書をもらうことができ、オンラインだけで卒業できる大学もあります。

語学学習では、世界中で誰でも語学の講師になったり、生徒になったりできるサイトがあります。生徒はクラスを評価できるので、評判のよい講師を探すことも可能です。語学の学習には高い授業料が必要だったのが、簡単に無料でネイティブの人から学べます。

Column 9

子どもはすぐにバイリンガル

◆早すぎる留学はNo Good？

アメリカ人のAさんは日本の翻訳会社で日本人翻訳者５人の英訳をチェックする仕事をしている。日本人翻訳者のBさんはアメリカで高校と大学を卒業し、Cさんは日本から一歩も出たことがなく、残りの３人は留学体験がある。

スピーキングの点では高校から留学していたBさんが最も上手だ。海外渡航経験のないCさんは、挨拶の英語さえままならないくらい会話が下手。残りの３人は日常会話には問題ない。

ところがAさんは５人の翻訳者の文章を見て驚いた。スピーキングのできないCさんが最も上手に英語を書き、高校から留学していたBさんの英語が最下位。あとの３人の英語はどんぐりの背比べである。

Bさんの英文が下手なのは日本語の理解力に問題があるらしい。たとえば「妻帯者」の意味がわからなかったり、「雨後のたけのこ」「五十歩百歩」などの慣用句の意味を、同僚の翻訳者に聞いたりしている。

日本語の力がしっかり身につく前の留学では、肝心の英語力も不完全なものになってしまうことがあると、Aさんは感じた。

◆子どもの適応は天才的

アメリカ生まれのDちゃんは、日英両語のバイリンガルの環境で育った。

日本の子どもは自分のことを「××ちゃん」と呼ぶ。Dちゃんも日本語で話すときは、「Dちゃんにチョコレートちょうだい」といった言い方をする。

ところが英語で話すときは、“Give me chocolate.”と代名詞を使う。決して、自分の名前をいうことはない。

チョコレートの発音も、日本語のときは日本語の発音で、英語のときは英語の発音でちゃんと決めているというのだから、子どもおそるべしである。

◆英語になると攻撃的

Eさんは日英両語のできる中国人のFさんと話をするとき、いつもとまどいを覚える。

Fさんが日本語で話すときは人あたりがやわらかな感じなのに、英語で話すと人が変わったように攻撃的になるからだ。

外国人が日本語を話すときは「ですます調」で話すことが多いため、丁寧な調子に聞こえる。それに比べて、英語は基本的にそういう飾りが少なく、自分の考えを理路整然と伝達するのに適した言葉であるために、冷たく聞こえるのかもしれない。

言葉には、それぞれ性格のようなものがあるのだと思う、Eさんであった。

PART 10

働けばアメリカがもっと見えてくる

◆これがアメリカの常識◆

履歴書には年齢、性別を書かない、顔写真を貼らない

“お茶くみ”は雇用契約違反になる

電話面接だけで採用されることもある

1

就労資格あれこれ

アメリカで働けるのはこんな人

アメリカで報酬を得る外国人には就労許可が必要です。就労できるのは次のような人たちです。

就労ビザ保持者

雇用主にスポンサーになってもらって就労ビザを申請します。スポンサーになってくれた会社を退職したり、クビになったりすると、アメリカでの就労資格、滞在資格を失います。さらに就労したければ、新しいスポンサーを通して就労ビザを申請しなければなりません。

家族ビザ保持者の就労

Aビザ（外交官ビザ）、Eビザ（駐在員ビザ）、Gビザ（国際機関関係者ビザ）、Jビザ（文化交流訪問者ビザ）、Lビザ（同系企業内転勤者ビザ）保持者の配偶者と21歳未満の未婚の子どもは、就労許可申請書（I－765）を移民局に提出すれば就労できます（オンライン登録可）。

ほかにも、H－1Bビザで就労しながら、永住権を申請している人の配偶者も、I－765を提出して許可されれば、就労が可能となります。

申請書を提出する段階で、雇用主が決まっていなくてもかまいません。

永住権保持者

いわゆるグリーンカードと呼ばれるカードを持っている永住権保持者は、就労許可を申請しなくても就労できます。就労ビザとちがって、会社をクビになったり退職したとしても、就労資格や滞在資格を失うことはありません。

永住権申請を許可され面接待ちの人

アメリカ在住の外国人で永住権を申請して許可された人は、面接を待っている間、I－765を移民局に提出して許可されれば就労できます（オンライン登録可）。申請書を提出する段階で、雇用主が決まっていなくてもかまいません。

ほかにも、婚約者ビザで渡航した人が永住権を申請して面接を待っている間にI－765を申請して許可されれば、就労できます。

就労許可を得た留学生

大学などで勉強している留学生には、次のような場合、就労が認められます。

▽プラクティカル・トレーニングを受ける場合

在学中や卒業後にプラクティカル・トレーニング（PT）を受ける留学生は就労できます。PTを希望する場合は、通学している学校の留学生アドバイザーにその旨を告げて、手続きを進めてもらいます（164頁参照）。

▽学内で就労する場合

正規留学生の場合は通っている学校から許可証を発行してもらえば、学内での就労が許可されます。学校と直接関係のある会社の職場で働くときは、その職場がキャンパス外にある場合でも、キャンパス内での就労とみなされます。学期中は週20時間、休暇中は週40時間の範囲で働けます。

▽経済的理由が生じた場合

学費を援助していた肉親の死亡、破産、失職、給料減額などが発生して、学生本人が就労しないかぎり学業が続けられない場合、I－765を移民局に提出して、許可がおりれば就労できます（オンライン登録可）。雇用主が決まっていなくても提出できます。

申請できるのは、1学年以上在籍した学生にかぎられています。学期中は週20時間、休暇中は週40時間の範囲で働くことができます。

▽学校から教職補助関連の仕事が提供された場合

優秀な学生には、特別研究員、ティーチング・アシスタント（TA）、リサーチ・アシスタント（RA）として、学内で専攻科目と関連のある仕事に就く機会が与えられることがあります。謝礼として学費が免除されたり、報酬が支払われたりします。

このほかにも、社会的、経済的変化にともなって、学生の学外就労を認める暫定措置が出される場合があります。学生の就労状況が変わることもあるので、情報に精通している留学生アドバイザーに相談することをお勧めします。

2

アルバイト・就職先の探し方

電話面接だけで採用されることもある

日本の会社から派遣をしてもらう

もし就労ビザを申請したい場合は、ビザ申請のスポンサーになってくれる雇用主を探さなければなりません。

現在日本の会社に勤務しているならば、アメリカに駐在員として派遣してもらうよう働きかけてみましょう。

もし、アメリカに本社や支社がないのであれば、新しくアメリカに派遣する人材を募集している会社に応募しましょう。日本で発行されている英字新聞（左表Ａ参照）にはアメリカで働く人材を日本で募集していることがあります。左表に掲載されている人材派遣・紹介会社や求人サイトを利用してみるのもいいでしょう。

アメリカで仕事を探すには

アメリカ現地にある会社（アメリカ企業、日系企業）にスポンサーになってもらう場合、Ｈ－１Ｂという就労ビザを申請することになりますが、Ｈ－１Ｂを申請する場合、移民法上、申請者は学歴か実務経験のいずれかの条件を満たしていなければなりません。

たとえば会計関連の職種で雇用されるには、次のいずれかの条件を満たしている必要があります。

①会計関連の学位を持っていること（実務経験はなくても可）。

②会計関連以外の学位を持っていて、会計関連の実務経験が3年以上あること。

③短大卒で会計関連の実務経験が6年以上あること。

④高校卒で会計関連の実務経験が12年以上あること。

もしこれらの条件を満たしているのであれば、アメリカで仕事を探せる可能性があることになります。条件を満たしていなければ、学歴をつけるか、実務経験が条件の年数になるまで働いたあとに仕事探しを開始します。

アメリカで学んだ学生には、学業終了後にプラクティカル・トレーニング（ＰＴ・１６４頁参照）という研修

A：求人募集のある英語新聞（日本にて発行）

『The Japan Times』（月曜版に求人広告多し）
『International Herald Tribune/The Asahi Shimbun』
『The Daily Yomiuri』

B：仕事探しに役立つ書籍

『Come to America ／企業概況（年度版）』（毎年発行／ UJP 社）https://www.ujp.com/
『外資系トップコンサルタントが教える英文履歴書完全マニュアル』（ナツメ社）
『CD 付き 実例でわかる！英語面接完全マニュアル』（ナツメ社）
『外資系企業に入るための履歴書と面接の英語』（アルク）

C：フォーラムや説明会を提供している機関

毎年、説明会やフォーラムを開催して、グローバル企業とバイリンガルな人材との出会いをプロデュースしている。

▽海外大生向けのリクナビ就職エージェント
https://job.rikunabi.com/agent/kaigai/
日本で就職を希望する日本人留学生やバイリンガルの外国人のために、リクルート社が運営している。

▽キャリアフォーラムネット（CFN）
http://www.careerforum.net/
ディスコ・インターナショナル社（東京に本社がある株式会社ディスコのアメリカ法人）が運営。フォーラムの開催地はボストン、ロサンゼルス、東京、京都、上海、シンガポール、ロンドンなど。
自己ＰＲ動画を登録してビデオオーディションに参加することもできる。
同社は英語の履歴書を作成するサイト（https://www.eigonorirekisho.com/）も運営している。

▽ American Career Opportunity（ACO）
http://www.acojob.com/
東京で海外就職説明会を開催。企業と就職希望者のマッチングとビザサポートをおこなっていて、求人サイトもある。ACO 社が運営。東京に本社がある。

D：求人募集のページがあるサイト

アメリカ各地で発行されている無料日本語雑誌（日本食料品店や日本語書店などで入手可能）はオンラインでも読めることが多い。classified では、就職、求人、不動産情報、買います・売りますなどの情報を掲載。

ただし、すでに永住権を所有している人向けの募集が多い。

▽ NY ジャピオン
http://www.ejapion.com/
ニューヨーク現地発信の総合情報サイトが提供する求人情報が掲載されている。

▽『U.S.FrontLine』の classified を利用
https://usfl.com/
アメリカで発行されている無料日本語雑誌『U.S.FrontLine』（隔月発行）には、かつて classified が掲載されていたが、いまは classified 掲載（求人募集あり）はオンラインのみとなった。

E：人材紹介・派遣会社の求人検索サイト

▽パソナ
http://www.pasona.com/
エリア検索や職種検索もできる。アメリカ進出の日系企業をサポートするパソナグループ（社長は日本人）が運営。ニューヨークに米国パソナ社があり、全米 9 都市に支社がある。

▽仕事探し .com
https://www.shigotosagashi.com/
北西部（シアトル・ポートランド）を中心に日本語バイリンガル人材紹介・派遣サービスを運営する Global Career Partners Inc.（社長は日本人）が運営。日本に帰国した元留学生の仕事探しをサポートする「帰国 GO.com（https://www.kikokugo.com/）」も運営している。

▽海外転職 .com
http://www.overseas-jac.com/
海外駐在員や海外勤務、海外関連業務への転職を希望している人のための求人・転職サイト。グローバル企業からベンチャー企業まで、ミドルマネジメントクラスや業界スペシャリストポジションを中心に、シニア、エグゼクティブクラスまで幅広い求人を掲載。JAC Recruitment が運営。

F：英語で書かれたサイト

▽ CareerBuilder
http://careerbuilder.com/

▽ Monster.com
http://www.monster.com/
仕事を探したい都市を選べる。
http://resume.monster.com/
履歴書の作成支援サイト。

期間が認められるので、この期間を利用して雇用主に気に入ってもらい、スポンサーになってもらって、H－1Bを取得したという留学生が少なくありません。〝留学生から就労者へ〟はいわば急がば回れの道でもあります。

H－1Bは学位を必要とする職種にのみ発給され、整備工、板前、美容師など必ずしも学位を必要としない職種には発給されません。これらの職種で仕事をしたい場合は永住権を申請することになりますが、発給枠があるため、申請してから5年前後の待ち時間があります。

仕事探しのための方法

①口コミを利用する
古くからある方法ですが、効力を発揮する方法でもあります。アメリカにいる場合は、現地の日本人クラブ、××県人会、××同窓会、コミュニティレベルの会などに所属して日頃から顔を広くしておき、働きたい旨を周囲に明言して、手作りの名刺（表に連絡先、裏に簡単な学歴と職歴を記載）を渡しておきましょう。もし可能なら履歴書も渡しておきましょう。
②掲示板で仕事を探す
アメリカにある日本食料品店、日本レストラン、日系書店、コインランドリー、学校の掲示板には、レストランのキッチンヘルパー、日本人相手のみやげ物店の店員、ハウスクリーニング、ベビーシッター、家庭教師などの仕事を求人募集する貼り紙が貼られています。

ときには住み込みで家事をしたり、子どもや高齢者の世話をして報酬をもらえるという仕事もあります。

ただし、これら掲示板で募集されているのは一時的なアルバイトで、就労ビザの取得につながる仕事を見つけるのは、一部の例外を除いてほぼ不可能でしょう。
③履歴書を送付して売り込みをする
仕事をしたいと思う企業に、空きがあるかないかにかかわらず、カバーレターと履歴書を送って自分を売り込みます。インターネットを利用するか、日系企業の情報を掲載した『Come To America ／企業概況（年度版）』（毎年発行／UJP社）などを利用して、連絡先を入手します。

日本語の広告、パンフレット、小冊子、雑誌、本を発行する日系企業では、日本人の営業担当、記者、編集者、DTPオペレーター、グラフィックデザイナーなどを常時求めているようなので、該当者は履歴書を送っておきましょう。ほかにも、教師の資格を持っている人は、日本人子弟を対象とした日本語学習塾にも履歴書を送っておくといいでしょう。就労ビザの申請につながることもあります。

④就職活動をする

前述のPTを希望する留学生を対象にして、在米日系企業が合同企業説明会をおこなっています。説明会に関する情報は、留学生アドバイザーに聞くか、学校の掲示板をチェックしましょう。インターネット（179頁表C参照）を通しても情報を得ることができます。

⑤人材紹介会社・派遣会社を利用する

日米にある人材紹介会社・派遣会社（179頁表C・E・F参照）に登録して仕事先を探します。能力と就労経験のある人を求めているところが多いので、学校を卒業したばかりで就労経験のない人は登録の対象にしていないこともあります。人材紹介会社の場合は、正式に社員として雇用が決まると、採用した企業が会社に紹介料を払うというシステムになっています。

⑥押しかけボランティアをする

雇ってもらいたい企業があれば、熱意そのものを見せるため、報酬はいらないから少しの間ボランティアをさせてくださいと切り出して、働かせてもらいます。もし働きぶりが気に入ってもらえれば、いい結果につながることでしょう。

⑦インターネットをフルに活用する

アメリカ在住の知人は就活にあたって、アドバイザーからリンクトイン（https://www.linkedin.com/）にアクセスして積極的にコネをつくることを勧められました。また、就活とは関係なくフェイスブックを利用している人は多いのですが、フェイスブックの情報を参考にしている企業があるかもしれないので、そういった企業の面接官を意識して、フェイスブックに書き込みをしたほうがいいでしょう。

通信が発達している昨今、インターネットを使って情報を集めるのは、すべての分野で当たり前のことになっていますが、特に就活の分野ではなくてはならない存在です。インターネットができないと、そもそも就活に参戦できないこともあります。

インターネットを使って就職情報を取得し、電子メールで履歴書と翻訳のトライアルを送り、面接は電話でおこなって、翻訳者として採用された人もいます。アメリカに渡航することなく就労ビザを取得するといったことが現実のものとなっています。

3 特技を活かす
これがアメリカで就職を勝ち取る近道

日本人だからという理由で滞在中にちょっとしたことを頼まれて、報酬を受ける機会は意外と多いものです。たとえば見本市などで着物を着てパンフレットを渡す仕事、パーティーのケイタリングとして日本食をつくる仕事、日本人家庭でのベビーシッターや日本人子弟の学校・塾への送り迎え、家庭教師、アメリカ人に日本語を教える仕事などです。

就労許可なく報酬を得ると違法ですが、ボランティアへの交通費・実費支払いであれば問題ないでしょう。

日本語に関わる仕事

アメリカでは日本語で教育する機関（日本人学校や塾など）で日本の教員資格を持つ日本人教師を求めていたり、日本語情報誌を発行するメディアが日本人の記者、編集者、DTPオペレーター、グラフィックデザイナーなどを求めていたりします。

日本語、日本文化に関する仕事は、アメリカ人にはできない分野の仕事なので、雇う側と雇われる側の条件が一致すれば、正式に雇用されることも少なくありません。正式に就労するには、雇用主にスポンサーになってもらって就労ビザを申請しなければなりません。

日本古来の特技を活かした仕事

茶道、華道、書道、武道などの特技を活かしてアメリカで仕事をする場合は、日本にある本部にスポンサーになってもらうか、アメリカの支部にスポンサーになってもらって就労ビザを申請します。

就労ビザには種類があり、それぞれのビザで申請者に対する要求がちがっています。申請者の学歴、実務経験なども考慮されます。

詳細については移民専門の弁護士に相談して、どのビザで申請するか決めます。

4 移民専門の弁護士を探すには
ビザ取得は専門の弁護士に頼むべし

取得したいビザを専門分野にしている弁護士に依頼

仕事を通して永住権を申請したり就労ビザを申請するには、移民専門の弁護士に依頼して申請手続きを進めます。近くに弁護士がいるからといって（たとえば会社の顧問弁護士など）、専門外の弁護士に永住権や就労ビザの申請を依頼するのは避けるべきでしょう。

移民専門の弁護士によっても得意にしている分野や国があるので、日本人の申請を得意にしている弁護士、自分が取得したいビザを得意にしている弁護士を選びます。

弁護士の探し方

弁護士を探す場合、口コミで同じようなビザを取得したことのある知り合いから紹介してもらうといいでしょう。また、アメリカでは日本人の多い地域で無料の日本語雑誌・新聞が発行され、日本食料品店や日本書店などに配布されていますが、雑誌に弁護士が広告を出しているので、その中から検討してみるのもいいでしょう。

インターネットで調べる場合は、日本語で「アメリカの移民弁護士」、もしくは英語で「green card attorney」と検索をかけて調べます。

最初は電話やオンラインで無料である程度まで問い合わせができるでしょう。日本語が話せる弁護士はそうでない弁護士に比べて10倍位高いといわれています。

問い合わせの仕方

永住権や就労ビザを申請する条件を満たしているかどうかについて問い合わせをしたい場合は、短い間で自分の状況をわかってもらわなければならないので、まず学歴、職歴、ボランティア歴などを記載した履歴書を英文で準備します。そしてカバーレターを作成して、オンラインか手紙で履歴書とともに送付しておき、あらためて連絡します。

5

履歴書の書き方

年齢や性別を書かないアメリカの履歴書

英文履歴書の書き方

アメリカでは履歴書（Resume）に一定の形はありません。日本の履歴書と大きくちがうところは、生年月日、性別、婚姻状況を記載する必要はないこと、最新の経歴を一番トップに書くことです。たとえば日本だと「××高校卒業」を先に書いて、そのあとに「××大学卒業」と書きますが、アメリカでは逆になって、「××大学卒業」をトップに書きます。また、写真を添付する必要もありません。

レターサイズ（日本のA4サイズに相当）の紙を使って、次のような項目を1枚で簡潔にまとめていきます。

▽名前・住所・連絡先

▽学歴（Education）

学校名、所在地、取得した学位、専攻、卒業年度を記載します。卒業見込みの場合はExpectedとします。応募する職種が専攻分野と関連する場合は、勉強した内容の詳細について記載するといいでしょう。

▽職歴（Work Experience）

過去に就いていた仕事を最近のものから、在職期間、会社名、所在地、肩書き、職種、職務内容（Responsibilities）を記載します。

職務内容の記載は採否を決めることにもなるので、Managed, Handled, Administered, Coordinated, Improved, Acted,Planned,Assisted,Conducted,Researched,Reviewedなど簡潔で的確な言葉を選びます。

職歴が少ない場合は、応募する職種に関連する学生時代のアルバイトやボランティア活動、推薦などを記載します。

▽技能と資格（Skills）

カバーレターの書き方

履歴書を送るときに手紙（カバーレター）を同封して、

自分が適任者であることをアピールします。

日本の手紙のような時候の挨拶は不要で、単刀直入に本題に入っていきます。自分の学歴や経験を簡単に紹介し、応募する職種に対して自分が適任者であること、特にどのような点において適任であるかを述べていきます。

面接の際の連絡先や、都合のいい時間帯などを明記して、最後にお礼の言葉を書き加えます。

アメリカ人は他人に好印象を与える履歴書やカバーレターを工夫して作成します。

Monster（http://resume.monster.com/）の履歴書作成ページや英語の履歴書ドットコム（https://eigonorirkisho.com/）のサイトでは、履歴書やカバーレターの書き方のアドバイスをしてくれるので、利用するといいでしょう。

必要ならば、プロに頼むのも賢明な選択でしょう。

書籍では『外資系企業に入るための履歴書と面接の英語』（アルク）が参考になります。

仕事探しのための履歴書の書き方（見本）

HARUKO TAKEDA

1715 Oak Avenue
Los Angeles, CA 90025
(213) 765–4321
E–mail: haru@nifty.com

EDUCATION	CALIFORNIA STATE UNIVERSITY, LOS ANGELES Los Angeles, California Master of Arts, June 2019 Major: Economics
	KOKUSAI UNIVERSITY Tokyo, Japan Bachelor of Arts, March 2013 Major: English
	KYOTO PREFECTURAL HIRAKAWA SENIOR HIGH SCHOOL Kyoto, Japan Diploma, March 2009
WORK EXPERIENCE	April 2015– July 2017 AMERICA JAPAN ELECTRIC, INC. Tokyo, Japan Position: Financial Analyst Responsibilities: Review the quarterly financial reports, and make annual budget adjustments
	April 2013– March 2015 EAST TOKYO TRADING CO., LTD. Tokyo, Japan Position: Assistant Marketing Researcher Responsibilities: Researched the U.S. and European markets for selling Japanese electric appliances
SKILLS	Typing: over 50 wpm Word Processing (English, Japanese) Computer Knowledge (Lotus 1-2-3, MS-Word) Teaching Japanese as a Second Language Certificate
REFERENCES	Available upon request

6 就職したら知っておくべきこと

"お茶くみ"は雇用契約違反

アメリカでは通勤手当や住宅手当が支払われることは少ないようです。また、日本では扶養家族のいる人には扶養手当が支給されますが、アメリカには扶養手当の制度はありません。ただし、扶養家族がいれば、税金の確定申告をするときに、扶養控除が適用されます。

Exempt と Non-Exempt

アメリカの雇用形態には Exempt と Non-Exempt があるので、自分の給与がどちらの方式で支払われるのかを入社時に確認します。

Exempt は年俸制であらかじめ決めた年俸にそって給与が支給され、いくら残業しても残業手当はつきません。

Non-Exempt はフルタイムで雇用されますが、基本的には時給で計算されて給与が支給されます。遅刻、早退、病欠した場合は時給を引かれますが、残業した場合は残業手当が支給されます。

雇用契約書の確認

アメリカでは通常、雇用の際に雇用主と従業員の間で雇用契約（Employment Contracts）をかわします。雇用契約書にサインをするときは、面接で話された内容と書かれている内容が一致しているかどうかを確認します。また、試用期間の有無や、契約書そのものの有効期限も確認します。

サインするときは次の点に注意しながらチェックし、詳細について書かれていない場合は口頭で確認します。

▽給与、ボーナス、退職金

支払い方法、ボーナスに関しては年何回支払われるかについて確認します。

▽役職と配属部署

役職（Title）と配属部署（Section、Department）を確認します。

▽職務内容

Job Description（職務明細）として記載されている箇所を読んで、不明な点や疑問点があれば質問します。

日本では会社に就職すると、その会社の雑務までおこなうことが多いのですが、アメリカではあらかじめ決められた職務内容だけをおこない、それ以外のことをする必要はありません。たとえば職務明細に「お茶くみ」が含まれていなければお茶くみをする必要がなく、たとえ命じられたとしても拒否できます。他人の職分を犯すことになるからです。

▽勤務時間と残業手当

Exempt か Non-Exempt かを確かめて残業手当が支払われるかどうか確認します。

▽健康保険

歯科や眼科が含まれているか、家族の分も含まれているのか確認します。

▽年金と労災

年金の雇用者負担はあるのか、雇用主として労災保険に加入しているのかを確認します。

▽休暇

病気休暇や年間の有給休暇について確認します。

契約の更新か解雇か

雇用主は職務明細に記載された仕事で従業員を評価します。仕事ができないと判定されれば、最悪の場合、契約解除（＝解雇）となります。

雇用主が従業員の仕事ぶりが気に入らなければ、「あなたはこの仕事に適していないのでやめてもらいます」といって解雇することもあり得るわけです。

これはアメリカの雇用関係が Employment at Will（意志に基づく雇用）といわれるように、労使いずれの側からも雇用関係が解約できるというルールに従っているからです。双方の合意のうえで雇用が成り立っているため、一方が解約を申し出れば、雇用はその時点で終わります。

ただし、「日本人だからやめてもらう」「女性だからやめてもらう」など人種差別や性差別が理由で解雇された場合は、不当解雇とみなされます。

雇用契約の期間は3～4年のことが多く、雇用主が続いて従業員を雇用したければ、契約期間を更新することになります。もし更新されなければ契約期限が切れ、自動的に解雇となります。

7 職場でトラブルが発生したら
アメリカでは突然解雇もあり得る

残業手当が支払われなかったら

残業手当が支払われない場合、労働省の賃金労働時間局に訴えることができます。

訴えを受けると同機関は、会社側の人事記録などの資料を調べたり、証言を集めたりして調査をおこなったうえで、支払い命令を出します。悪質なケースに対しては、刑事裁判を起こすよう求めることがあります。

突然解雇されたら

アメリカでは「来週から来なくていい」「明日から来なくていい」といわれて突然解雇されることが起こり得ます。それらが契約にかなったものであれば、法的には許されています。雇用主は、契約に明記されていなければ、退職金を払ったり、解雇理由を述べたりする必要はありません。

会社を不当に解雇されたり、会社の都合でレイオフされたり、人員整理によるリストラにあったり、会社が倒産した場合、州の雇用促進機関（Employment Development Department）に失業保険を申請することができます。日本とちがって、自分の都合で仕事をやめた場合、不品行や職務不履行が理由で解雇された場合、失業保険の申請はできません。

カリフォルニアの場合、申請1週間後から支給され、受給期間は年齢に関係なく26週間です。

労働災害にあったら

仕事のために怪我をしてしまったり、病気になったり、障害を持つようになったら、職場の上司から労災補償申請用紙をもらい、必要事項を書き入れて上司に提出します。医師の報告書も必要なので、怪我、病気、障害の診断をした医師がその旨を記した報告書を、雇用主あるいは保険会社に提出したかどうかも確認しましょう。

補償には治療費の全額が支払われるMedical Care（医療手当）、治るまでのあいだ給料の一部分が支給される傷害手当があります。

雇用主が労災保険に加入していない場合、雇用主には罰金が課せられます。そうした雇用主のもとで働いている場合は、州の労災補償部に相談します。

セクハラにあったら

職場でセクハラにあった場合は、口頭でやめるようにいい、次に書面で加害者に通達します。それでも事態がよくならなければ、直属の上司か社内のセクハラ苦情受付窓口に相談するか、社外の女性団体に相談します。カリフォルニアでは1人でも従業員がいる職場には、窓口を設けるように定められています。

相談して法律に訴えることがいいと判断すれば、連邦レベルの雇用平等委員会（ＥＥＯＣ）や、州レベルの公正雇用住宅局（カリフォルニアの場合）などに訴えます。

アメリカでは、１９８０年に連邦政府機関であるＥＥＯＣが、セクハラは性に基づいた雇用上の差別で、公民権法に違反するというガイドラインを出しています。

人種差別を受けたら

職場で人種的、民族的な差別を受けたと感じたら、全米法律家協会（American Bar Association）の弁護士や州や市などが設置している人権擁護局（Division of Human Rights）に相談します。

職場での人種差別は公民権法違反となるため、雇用差別を扱う連邦政府機関のＥＥＯＣに報告して、訴えを起こすことができます。

労働関連用語

- be fired　解雇される（本人が悪いというニュアンスあり）
- be wrongfully dismissed *　不当に解雇される
- layoff *（会社の都合による）一時解雇
- furlough（戻ってくることが約束された）一時解雇や休暇
- restructuring *　リストラ
- resignation　辞職
- retirement　退職
- retirement allowance　退職金
- unemployment insurance　失業保険
- overtime pay　残業手当
- occupational accident　労働災害

* 失業保険が支給される

8 もし見つかったら　絶対に避けたい不法就労

イリーガル・エーリアン

アメリカには就労許可を持たないで就労している外国人が1000万人以上にのぼると推定されています。そのうちの多数が中南米出身と考えられており、隣国のメキシコ出身が多いと見られています。

不法に滞在したり就労したりする外国人は「イリーガル・エーリアン（Illegal Alien）」「不法在留外国人」「不法移民」と呼ばれています。州によっては不法就労者の労働力なしには産業が成り立っていかないところもあって、大きな社会問題となっています。

不法就労のほかにも、密入国してきた外国人、認められた滞在日数を超えて滞在している外国人、休学届や滞在資格変更を提出しないまま学校にいかなくなった元留学生は不法に滞在している外国人として扱われ、見つかれば強制送還の対象となります。そのようなことにならないよう、自分のビザや滞在資格を管理してください。

再入国制限

1996年に改正された移民法は「不法移民」への取り締まりを目的としたもので、密入国を防ぐためにメキシコ国境付近の警備を強化したり、取り締まりの移民局スタッフを増員したり、不法移民に対して一定期間、再入国を禁止したりなどの措置が制定されています。

たとえば、アメリカに6～12ヵ月不法滞在をしていた場合、以後3年間アメリカへの再入国が禁止、1年以上滞在していた場合、以後10年間アメリカへの再入国が禁止されています。

逮捕されたら

アメリカでは不法在留外国人に対しても、人権が守られています。人権擁護の市民団体では、「移民局から逮捕されたときは、自分の名前以外はいかなる質問にも答えないようにしてください。自分の出生地やアメリカに入国した年月日などに関しては一切述べず、いかなる書類にも署名しないことです。家族や弁護士に連絡する権利を主張してください」とアドバイスしています。

不法就労が見つかるのは密告によるものがほとんどだといわれていますが、もし万が一移民局に逮捕されたとしても、次のような権利があります。

・黙秘権を行使する権利
・家族に電話をかける権利
・弁護士に相談する権利
・保釈金を積んで釈放される権利
保釈金の減額を求める審理を要求する権利もあります。
・弁護士に代理人になってもらう権利
移民局裁判所で弁護士に弁護してもらいます。
・移民裁判官から国外退去の判決を受けた場合、判決後10日以内に控訴する権利
控訴中は結果が出るまでアメリカでの滞在が許可されます。

強制送還と自主出国

不法就労や不法滞在で逮捕された場合は、いったん移民局に拘留されますが、保釈金を積むと放免されます。保釈金は後日、返却してもらえます。

不法就労や不法滞在で逮捕されても、強制送還されることはほとんどなく、×月×日までに自主的に出国しなさいと言い渡されるのが一般的です。

また、たとえ強制送還になったとしても、移民専門の弁護士に依頼して訴訟に持ち込めば、自主出国へと軽減してもらうことができます。

強制送還された場合は、10年間アメリカへの再入国はできませんが、自主出国の場合はそのような措置はありません。ただし昨今では、学生ビザや就労ビザなどを申請して却下された場合でも入国を拒否されているので、自主出国の場合も、かつてのように再入国がスムーズにいくわけではないようです。

移民局から言い渡された処分に不満のある場合や、出国の日付を変更してもらいたい場合は、弁護士に依頼して移民局裁判所で弁護してもらうことになります。

移民局には無料または低料金で援助してくれる弁護士や法律援助機関のリストが備えてあります。

日本人関連のソーシャル・サービス機関（272頁参照）に問い合わせて弁護士の照会を受けるのもひとつの方法です。

アメリカの賃金

◆学歴別の平均収入

高卒	($35,256)
大卒	($59,124)
大学院卒	($69,732)
博士号取得	($84,396)
弁護士、医者などの専門職	($89,960)

◆職業別の平均年収

会計士	($63,492)
弁護士	($106,236)
パラリーガル	($50,076)
幼稚園保育士	($36,452)
小中学校教師	($55,484)
高校教師	($60,320)
大学教授	($104,820)
図書館司書	($56,940)
ソーシャルワーカー	($50,128)
心理学者	($76,336)
学校心理カウンセラー	($76,336)
Web 制作	($76,440)
航空宇宙エンジニア	($99,684)
化学エンジニア	($96,876)
電気関係エンジニア	($97,864)
機械エンジニア	($84,500)
建築家	($80,600)
生物科学者	($65,000)
不動産エージェント	($52,988)
銀行窓口	($29,900)
経済アナリスト	($83,876)
郵便局窓口	($47,164)
データ入力	($35,100)
電気技師	($52,624)
企業人事課	($62,556)
フライトアテンダント	($42,796)
編集者	($60,476)
放射線科医	($315,500)
整形外科医	($315,000)
麻酔科医	($309,000)
消化器内科医	($303,000)
歯医者	($119,704)
薬剤師	($104,676)
フィジカルセラピスト	($74,412)
看護師	($63,596)
消防士	($62,764)
警察官	($57,772)
獣医	($62,196)
旅行代理店	($38,740)

◆平均世帯収入が多い州ベスト 10

1.	ワシントン D.C.	($82,604)
2.	メリーランド	($81,868)
3.	ニュージャージー	($79,363)
4.	ハワイ	($78,084)
5.	マサチューセッツ	($77,378)
6.	アラスカ	($76,715)
7.	コネチカット	($76,106)
8.	ニューハンプシャー	($74,057)
9.	バージニア	($71,564)
10.	カリフォルニア	($71,228)

◆平均世帯収入の低い州ワースト 10

1.	ミシシッピ	($43,567)
2.	ウェストバージニア	($44,921)
3.	アーカンソー	($45,726)
4.	ルイジアナ	($47,942)
5.	ニューメキシコ	($48,059)
6.	ケンタッキー	($48,392)
7.	アラバマ	($48,486)
8.	テネシー	($50,972)
9.	サウスカロライナ	($51,015)
10.	オクラホマ	($51,424)

(アメリカ労働局 2018 年)

PART 11

パートナーと出会う機会もけっこう多い

◆これがアメリカの常識◆

出産も保険でカバーされる

アメリカ生まれの子どもは日米の二重国籍

離婚するには弁護士が必要

1

豊富な出会いの方法

老いも若きもパートナー探しに熱心

カップル社会のアメリカは既婚、未婚にかかわらず、カップル単位で行動することが実に多く、パートナーがいないとイベントに参加できないこともあります。それだけにアメリカでは老いも若きもパートナー探しに熱心です。離婚の多いアメリカでは、あらゆる世代が結婚適齢期であるともいえます。

かつては新聞や雑誌などでパートナーを探すのが主流でしたが、現在はインターネットの出会い系サイト（dating site）を通して探すのが主流です。

インターネットといえば、清濁あわせ呑むところがあるので、怪しげなサイトや怪しげな人物に引っかからないように注意を払うことが大切です。

▽インターネットの出会い系サイトを利用

英語で「best Dating Sites」と検索をかけると、アメリカで人気のある出会い系サイトのトップ10のようなものがリストアップされて英語で出てきます。その中から自分にあったサイトを選んで登録します。

アメリカで人気のサイトといえば左記の通りです。どちらも最初は無料で登録でき、有料制度もあります。

・match.com（マッチ・ドットコム）

https://www.match.com/

24ヵ国、15言語で運営する世界最大の恋愛・結婚マッチングサイト。日本語サイトもあり。

・eHarmony（イー・ハーモニー）

https://www.eharmony.com/

150ヵ国以上に会員を持ち、アメリカ、オーストラリア、カナダ、イギリス、ブラジルでサービスを展開。

▽パートナー紹介会社に登録

パートナー紹介会社に入会すると、自分のプロフィールをファイルとして登録できます。自己紹介ビデオを撮影する会社もあります。紹介会社の中には、日系の会社も存在します（272頁参照）。

2 結婚とビザの関係
アメリカ市民と結婚すれば永住権が手に入る

非移民ビザ保持者との結婚

非移民ビザ（学生ビザや就労ビザなど）の保持者と結婚する場合、結婚相手が所持しているビザの配偶者として家族ビザを申請することができます。

申請者がビザを保持してアメリカに滞在している場合は、家族ビザへと滞在資格を変更することができます。申請者がノービザ渡航者の場合は滞在資格を変更できないので、いったん日本に帰国してから家族ビザを申請することになります。相手がアメリカ、申請者が日本にいる場合は、相手が保持しているビザの配偶者として、日本で家族ビザを申請します。

結婚による永住権申請のプロセス

アメリカ市民か永住権保持者と結婚する場合は、相手にスポンサーになってもらって、永住権が請願できます。

ここではアメリカ市民や永住権保持者を請願者、その配偶者を申請者と呼んで、そのプロセスを紹介します。

①ステップ1……永住権請願書の提出

請願者がその配偶者（＝申請者）のために、請願書（I－130）と添付書類を提出します。添付書類としては、アメリカ市民か永住権保持者であることを証明する書類、結婚証明書、それぞれの写真、申請費用の小切手など。

原則として請願書の提出先はアメリカの移民局となりますが、軍人などの場合は日本にあるアメリカ大使館か那覇沖縄領事館となります。

添付書類や書類の提出先には細かく規定がありますので、詳しくはウェブサイトで「I-130 instruction」と検索をかけて、情報を入手してください。

②ステップ2……永住権申請書の提出

請願が受理されると、ナショナルビザセンター（NVC）から請願者と申請者の双方にインストラクションが届きます。このインストラクションに従って、まずは永住権申請書（DS－260）をオンラインで入力して提出します。そして、その後に指定された書類を準備します。

▽準備する主な書類

・請願者の扶養宣誓供述書（I－864）……請願者は米国政府が定める貧困ラインの125％以上（軍人の場合は100％）の年収か相当の財産が必要。条件を満たしていない場合、条件を満たすアメリカ在住の市民か永住権保持者にジョイントスポンサーになってもらう。

・申請者の出生証明書（＝戸籍）……英訳が必要。

・申請者の警察証明書……都道府県にある警察署に英語で発行してもらう。1年以上アメリカ以外の外国に滞在していた場合は、その国の警察証明書も発行してもらう。

・申請者の健康診断書……指定の病院で診断を受ける。

③ステップ3……面接を受ける

書類の準備できたら申請者は面接を受けます。申請者がアメリカに滞在している場合は移民局で、申請者が日本に居住している場合はアメリカ大使館か那覇領事館で面接を予約し、面接を受けます。

日本で面接を受ける場合、申請者1人で受けます。子連れ結婚の場合は、子ども（21歳未満の未婚者）も一緒に面接を受けます。面接といっても、個室で1対1になっておこなうものではなく、窓口で書類を渡して提出書類に偽りがないことを宣誓するものです。英語ができないからという理由で落とされることはありません。また、書類に不備があったとしても、追加提出すれば問題ありません。

④ステップ4……渡航

面接の日に結果がわかり、書類は1週間以内に郵送されてきます。この書類が移民ビザとなります。移民ビザ発行日から6カ月以内に渡米します。入国した空港のイミグレーションで移民ビザを提示すると、約1カ月前後でアメリカの住所にグリーンカードが郵送されてきます。

永住権保持者と結婚する場合

結婚する相手がアメリカ市民の場合、請願してから面接まで1年以内ですむようですが、相手が永住権保持者の場合、永住権の発給数に年間割り当てがあるため、より長くかかるようです。

日本に滞在している人が永住権保持者と結婚して永住

権を申請すると、結果が出るまでは渡航が難しいため、長い待ち時間への対策として、とりあえず学生ビザなどで渡航してからアメリカで結婚し、永住権の申請をする人が多いようです。その際、永住権保持者の配偶者がいるとわかると、ビザの申請が却下される怖れがあるため、アメリカでの結婚の手続きは渡航から60日後以降におこなう必要があります。永住や結婚の意思があるのに非移民ビザで渡航したことが発覚すると、「詐欺罪」とみなされて、永住権を発給されないことがあるからです。入国してからすぐ永住権の申請をすれば、最初から結婚する気で入国したと疑われますが、60日以上たっていれば、「××のために渡航したが、滞在するうちに結婚へと気持ちが変わった」と主張しても、それほど不自然ではないため「詐欺罪」とはなりません。

在米中の日本人がアメリカ市民と結婚する場合

日本人が学生ビザなどの非移民ビザでアメリカに滞在している場合は、アメリカの移民局に請願書類と一緒にI－485（滞在資格の変更）を提出します。同時に就労許可申請書、旅行許可申請書を提出するといいでしょう。3～6カ月で永住権の請願が受理され、その時点で面接待ち状態（合法的存在）となり、許可されれば就労や国外旅行が可能となります。面接審査を経てグリーンカードが発給されるのは、その後のこととなります。

Kビザを請願する場合（日本人は日本在住）

日本に滞在している日本人が、アメリカに滞在するアメリカ市民との結婚のために渡航したい場合、市民が請願者となってKビザ（婚姻ビザ）を申請できます。Kビザのスポンサーになれるのはアメリカ市民だけです。

アメリカの移民局に提出したKビザの請願書類（I－129F）が受理されると、日本のアメリカ大使館から日本人婚約者に書類が郵送されてきます。日本人は要求された書類を準備して面接を受けます。

Kビザで渡航した婚約者の場合、90日以内に結婚しなければ、永住権への資格変更ができなくなります。他の在留資格への変更や、Kビザのスポンサー以外の人と結婚して永住権へ資格変更することはできません。Kビザのメリットは、発給されるまでの待ち時間が永住権より短いことです。デメリットは、面接で提出する書類が永住権審査時とほぼ同じであるにもかかわらず、渡米後あらためて永住権の請願をしなければならないことです。

3 結婚の手続き

結婚式をあげてサインをもらえば婚姻関係成立

アメリカの役所へ届ける

アメリカでは州によって婚姻の条件や、婚姻関係が成立するまでのプロセスがちがっています。結婚できる年齢に関しても14歳から認めているところがあると思えば、18歳からしか認めていないところもあります。

ネバダ州は申請手続きが簡単で、申請後すぐに許可証が取得できることで有名です。

ここでは一般的な例を紹介します。

▽役所で結婚許可証を取得

役所で結婚許可証（Marriage License）を取得します。許可証は本来の住まいとは関係なく、どこの州で申請してもかまいません。

申請のために提出する書類は、①身分証明書（日本人はパスポート、アメリカ人は出生証明書）、②離婚証明書（離婚経験者のみ）、③血液検査証（必要な州のみ）です。

▽結婚式をあげる

牧師、神父、裁判所判事資格取得者など結婚式をおこなってもよいと認可された司式者（officiant）のもとで結婚式をあげます。司式者が結婚許可証にサインをして役所に送付し、登録されれば婚姻関係が成立します。

当事者だけで式をあげる場合は、裁判所を利用できます。立会人（証人）が1人必要ですが、もしいない場合は裁判所で代行してくれます。

▽結婚証明書を発行してもらう

婚姻関係が成立すれば、役所で結婚証明書（Marriage Certificate）を発行してもらいます。

日本では「籍を入れる」といえば結婚のことを意味します。そのため結婚式をあげなくても、入籍さえすれば婚姻関係が成立しますが、アメリカでは婚姻関係を成立させるために、司式者のもとで結婚式をあげてサインをもらうことが必要不可欠となっています。ただしドレスを着る必要はなく、平服でかまいません。

アメリカ映画を見ていると、ほとんど当人同士だけで結婚式をあげるといったシーンがありますが、こういう事実が背景にあることがわかります。

また、LGBT先進国のアメリカでは、2015年6月、同性婚が合憲だという判決が下され、アメリカ全土で同性婚が容認されることになりました。

日本の領事館へ届ける

前述の方法での婚姻届でも正式の結婚と認められますが、アメリカでの結婚を日本の戸籍に反映させるには、アメリカでの婚姻成立から3カ月以内に日本領事館に以下の書類を提出します。郵送での提出も可能です。郵送の場合は必要ページをコピーします。

①婚約届申請用紙
②それぞれの戸籍謄本
③結婚証明書（Marriage Certificate）
④③の和訳（翻訳者を明記。誰が和訳してもOK）
⑤本人確認書類……パスポート、アメリカでの滞在を証明する書類、現住所を証明する書類など
⑥外国人と結婚した場合は、外国人配偶者のパスポートか出生証明書のいずれか（コピーの場合は公証シール付写し原本1通と写し1通が必要）

新しい戸籍をどこにするかによって、書類の提出枚数がちがってくるので、日本領事館のウェブサイトでチェックするか問い合わせをしてください。

結婚式の招待状

結婚式の日時が決まったら、出席してほしい人たちに招待状を送ります。

友人同士の気さくなパーティーであれば、カジュアルな服でいいと書いておきましょう。出欠の返事がほしい場合は、最後に**R.S.V.P.**（フランス語で**Répondez s'il vous plaît**「要返信」の意）と記載します。

日本では結婚するカップルにお金を渡しますが、アメリカでは贈り物をするのが習わしです。アメリカの大きなデパートでは、結婚するカップルが贈り物としてプレゼントしてほしい物をあらかじめ登録できる**Wedding Registry**のサービスをおこなっていますので、その利用を考えてみるのもいいでしょう。

新婚カップルに贈り物をしたい人は、いちいち本人に確かめなくても、デパートに問い合わせれば、そのリストの中から贈り物を選べるというわけです。

日本でアメリカ市民と結婚する場合

「婚姻届受理証明書」は世界中で通用する

①アメリカ大使館・領事館に出向く
アメリカ市民が日本の役所で婚姻の手続きをするためには、「婚姻要件宣誓書 Affidavit of Competency to Marry」をアメリカ大使館・総領事館（265頁参照）で発行してもらう必要があります。これは本人が結婚できる状態にあることを証明するための書類です（軍人の場合は米軍基地で発行してもらいます）。

②書類の翻訳
発行してもらった「婚姻要件宣誓書」は英語で書かれているので翻訳の必要があります。アメリカ大使館・総領事館にある翻訳フォームを参照しながら、日本人配偶者が翻訳してもかまいません。

③日本の役所へ婚姻届を提出
アメリカ市民は、「婚姻要件宣誓書」とその翻訳、パスポート、外国人登録証（もし所有していれば必要。日本への一時滞在者は必要なし）、日本人は戸籍抄本または謄本と印鑑を持参して、役所で婚姻届を提出します。婚姻届には2人の成人（両親、兄弟姉妹可）の自署と押印が必要です。

④「婚姻届受理証明書」を発行してもらい翻訳する
婚姻届を提出したときに、役所に「婚姻届受理証明書」を発行してもらいます。日本語でしか発行してくれないので翻訳が必要です。大使館にある翻訳フォームを参照しながら、日本人配偶者が翻訳してもかまいません。

⑤結婚証明書
「婚姻届受理証明書（日本語原文）」「英文翻訳」「翻訳証明書」の3点セットが全世界で通用する結婚証明書（Marriage Certificate）となります。そのため翻訳証明書の公証サインの手続き（有料）をアメリカ大使館でおこなっておくといいでしょう。

この証明書を入手してはじめて、アメリカ市民は配偶者のために移民ビザ（永住権）の請願が可能となります。

5 結婚後の名前

してもしなくてもいい氏名変更届

国際結婚をしても、日本の戸籍上では氏名の変更はありません。したがってパスポートの氏名もそのままで変更がありませんが、配偶者の姓をパスポートに取り入れて追記してもらうことは可能です。たとえば山田花子がJohn Smithと結婚した場合、Hanako Yamada（Smith）と括弧に入れた記載となります。

またグリーンカードに記載名としてSmithを入れたい場合、永住権の申請書類にSmithの姓を記載し、パスポートも（Smith）と記載してもらう必要があります。

アメリカでの公式名を届け出る

外国人の場合ソーシャル・セキュリティ・カードに記載された名前が公式名となるので、SSオフィスにナンバーを申請時、使用したい姓を届け出ます。すでにナンバーを保持している人は、氏名変更をします。日本の戸籍名は山田花子のままでもかまいません。アメリカの公式名としては、Hanako Yamada, Hanako Smith, Hanako Yamada Smith（山田をミドルネームとして使用）、Hanako Smith-Yamada, Hanako Yamada-Smith（双方の姓をハイフンでつないで使用）のいずれかになります。

氏名変更の届け出

日本の戸籍上でも姓の変更を希望する場合は、婚姻成立後6カ月以内に、氏名変更届を日本領事館か日本の役所に提出します。6カ月を超えた場合は日本の家庭裁判所で手続きが必要となります。姓を変えるとパスポートの氏名を変更する必要があります。日本ではミドルネームを認めていないので、パスポートにはHanako Smith、戸籍には「スミス花子」と記載されます。

日本領事館か日本の旅券センターに氏名欄を変更してもらう届を提出するか、パスポートを新規に発給してもらうことになります。

6 出産前に知っておくべきこと
あわてないために準備がとても大切

妊娠だと思ったら、市販の検査薬で確かめることができますが、どちらにせよ、きちんと産科の診療所にいって、正確な検査を受けなくてはいけません。自分の持っている健康保険が使える産婦人科を探しておきましょう。日本人の多い都市部には、日本語が話せる産婦人科医もいます。

検診

出産までの受診は、だいたい日本と同様で、妊娠28週目（アメリカは週であらわす）までは特に問題がないかぎり月に1回の診察です。その後は予定日が近づくにつれ、2週間に1回、1週間に1回と間隔が狭まります。

出産して入院するのは、検査を受けていた医師の医院ではなく医師が所属する病院となります。妊娠途中で検査が必要な場合にも、病院の設備を借りておこなうことがあります。

たいていの産婦人科医は、緊急のときに備えて、グループになっています。定期健診のときに、自分の主治医以外にもかかることがあります。

保険が適用される出産

海外旅行保険は出産をカバーしていませんが、アメリカの医療保険は出産をカバーします。出産の可能性が少しでもあれば、出産をカバーする保険に加入しておく必要があります。妊娠してからでは保険に入れません。保険会社により、出産の入院期間などの条件はちがいます。保険の種類によって、ほとんど自己負担金がない場合もありますが、普通分娩で2泊3日の入院でも60万円くらいの出費がある保険もあるので、金銭的な計画を立てておく必要があります。

事前の準備が大切

最初の診断時に病院から出産に関する冊子を渡され、出産のときの準備、異常があったときの緊急連絡先、出産が始まったときの連絡方法、費用などについて説明があるので、しっかりと聞いておきましょう。

手術になったときや出産のときに使う麻酔の種類についても詳しく説明があるので、どの方法にするのかあらかじめ自分の希望をいっておきます。

病院では、出産時の説明を兼ねた病院ツアーをおこなっているところが多いので、なるべく参加しておきます。大きな病院だと迷路のようになっていて、どこに車を停めて、どこから入るかなどきちんと把握しておく必要があるからです。

妊娠中の過ごし方

妊娠中には無理のない範囲で運動するように医師に勧められます。出産が近くなっても、車の運転を特に制限されるということはありません。

アメリカでは妊娠中の栄養の取り過ぎで、胎児が大きくなることが問題になっています。普通分娩ができなくなり、帝王切開になる例が多いので、食事についての指導は熱心です。

多くの妊婦が、希望して妊婦専用のサプリメント（Prenatal Vitamins）を医師に処方してもらいます。妊娠中に必要な栄養素である葉酸、各種ビタミン、鉄、カルシウム、マグネシウム、亜鉛等をとることができます。保険がきくので安く購入することができます。

新生児用グッズの準備

予定日があまり近づきすぎないうちに、病院でもらった出産準備のリストに従って、入院中に必要なものを揃えておきます。新生児用の服も病院に持って行くように用意しておきます。

新生児向けの家具は、ベビーベッド（Crib）、タンス、ベビー用バス、Changing Table などがあります。Changing Table はオムツを替えたり、着替えをさせるための引き出しつきの台です。

子ども用品は、クレイグリストで探すか子ども専門の中古服、おもちゃや中古家具を扱っているチェーン店 Once Upon a Child（https://onceuponachild.com/）で探すこともできます。

7 出産時の注意点
夫婦で新しい命を楽しもう

出産の始まり

緊急のときに備えて、前もって病院まで運転してくれる人を確保するか、タクシーの電話番号を控えておきます。状況によっては救急車を呼ばなくてはいけません。

出産の始まりとしては陣痛、破水、出血などの兆候がありますが、医師から十分に説明を受けておきます。始まったと思ったり、異常があったら、まずかかりつけの産婦人科医に電話をして、どんな状態か伝えます。時間外でも名前と電話番号、どんな状態かを受付の人にいうと、医師に連絡をしてくれます。

折り返し電話があって指示をされるので、それに従って必要な荷物を持ち、病院にいきます。病院に着いたら、受付窓口にいって指示に従います。

出産は夫婦の共同作業

出産のときに実家に帰る人は少なく、親が手伝いに来る人もそれほど多いわけではありません。ですから夫の協力は欠かせません。

病院では、夫は妻に常に付き添っていることができます。帝王切開になっても手術中には妻の手を握っていることもできます。夫は新生児のへその緒を切るかと聞かれます。邪魔にならない限りは、写真を撮ったり、ビデオを撮ることは禁止されておらず、医師も看護師もみな協力的で、新しい命の誕生をみなでお祝いしようという気持ちが病室にあふれます。

出産後

出産には小児科医も立ち会います。日本では生後1カ月くらいまでの新生児は産婦人科医が診ますが、アメリカでは生まれた直後から小児科医が診ます。

男児の場合には、入院中に割礼（Circumcision）をするかどうか聞かれます。これは宗教上の理由もあって、

お役立ち医療情報

◆法務省　戸籍手続き
(http://www.moj.go.jp/MINJI/koseki.html)

◆予防接種を含めアメリカの医療概要
邦人医療支援ネットワークなどを紹介
・在ニューヨーク領事館
(http://www.ny.us.emb-japan.go.jp/jp/g/index.html)

◆情報交換の掲示板もある
アメリカで子育てをしている女性の生活総合サイト
・世界子育てネット
(http://www.sweetnet.com/)

◆海外での出産や子育てについての情報
自らの体験に基づいている
・アメリカ生活+子育てガイド
(http://americanlife4u.com/)

◆日本語の通じる医師・問い合わせ先
The Japanese Medical Society of America(http://www.jmsa.org/)

◆海外療養費制度
海外旅行中や海外赴任中に急なけがなどで、現地の医療機関で診療を受けた場合、一部医療費の払い戻しが受けられる制度。
・全国健康保険協会
(https://www.kyoukaikenpo.or.jp/g3/cat310/sb3120/r138/)

◆各種クレジットカードでは海外からの緊急医療相談を受け付けているところがある。保険の限度額、サービス、条件は、カードによってちがうので、自分の持っているカードの内容を確認しておく。

◆海外旅行保険の条件を調べて、場合によっては加入しておけば、現地でかかった病気やけが、盗難被害などにそなえることができる。

◆海外から医療相談をできる日本のオンライン医療相談を利用する。

かつてアメリカでは多くの親が望みましたが、最近は減少傾向にあるようです。日本人の親は望まない人が多いようですが、医師にメリットやデメリットをよく聞き、夫婦でよく話し合って、医師に希望を伝えます。

夫は、24時間いつでも面会できます。産科は通常の病室とちがい、個室のところが多く、バスルームもついています。退院は産後の母子の状況にもよりますが、多くの保険会社は、出産後48時間までの入院をカバーします。入院中に新生児の授乳や入浴のしかたを教えてもらったり、手続きもあり、忙しく過ごします。

退院とベビーカーシート

アメリカの法律では、たとえ生まれたばかりの新生児でも、車に乗せるときは子ども用のベビーカーシートに乗せなくてはならないという決まりがあります。

出産が近づいたら用意しておかなければいけないものの一つです。注意しなくてはいけないのは、カーシートの法律が頻繁に変わることです。認定を受けたものでないと違反になります。友人から譲られたものや、中古で買ったものだったら最新の法律で認定されているものかどうか確かめる必要があります。

8 子どもの日本国籍取得法

アメリカ生まれの子どもは二重国籍

二重国籍

アメリカは「生地主義」をとっていて、両親の国籍やアメリカでの両親の滞在資格にかかわらず、アメリカで生まれた子どもはすべてアメリカ国籍だとみなします。そのため日本人の子どもがアメリカで生まれた場合、日本国籍とアメリカ国籍の二重国籍（Dual Citizenship）を有することになります。

しかし日本の国籍法では、二重国籍を持つ日本人は、20歳に達してから2年以内にいずれかの国籍を選択しなければなりません。

アメリカの国籍を選択する場合は、日本国籍離脱届を提出しますが、日本国籍を選択する場合は、特に何も届ける必要はありません。前述したようにアメリカは二重国籍を認めているため、日本国籍を選択してもアメリカの国籍離脱を要求しているわけではありません。

そのため、日本の国籍法によれば22歳以上の日本人で二重国籍を持つ人はいないはずですが、現状では二重国籍のままでいる人も少なくないようです。

出生証明書はアメリカ市民の証明

アメリカで子どもが生まれると、病院が出生証明書（Birth Certificate）の手続きをしてくれます。退院後、4～6週間くらいで自宅に出生証明書が送られてきます。記載ミスも多いので、送られてきたら必ずまちがいがないか確認をします。

出生証明書は、その後、日本の国籍を取るときや、パスポート申請時などに必要です。つまり、アメリカ市民の証明ともいえます。普通は提出を求められても、コピーをとったら返してくれます。また有効期限もありません。追加の出生証明書を発行してもらうには、出生した州のPublic Health DepartmentのBirth and Death Certificates Sectionで申請します。

申請書はオンラインで手に入れることができ、オフィスに行って申請するか、郵送で申請します。州によって金額はちがいますが、1通について20ドルから30ドルくらいです。州によってはカード式と書類と2種類のものを発行しているところもあります。しかし、カード式のものは使えるところが限られていて、パスポートの発行には使えません。

日本国籍をとるために

子どもの両親または一方の親が日本国籍を持っている場合には、日本国籍を取得できます。出生後、3カ月以内に管轄の日本大使館または総領事館に出生を届け出るとともに、日本国籍を留保するとの意思表示をします。

出生届の提出書類や、詳しい注意点などは管轄の大使館、または領事館のホームページでよく調べておく必要があります。この届け出を3カ月以内にしないと、出生時にさかのぼって日本国籍を喪失します。期限が過ぎたあとに、日本国籍取得を希望しても、日本の家庭裁判所で手続きをする必要があり、非常に難しくなります。出産後は忙しく、あっという間に過ぎてしまいますから、出産前にきちんと説明を読んで、なるべく早く、国籍留保の手続きを行うようにします。

子どもの名前

日本の戸籍にはミドルネームは入れることができません。また、英語の名前にあるようなハイフンもつけることができません。

子どもの苗字は、戸籍筆頭者と同じ名前になります。結婚した時に、改姓手続きをしていなければ、日本人の親と同じ日本の苗字になります。

アメリカ生まれの子どもの親の滞在

アメリカ生まれの子どもには市民権（＝アメリカ国籍）が与えられます。たとえ親がノービザ渡航中の滞在や不法滞在であっても、生まれた子どもはアメリカ市民権を持つ、生まれながらのアメリカ人となります。

しかし、親のほうは、アメリカ市民の親だからといって滞在資格が与えられるわけではありません。したがって、親は移民ビザや非移民ビザ（263頁参照）を所持していなければ、アメリカで合法的に滞在できません。

市民の特典である親族の呼び寄せ（＝永住権申請）を行使できるのは、その市民が21歳に達してからです。

離婚には2種類ある
離婚するには弁護士が必要

アメリカでは、結婚と同じように、離婚も各州の法律に従って手続きが進められていきます。ここではカリフォルニア州での離婚について述べていきます。

離婚するには弁護士が必要

カリフォルニアで離婚訴訟をするには、当事者のどちらかがカリフォルニアに6カ月、提訴をする郡内に3カ月継続して住んでいなければなりません。

日本では協議離婚と裁判離婚がありますが、カリフォルニアではすべて裁判離婚となり、離婚するには弁護士が必要です。

日本では非のある有責者（浮気をした人など）が離婚を申し立ててもすぐには認められませんが、無責主義をとっているカリフォルニアでは、有責者でも離婚請求が可能です。つまり離婚の理由が何であっても、離婚を請求できるというわけです。

簡易離婚

結婚年数が5年未満、子どもなし、不動産なしの夫婦で、離婚と生活費受領権の放棄についてお互いに合意に達していれば、簡易離婚の提訴ができます。この場合でも書類の提出は弁護士がおこなうことになります。

離婚における確認事項

簡易離婚の条件を満たしていない場合は通常の離婚となり、次のような事項で確認をとりながら離婚手続きを進めていきます。

▽子どもの親権（法的親権、居住親権）と面会権

法的親権は夫婦共同、居住親権は母親、面会権は父親に与えられるのが一般的なようです。

▽養育費

養育費は原則として子どもが18歳になるまで、支払い者の給料から天引きされます。カリフォルニアでは支払

い能力があるのに養育費を支払わない場合、収監されたり、運転免許を停止されることがあります。

▽アリモニー（離婚による扶養費）

日本のように一括払いの慰謝料という概念はなく、収入の多いほうが少ないほうに月々アリモニーを支払います。ときには無責者が有責者に、女性が男性に支払うこともあります。

支払い期間の目安としては、結婚10年未満ではその半分の年数です。10年以上では終身（どちらかが死亡、再婚するまで）になることもあります。

▽財産・負債の分配

共有の財産・負債は分配となるので、共有か個別かを明らかにします。結婚後に発生した財産や負債は共有となります。妻が専業主婦でも夫の収入の半分は妻のものなので、その収入で購入した家などは共有財産とみなされます。ただし、いずれかが相続したり贈与されて発生した財産は、共有財産とはみなされません。

これらの事項で夫婦間で合意に達していれば、弁護士の手をわずらわせることがなく、あまり費用をかけずに離婚できます。

条件付き永住権

結婚後2年以内の人が発給される永住権は「条件付き永住権（Conditional Residency）」となります。これは永住権取得を目的とした偽装結婚を防ぐ意味をこめて採られた措置です。

条件付き永住権は、最初の面接の期日から2年間有効です。期限が切れる90日前から正規の永住権を申請することができます。

もし条件付き永住権を保持している2年の間に離婚をした場合は、その時点で移民局にその旨を報告しなければなりません。通常は、そこで永住権の申請は取り消されるわけですが、それまでの結婚が偽装結婚でないことが証明され、離婚の理由が移民局側に納得いくものであれば、引きつづき申請を続行することも可能です。

たとえば結婚した相手に虐待された人とか、理由もなく離婚を強制された人などは、その証明をきちんとすれば、申請が続行される可能性は高くなるわけです。

正規の永住権を得たあとに離婚をした場合、そのことで永住権が無効になることはなく、移民局に届ける必要もありません。

Column 10

3通りの名前で問題なし

◆どれが本当の名前？

山田花子さんはアメリカ市民と結婚したが、日本の戸籍の名前は変えなかった。しかし、夫の姓のSmithをパスポートに反映させたかったので、パスポートの名前はHanako Yamada（Smith）と括弧をつけてもらった。

永住権を申請するときはHanako Yamadaで申請したので、グリーンカードの名前はHanako Yamadaになっている。ソーシャル・セキュリティ・カードを申請するときは、Hanako Smithで申請した。結婚前にとった運転免許はHanako Yamadaのままである。

日本だったら戸籍の名前ですべてが統一される。アメリカでは強いてあげればソーシャル・セキュリティ・カードにある名前が公式名ということだが、カードの名前とパスポートの名前がちがっていても問題はないようだ。

アメリカにおける名前の不統一は、戸籍が存在していないからだが、よく考えてみると、戸籍のあるのは東アジアの国だけだ。世界の常識からいえば、日本のほうが変わり者なのである。

◆ダメモト精神

就労資格のない外国人はソーシャル・セキュリティ・ナンバーを取得することができないが、実際には人によって取得できたり、できなかったりする。しかも同じ州の同じカウンティ（郡）でも、ケースバイケースだという。

アメリカではこのように行政の手続きに関してあいまいなことが実に多い。

生真面目でマニュアル通りの対応しかしない日本の役所と比較すると、アメリカの公務員には個人の裁量の余地が多く残されているのかもしれない。悪くいえばいい加減ということになるが、よくいえば融通がきくということだ。多少、条件がそろっていなくても運次第で“許可される”ということもありえる。

――とりあえずダメモトで申請してみる。

これが“アメリカの常識”といえるのかもしれない。

◆「これがアメリカだ」といえないのがアメリカの常識

日本に帰国して、友人にアメリカについて話すとき、Aさんはいつもとまどいを感じる。心の中で、これはアメリカの話じゃなくて、私がいたカリフォルニアの話だ、ほかの州はきっとこうじゃないのだろう、また同じカリフォルニアでも都市によってちがう。でも面倒くさいから、とりあえずいっしょくたにまとめて「アメリカではね……」といっている。

つまるところ、これがアメリカだといえないのが“アメリカの常識”なのかもしれない。

PART 12

子どもの教育は、なにかと心配だ

◆これがアメリカの常識◆

子どもの虐待については敏感で厳しい

保育園はとても高い!

学校では毎朝「国家に忠誠を尽くす言葉」を斉唱

学年の“飛び級”は一般的

1

子どもの留守番

よいベビーシッターを探すコツ

ベビーシッターにもいろいろな種類がある

アメリカでは日本より、ベビーシッターを利用することが多いです。夫婦共稼ぎであったり、子どもを気軽に預けられる親や兄弟と離れて生活している場合、どうしてもベビーシッターが必要になります。

子育て中の親たちは常によいベビーシッターを探しています。子どもの年齢や何をベビーシッターにしてもらいたいか、子どもと遊ぶことだけとか食事の世話も含むのかなどいろいろな条件があります。

小学生以上になれば手がかからないので、近所や知り合いのハイスクール生に頼むことができますが、小さい場合は経験豊富な人に頼みたいところです。

個人で契約する場合とエージェントを使う場合があります。Care.com（https://www.care.com/）のようなエージェントを頼む場合は、シッター歴やスキル、持っている資格などの情報が豊富です。

ベビーシッターの条件や相場

預かってもらう子どもの年齢や時間、頻度によってベビーシッターの時間給がちがってきます。相手が学生や、近所の知り合いだったら1時間10ドル前後の場合もありますが、ベビーシッターを仕事にしている人や、長く頼みたいと思っている人は1時間15ドル以上払う場合もあります。住んでいるところが田舎か都会かでも相場はちがってきます。自分の車で運転してくるか確かめ、自宅からの距離が遠い場合は、ガソリン代などの交通費も支払う必要があります。

よいベビーシッターは競争率が高いといわれています。知らないベビーシッターを雇う場合には、人柄を見たり、子どもと合うか合わないかもあるので、面接したり、お試しで預かってもらうこともあります。預けることが決まったら、時給や交通費の支払い方法、契約解除の条件など文書にしてお互いに持っていると安心です。

2 保育園・幼稚園事情
保育園にはお金がかかる

保育園（チャイルドケアセンター）

一般にアメリカでは、小学校前の子どもを預けるときは、驚くほど高い保育料を覚悟しなくてはいけません。都市部では子ども1人に月2000ドル以上もかかる場合があり、おまけに保育園自体の数が少ないので、苦労している人が少なくありません。預ける予定があったら、なるべく早くから探し、希望のところがいっぱいだったら、Waiting List に入れてもらいます。公的補助のある保育園はほとんどありませんが、低所得者向けには補助を出す自治体もあります。

保育園を探すときは、検索で child care center または day care などと共に町の名前を入れると出てきます。評価も多くの人がしていますから、参考にして選びます。いくつかの候補を見つけたら、実際に行って保育士から園の設備、条件等の説明を聞きます。

病気のときは保育園では預かってくれないため、ベビーシッターを頼みます。子どもが幼いうちは、保育園とベビーシッターの両方を利用する場合が多いようです。

幼稚園

幼稚園では1年保育を Kindergarten と呼び、2年保育以上を Nursery School と呼びます。

5歳から通う Kindergarten は義務教育の一環として、公立や私立の小学校の中に設置されている場合がほとんどです。公立の学校にある幼稚園ならばスクールバスも利用することができます。

Nursery School は義務教育に含まれないので、私立となります。月謝が安いところでは親の手伝いを要求される場合があります。割り当てられる仕事は、簡単な清掃、幼児の監督補助、教材や用具の整理や整備などです。授業料は年間5000～1万ドルで、保育時間や運営形態によりひらきがあります。

3

アメリカの教育制度

州単位で異なる教育システム

学校区でちがう教育システム

日本ではカリキュラムの決定、教科書の検定、指導要領の作成などは文部科学省がおこないますが、アメリカには中央で管轄する文部科学省にあたる機関がなく、各州の学校区にある教育委員会（Board of Education）が教育を管理しています。

教育費用は主として地区住民の固定資産税と州政府からの補助金（生徒の学校出席日数をベースに算出）で運営されます。そのため地区によって予算額がちがい、学習環境や学力レベルに格差があるのが現状です。

義務教育に関する規定も州によってちがっていますが、小学校入学前の幼稚園教育1年を義務教育の一環としているところが多く、12年生（高3相当）までは無試験・無償で教育を受けられることになっています。学校のシステムについても、6・6制、6・3・3制、8・4制と多岐にわたっています。高校を卒業しないでドロップアウトする生徒は、全米平均で10％弱です。

小・中・高校

新学期は9月から始まり、1クラスは30人前後です。小学校の低学年の間は、日本と同じように担任教師が全教科を教えるという形が採られますが、小学校高学年から中学校や高校では、生徒が各教科専門の教室に移動して授業を受けます。主要教科は能力別に編成されます。

アメリカには「飛び級」といって、成績優秀な生徒には学年を飛ばして進級を認める制度があります。このため高校在学中でも大学の単位を取ることができ、10代でも大学を卒業することが可能です。

高校は英語、数学などの必修科目と選択科目から成り、卒業するには必要な単位数を取得しなければなりません。大学に入学する際は、事前に進学適性テストを受けていることが条件となっています。

入学は成績だけで決められるのではなく、スポーツやボランティア活動も評価の対象となります。

コミュニティカレッジ

短大には公立と私立があって、公立はコミュニティカレッジと呼ばれ、無試験で入学が可能です。カレッジのある地域の住民（市民・永住権保持者）は地域外の住民に比べて安い学費で通学することができます。

公立のコミュニティカレッジには一般教養コースと、手に職をつけるための職業コースがあります。一般教養課程を修了した学生の中には、4年制大学に編入して勉強を続ける人も少なくありません。

コミュニティカレッジは住民のためのカルチャーセンター的な要素も持っているため、学生の年齢も若者から高齢者まで幅広いものになっています。

高等教育機関

大学や大学院（修士課程、博士課程）のほかに、大学卒業者のみを対象にしたプロフェッショナルスクール（法律学校、医学学校、経営学のＭＢＡコースなど）があります。

州立の高等教育機関は州の住民の税金で運営されているので、入学に関しては州住民が優先となります。学費についても州住民と州外住民・留学生には差があります。

一般にアメリカの大学は、入るのはやさしく出るのが難しいといわれています。成績が悪くて転校する学生やドロップアウトする学生も少なくありません。その反面、入るのが難しい学校ほど、卒業率が高いともいわれています。

企業が社員教育をして仕事を教え込んでいく日本と違って、アメリカではその役目を大学院がはたしているため、いったん社会に出たあと大学院で勉強して、キャリアアップをはかる人も多いようです。

一斉卒業にあらず

アメリカの大学は定められた単位を取得した時点で卒業できるため、全員が6月に卒業するわけではありません（卒業式はまとめて6月に実施）。日本のように一斉に4月に入学して一斉に3月に卒業するという「一斉横並び」路線ではないため、同じリクルートスーツに身を固めて会社訪問といった、日本では年中行事のようになった光景を、アメリカで見ることはありません。

4
アメリカの学校の様子
学年の〝飛び級〟は一般的

アメリカ市民を作る教育

アメリカの子育ての目標は「他人に頼らない責任感のある子」といわれます。これが家庭での子育ての目標であれば、学校では「アメリカ市民を作る」ことに重点が置かれているともいえます。移民が多いアメリカでは、家庭で愛国心を育成することが期待できないからです。小学校では毎朝子どもたちが左胸に右手をあてて「国家に忠誠を尽くす言葉」を斉唱して誓いますが、これなどは「アメリカ市民養成教育」の一環といえるでしょう。

アメリカの学校は自分で考え、調べ、探求して創造力を養うことを目的としています。そのため、図書室が充実していて、幼い頃から統計やコンピューターの使い方、資料の検索の仕方を習います。知識を暗記しても、いずれは古くて役に立たなくなるので、必要な知識の身につけ方や、問題の解決方法を探し出すことのほうが重要だと考えられているのです。

ESLクラス

たいていの州の学校では、英語の話せない子にはESLクラス（English as a Second Language）を受けさせなければいけないという法律があります。公立の学校ではESL専門の教師が教育委員会から派遣されてきます。

新しい学校に入ると、母語は何か、家で話している言語は何かというアンケートがあります。英語以外が母語であると、ESL専門の教師が子どもの英語力をはかるテストをして、子どもと面接をします。その能力や状況に応じて、ESLの授業の必要回数や時間が決められます。ESLは通常授業と同じ時間帯に設けられています。

教育に予算がたくさんある学校区ではESLも小人数授業となり、内容も充実したものとなります。予算が少ない学校区の学校では、法律があるにもかかわらず、ESLクラスを設置していないところや、クラスの人数が多い場合もあります。ESLプログラムの質は子どもの英語力向上と密接に関連するため、「学校選び＝居住する町選び」は重要な要素となってきます。

子どもにとってＥＳＬの先生は、学校生活全体の相談にのってくれたり、宿題を指導してくれる非常に頼りになる存在です。親も担任の先生だけではなく、ＥＳＬの先生ともこまめに連絡をとっているようです。

ハイスクール

ハイスクールの場合、ニューヨーク州のように、卒業するためには、州が定めた試験にパスしなくてはいけないところもあります。また、ＥＳＬで体育・音楽・美術をのぞく科目の授業が受けられても、最終学年はすべて一般の学生と同じ授業をとらなくてはいけない州もあります。卒業資格が必要な場合は、事前に調べておくことが大切です。

ハイスクールに関する情報としては、クラスの平均人数、州で実施される統一試験のレベル、ドロップアウト率、大学進学率などさまざまな情報が入手できます。47頁の表で紹介したように、学校情報を得られるホームページから調べることもできます。

飛び級と留年

アメリカの学校では飛び級（Skip）が日常的にあります。なるべく個人の能力に応じた教育をすることが基本になっているので、逆に留年（Repeat）もよくあります。

算数に優れた能力がある子や、そのほかの科目に能力を認められる子は、学校によっては特別クラス（Gifted Program）に入って勉強します。Gifted というのはなにも天才児ということではなく、多少成績のよい子を選ぶといった感じです。

学校ごとによって方針はちがいますし、子どもの年齢によっても人数や基準がちがいます。主に数学教育での特別クラスを置いている学校が多いようです。

ミドルスクールからは、英語や数学の主要科目はレベル別のクラスになるところもあります。２段階～６段階くらいのレベルにわかれます。レベルは生徒の成績を基本に決められます。生徒や親の希望とちがうと、教科の教師、カウンセラーが話し合って決めることもあり、校長が間に入ることもあります。

各種カウンセラーの利用

小学校から各学校には、スクールサイコロジストがいて、子どもの学校生活に問題があれば、教師から相談を受けるように勧められます。スクールサイコロジストは問題があると思われる生徒の学習面や情緒面での診断（Evaluation）をします。希望すれば親が直接連絡をとって、子どもの相談をすることもできます。

ハイスクールになると、1人の生徒に1人のカウンセラーがつき、学校生活全体のことや、選択科目の選び方、大学へ入学するための準備などの相談ができ、気軽にカウンセラーと話すことができます。

学校生活を送るうえで心配事があったら、積極的に予約をとって利用するのがいいようです。相談を受けたカウンセラーは、関係のある教科の先生や親と連絡をとり、問題の解決をはかります。

このほかにも学校にはスクール・ソーシャルワーカーや特殊教育教諭（Special Education Teacher）などがいます。教師は教えることだけが仕事と考えられているので、問題がある場合はカウンセラーを利用します。

成績の評価の仕方

小学校では、E（Excellent＝優秀）、G（Good＝良い）、S（Satisfactory＝可）、N（Needs Improvement＝努力が必要）といった評価で成績がつけられます。

ミドルスクール、ハイスクールではA、B、C、D、F、Iなどの成績になります。先生によっては学期の途中でProgress Reportという成績の途中経過を出す場合もあります。

日本ではテストを重視して成績を評価しますが、アメリカでは大小のテストや宿題の提出、授業中の態度など20以上の項目で評価します。授業への貢献度も大切です。出席日数が少ないと点数が引かれ、一定の日数に達しないと単位が取れなくなります。

大学に入るためには成績も大切ですが、いかに有意義に高校生活を送ったかを示すクラブ活動や、地域社会にどれだけ貢献しているかを示すボランティア活動なども重要視されます。

スクールバスの利用

アメリカの公立学校では、スクールバスを利用して登校します。有料の町と無料の町があります。地域によってはスクールバスがあるにもかかわらず、送り迎えする親が多いところもあります。

5 学校の行事とPTA活動
サマーキャンプで学校ではできない体験をする

アメリカの学校には、入学式、始業式、終業式はなく、学期の初日も最終日も通常の授業がおこなわれます。

カフェテリアを順番に利用してランチをとるため、昼休みは一斉にとりません。

小学校低学年では自分の子どもの誕生日に、ケーキやドーナツ、カップケーキなどを親が持っていって、クラスメートたちに誕生日を祝ってもらうことが多いです。その場合は、あらかじめ担任の先生に申し出て、日時などの指示を受けます。

学校の行事

1年間のおおまかな行事は、学年の最初に年中行事予定として渡されますが、細かい行事は週または月ごとの予定表で知らされます。

新学期の初めにはどこの学校でも、PTA活動の一環として寄付集め（Fundraising）がおこなわれます。

遠足や課外授業で学校外に出かけるときは、必ず親のサインが必要です。学校からもらってくるプリントに親がサインして提出します。

小学校で年に2回ある先生との個人面談（Parent Teacher Conference）は、両親そろって出席する場合も少なくありません。日本に比べると、父親も学校行事には積極的に参加しています。

PTA活動と行事への参加

日本のPTAはアメリカから導入されているので、PTA活動は日本とよく似ています。運営委員会（PTA Board of Representatives）があり、その下部組織として様々な委員（Coordinators）と、クラス委員（Room Parents）がいます。コーディネーターと呼ばれる委員は、おもに寄付集めのイベントや学校行事の手伝いを担当します。

クラス委員は、クラスの生徒から行事のためのボランティアを募ったり、担任の教師と親たちの連絡係をします。新学期の初めにはボランティアで参加できる行事のリストが配られるので、委員でない親も参加できるものにサインをして提出します。郵便物の仕分け、コンピューターへのデータ入力、図書館での手伝い、カフェテリアでの手伝いなどがあります。

日本の学校の授業参観にあたるものはありません。その代わり、何か問題があって、子どものクラスや授業を見たい場合は、教師に申し出れば、いつでも授業を見ることができます。また日本の文化や食べ物を紹介して欲しいと頼まれることもあります。

PTAの会合は働いている親が多いために、たいてい夕方7時くらいから始まります。夫婦ともに委員をやっているカップルもいます。

サマーキャンプに参加する

アメリカの学校の夏休みは6月中旬から8月下旬までとても長いです。この期間をどうやって過ごすかは、親や子にとって毎年、大きな問題です。いくつかの「サマーキャンプ」に参加させる家庭が多いです。

キャンプというと、日本では泊まりがけで山や海にいくというイメージがありますが、アメリカでは家から通って何かテーマを決めて活動するようなことをキャンプと呼んでいます。新しいアクティビティをためしたり、新しい友だちを作ったりするチャンスです。

小学生は、水泳やサッカーなど体を動かすものが多いですが、スポーツを含めて美術や音楽、工作などいろいろな要素が入った総合型のキャンプもあります。

中学生以上になるとコンピューター教室、理科の実験コース、語学の特訓コースなど勉強中心のものが多くなります。高校生になると大学進学を考えて、志望大学で実施されるキャンプに参加する人も多くいます。

毎年、継続してキャンプに参加することで資格を取れるものもあります。リーダーシップを養成するといった、目的を持ったものなどです。

もちろん、短期から長期まで泊りがけのキャンプもたくさんあります。両親共に働いている家庭は、泊りがけのキャンプを利用することもあります。バラエティに富んでいるのがアメリカのキャンプです。

サマーキャンプの探し方

年が明けると夏休みまではまだ半年以上もあるのに、

サマーキャンプの案内を目にするようになります。3月には人気のあるサマーキャンプはすでに定員になってしまうという声も聞かれます。春休みが終わるまでには申し込みを済ませてしまう人も多いです。

学校が主催する低学年向けのキャンプは、学童保育的な要素が強く、昼間に子どもを預かってもらう感じのものもあります。料金が比較的安くて、良質なものが多いので人気があります。抽選になったり先着順に受け付けるので申し込みには注意が必要です。

ＹＭＣＡも体操、サッカー、水泳のほかにアート系などいろいろなキャンプが揃っています。受け入れ年齢が広いことや、キャンプの実施期間も長いと言われ、人気があります。

サマーキャンプの費用と期間

ほとんどのプログラムは親が送り迎えをします。期間は1週間（5日）から8週間までいろいろありますが、費用は内容、時間帯、経営者に応じて、無料のプログラムもあれば、1週間で100〜500ドルのプログラムまであります。

サマーキャンプはたいてい6月中旬から7月いっぱいくらいまでです。8月中旬過ぎには始まる学校も多いので、8月にはあまりおこなわれません。

A：「国家に忠誠を尽くす言葉」

アメリカの学校では毎朝、授業の前に左胸に右手をあてて唱える。
THE PLEDGE OF ALLEGIANCE
"I pledge allegiance to the Flag of the United States of America, and to the Republic for which it stands, one Nation under God, indivisible, with liberty and justice for all."

B：ある小学校の年間行事

- 8月：オープンハウス（新しい生徒が学校の中を見てまわり、新しい担任や教科担任と会う）
- 9月：アイスクリームソーシャル（放課後、校庭でアイスクリームを買って食べながら歓談する）
- 10月：スポーツナイト（親子がバスケットなどを体育館で楽しむ）
  ハロウィーンパーティー（仮装をして、夜学校にいってキャンデーなどをもらい、パーティー会場でお互いの仮装を楽しむ）
- 11月：ブックフェア（図書館で推薦図書などの本を販売）
- 12月：ウィンターコンサート（合唱団とバンド、オーケストラの演奏会）
- 3月：サイエンスフェア（科学の実験のコンテストに応募した生徒の発表会）
- 4月：ファミリービンゴ（親子でビンゴゲームを楽しむ）
- 5月：ファンフェア（日本のバザーと祭りを兼ねたようなイベント）
- 6月：フィールドデイ（日本の運動会のようなイベント）
  コンサート
  卒業式

＊ほかにもスクールバスを利用して毎月遠足に出かける。小中高校を通して修学旅行にあたるものはない。

6 公立学校に通わせる
9月転入がおすすめ

転入の時期

アメリカの学校は9月が新学期となります。できればこの時期に転入をすると溶け込みやすいでしょう。学校が始まる1～2週間前にはオープンハウスがあり、新しいクラス担任や各教科の先生と会うことができます。このオープンハウスには親子で出かけていって質問をすることも可能です。

日本では4月が新学期なのでそれに合わせて移動しがちですが、アメリカの学校では、4月頃から6月の学年末には1年の総まとめで学校の行事が多くあり、途中からでは参加しにくいようです。子どもたちも1年を通じて友だち関係を築いてきているので、学年が終わりに近づいた4月頃に溶け込むのは難しいでしょう。日本人が多い現地校の先生は、できれば4月の編入を避けるように希望しているようです。

子どもを連れていく場合、6月に渡航して、夏の間に英語をサポートするサマースクールや得意なスポーツのサマーキャンプに参加させ、アメリカでの生活に慣れてから新学期を迎えさせるのがいいといわれています。そのため日本人向けのサマーキャンプを日本から予約して渡航する人もいます。日系のサマーキャンプの情報は、日本語情報誌などの広告、日本語学校、海外子女教育振興財団などに問い合わせます。

学校の手続き

インターネットで自分が住む州と町の名前、board of education（教育委員会）と入れて検索すると学校情報が出てきます。New Student の項目に、転校についての説明が詳しく書かれています。地域によっては、学校ではなく、教育委員会で手続きをする場合もあります。

必要書類はダウンロードできることもありますが、教育委員会または学校でもらって準備します。日本の学校の成績証明書（英文）、住民であることを証明するもの（電気代の請求書、賃貸契約書）、パスポート、使用言語を含む家庭環境調査など学校により、内容がちがいます。

これらに加えて大切なのは予防接種証明書です。町ごとに必要な予防接種がちがうので、学校から決められたフォームと母子手帳を持って小児科医のところにいき、指定された予防接種を受けます。アメリカでは1回に2～3種類の予防接種をしてしまうので、それがいやだったら、夏休み中に時間的余裕を持っておこなうか、日本ですませていきます。

注意しなくてはいけないのはツベルクリン反応です。アメリカではＢＣＧ接種をしないため、陽性が出てしまったら、小児科医の判断で、レントゲンを撮ったり、薬を飲んだりという処置に従うしかありません。

学年の決定

州によって、年齢による学年の区切りがちがいます。子どもの年齢や状態、1年のどの時期かにより、学校側が学年を決めます。義務教育期間であれば、日本に戻ったときは、日本の教育制度の学年に転入できます。

学校への持ち物

リュックサックのようなバッグにランチと筆記具を入れて持っていきます。アメリカでは教科書を学校に置いて帰るといわれていますが、小学校高学年からは持ち帰る生徒も多いようです。教科書は百科事典のように重いので、丈夫なバッグが必要です。新学期前に、学校から準備するもののリストをもらいます。スーパーや薬局、ステープルズなどの文具店では、リストに書いてあるような新学期準備用品のコーナーを作っています。

ランチは2ドル前後のスクールランチを買うこともできますが、サンドイッチなどのランチを持参する子も多くいます。

欠席、遅刻、早退

欠席をする場合は、学校に必ず電話連絡をします。学校によってはAbsence Lineといって、欠席連絡専用の電話番号を持っているところもあります。子どもの名前、クラスと欠席の理由を伝えます。子どもが再び、登校するときは、書面で欠席の理由を伝え、親のサインをして持たせます。遅刻や早退の場合も文書が必要です。

7

公立学校では不安な人に

小人数でしつけも行き届く私立学校

アメリカの私立学校を大きくわけると、宗教に関連のある学校と、小人数教育で進学指導に重点を置く進学校があります。宗教に関連した学校でも、信者ではない生徒を受け入れている場合もあります。一般的に進学校はハイレベルの大学への進学が目的なので、教育熱心です。

男女別学の学校もあり、全寮制の学校（Boarding School）もあります。編入学する場合は、それぞれの学校で事情がちがうので、英語教育のことも含めて学校に直接問い合わせます。

私立校の特色

公立よりは校則が厳しく、人数も少ないことからしつけが行き届いています。また、それぞれの学校には特色があるので、選ぶときには学校案内をよく読みます。宗教に関連した学校では、宗教関連の授業が組み込まれていることがほとんどです。

私立校に入学するには面接やテストを受けます。入学時期は新学期の9月からですが、入学する前の年の12月から1月にかけて申し込みをします。幼稚園や小学校の場合は面接だけのこともありますが、たいていの場合、英語と数学の試験があります。日系私立校の場合は国語（日本語）の試験を課しているところもあります。

高い学費

教会系の学校は、教会からの援助があるため授業料も一般の学校よりやや安めですが、アメリカの私立学校は年間の授業料が日本よりはるかに高く、小学校でも5万ドル以上のところもあります。

ミドルスクール以上になると、全寮制の学校も多くなり、授業料と寮費を含めるとさらに高くなります。

しかし、成績や家庭の経済状況に応じて、奨学金を出しているところもあります。

8

全日制の日本人学校
日本人学校は日本と同様のカリキュラム

公立と私立の全日制日本人学校

全日制日本人学校には、文部科学省の予算のもとに運営されている公立の学校と、民間で運営されている私立の学校があります。いずれも日本の学校を卒業したのと同等の資格が授与されます。

公立には小学校と中学校があり（ニューヨーク、ニュージャージー、シカゴ、グァムに各1校）、文部科学省から派遣される教師が教科を担当し、授業料は有料となっています。特に試験などはありませんが、場所や時期によっては、定員がいっぱいで入学を待たされる場合もあります。

私立の学校は、ニューヨーク、ニュージャージー、ロサンゼルスに合計3校あり、入学試験があります。

日本人向けの幼稚園

日本人が多い地域では、日本人向けの幼稚園がありま す。数年で帰国が確実というような場合には、日本人向けの幼稚園に通わせることもひとつの選択です。

大多数の全日制日本人学校も日本人向けの幼稚園も、授業はアメリカ生活に根ざした内容の教育をおこなっています。

情報を集めるには

全日制日本人学校、補習校の所在地、帰国してからの帰国子女受け入れ校などの総合情報は、海外子女教育振興財団（http://www.joes.or.jp/）で入手できます。出国前には教育相談、親子相談、海外生活全般の親への講座、海外で使用する教科書の配布、滞在中には通信教育、教育相談などを提供しています。帰国後は、外国語保持教室も開催し、海外子女教育関係の刊行物も発行していますので、教育関係の情報収集のスタートは海外子女教育振興財団からすることをお勧めします。

9 日本語補習校に通わせる
日本人学校が近くにない場合

各地にある補習校

全日制の日本人学校に通わせたくても近くにない場合は、日本語補習校を探してみます。日本人がいるところには、その数に応じて、大規模、小規模の補習校がありますが、補習校は日本語の能力を保つために設置されましたが、現在では国語と算数だけを教えているところから、理科や社会も含めて教えているところまであります。

補習校の授業とは

子どもは平日は現地校に通い、週末は日本語補習校に通うことになります。たいていは土曜日に授業がありますが、午前中3時間のところと午後も授業をするところがあります。生徒の親が教師としてお互いに教え合っている小規模校もあれば、専任の教師を雇っている大規模校もあり、月謝も場所によってちがいます。また、幼稚園や高等部を併設している補習校もあります。校舎は現地校の教室を借りたり、教会や大学の施設を利用しています。補習校での学年は日本の学齢に従います。

補習校ではたとえ教科が少なくても、週末だけで日本と同じカリキュラムを消化するので、どうしても家庭での勉強が大切になります。補習校に通っている子どもたちは、現地校の宿題に追われるのに加えて、補習校の勉強もあるので、かなり負担を強いられることになります。

しかし、補習校では日本人のほかの子どもに会えるので、日本人の少ない地域では、子どもたちは補習校に通うのを楽しみにしています。補習校でも日本の行事を取り入れたり、楽しく子どもが通えるようにそれぞれ工夫をこらしています。

教科書については、補習校か居住地管轄の大使館や総領事館で入手方法を問い合わせます。在留届を提出して早めに申請しておかないと、教科書が足りなくなる場合もあります。

10 帰国に備えた日本語教育
日本語の能力を低下させないために

滞在期間でちがう日本語力

1～2年の比較的短期間の滞在であれば、日本語をキープするのはそれほど難しくはないようです。しかし滞在が長引くにつれて、日本語の学力に心配が出てきます。小学低学年で3年以上滞在する場合は、親も子も努力をしないと、日本語の読み書きが難しくなってきます。

小学校卒業まで日本で過ごした子どもに関しては、日本語の本を抵抗なく読むことができるので、日本語をキープするために、日本語の本を読み続けるといいでしょう。

日本語と日本の学力をキープするために

補習校に通うほかに、日本の学校の勉強をするには、日本の塾に通うことや、通信添削の指導を受けることがあげられます。日本人が多く住む都会には、全米展開をしているｅｎａ国際部（http://www.ena-kikoku.com）のような塾もあります。

このような塾では日本の学校の勉強だけではなく、帰国子女受験の対策や指導、また状況に応じて現地校の勉強を見てくれます。受験をめざす場合には、アメリカの長い夏休みに入るとすぐに帰国して、日本の学校に通ったり、塾や予備校へ行く子どもたちもいます。

帰国時期の大切さ

学齢期の子どもを持つ親の悩みは、日本語の学力維持と帰国の時期です。中学までの義務教育機関であれば、公立の学校がその学年のまま受け入れてくれます。

中学や高校の受験に合わせて帰国すると受け入れ校の数も多いので、受験する子どもだけをその時期に合わせて先に帰国させるということも考えられます。海外子女教育振興財団や塾などに問い合わせてみるといいでしょう。

Column 11

子どもが成長するほど母親は忙しくなる

◆子どもが大きくなると忙しい?

中学生と高校生の２人の子どもを持つＡさんは、子どもにはほとんど手がかからないので、夫のアメリカ駐在が決まったときは、現地に着いたら英語の勉強をしたり、料理を習おうと思っていた。

しかし、いざアメリカ生活が始まってみると、そういう余裕がないことに驚いた。高校生の娘は朝７時前に家を出ていくけれど、帰りは２時過ぎで、帰ってくるとさまざまな活動で忙しい。車以外の交通手段がまったくないために、Ａさんが送り迎えをしなくてはいけない。

まわりのアメリカ人に聞いても、小さい頃は保育園に預けたりできるが、かえって子どもが大きくなってからのほうが、母親の出番が多くなるという。それで仕事をやめる母親が多いと聞いた。

Ａさんも例外ではなく、子どもの行事だなんだと、日々忙しさに追われている。

◆行儀のいい犬

郊外の貸家に住むＢさんの隣りの家では犬を飼っている。アメリカの家には柵などの境がない。それなのに隣りの犬は、庭に放し飼いにされている。しかし、その犬は決して自分の家の庭からは出ないのだ。Ｂさんはどうやってしつけているのかと、ずっと疑問だった。

あとで知ったところによると、土の中に電気を通したコードを埋めておき、犬にはそのコードに近づくとショックを感じるような首輪をさせておくのだそうだ。そうすると犬はそのコードのある場所に近づかないようになり、自然と境界が守れるというわけである。

◆シニオリティの国

アメリカは、定年のない国である。さらに「シニオリティルール」といって、働く年数が長い人ほどいろいろな面で優先権があるために、高齢になると働きやすくなってくる。たとえば有給休暇は、シニオリティのある人から好きな日を選べるし、レイオフされるときも勤続年数が少ない人からやめさせられることが多い。

それを実証する例をＣさんはたくさんみてきた。たとえば、Ｃさんが通う病院の80代の現役看護師は、元気に集中治療室で働いている。

国際線には高齢のキャビンアテンダント（CA）がたくさんいる。シニオリティの高いCAから路線を決めることができるので、特に人気の高い太平洋路線は現役80代のCAも時々みかけることがある。太平洋路線に乗ると、米系の航空会社のCAには高齢な人が多いことがこれで納得できる。

PART 13

食べて遊んで体を鍛えるアメリカンライフ

◆これがアメリカの常識◆

プレゼントのお礼にカードを返す

葬式で香典を渡す習慣はない

美容院でも理髪店でもチップは必要

アメリカ人は博物館好き

1 習慣のちがいとエチケット
頭を悩ませるチップ

お返しはサンキューカードを忘れずに

アメリカ人が贈り物をするのは、誕生日、結婚式、クリスマスのときなどです。クリスマスプレゼントはクリスマスツリーの下に飾って、12月25日の朝に開けるのが習慣です。クリスマスの時期には常日頃お世話になっている人、たとえばアパートの管理人、新聞配達人、学校の先生などに、感謝の意を込めて、軽いプレゼント（チョコレートやキャンデーなど）を手渡します。手渡せない場合は、12月になったらなるべく早く送ります。

日本では店の包装紙のまま贈り物をしますが、アメリカでは店やデパートで買い物をしても、包装なしで商品を袋にそのまま入れるため、自分で包装紙を準備してラッピングをしなくてはいけません。

ラッピングが苦手な場合は、デパートにある有料のラッピングコーナーを利用するか、買った店でラッピングをしてもらえるサービスがあるかどうか尋ねます。

日本とちがって、お祝いの贈り物に対してはお返しの品物は送りませんが、お礼のカードを返します。子どもの誕生日パーティーでもらったプレゼントに対しても、子どもにThank You Cardを出させるのが一般的です。

エチケット一般

アメリカは礼儀作法に厳しい国ではありませんが、守るべき事柄、してはいけない事柄があります。

▽ドアを開けて待つ

ドアを開けたら後方を確認して、人がいればドアを開けて待ちます。これは相手の鼻先でドアが閉まってしまうのを避けるためです。

▽声をかける

アメリカ人はお互いに他人の体に触れることに、とても敏感です。スーパーマーケットや人ごみなどで、誰かの横を通りすぎなくてはいけないときは、必ず"Excuse me.”と軽く挨拶をします。自分が言われた場合にも“That's all right.”や“Yes.”あるいは軽く「ヤ（Yeah）」などと言って返します。

▽約束時間のタイミング

日本人と同様に、時間をきちんと守る人もいれば、ルーズな人もいます。招待された場合には、時間前には着かないようにして、あまり遅れてしまうようなら連絡を入れます。仕事上の約束は信用を落とさないためにも遅れないようにするなどは日本と同じです。

▽席順

食事につく席では一番大切な客をホストの右側に座らせます。車に乗せるときは、アメリカでは助手席が一番よい席だとされています。あくまでケースバイケースで、守らなかったからといって、失礼にあたるわけではありません。

▽食事のマナー

アメリカの習慣として、ナイフで肉などを切ったらナイフを置いて、フォークを左手から右手に持ち替えることがあります。再びナイフを使うときには、左手にフォークを戻します。しかし、無理に真似をする必要はなく、自分で食べやすい方法でいいでしょう。

音をたてて食べないこと、味見もせずに塩やコショウをかけないこと、食事をするすべての人の料理が出されるまで、食べ始めないことも守るべきエチケットです。

レディ・ファースト

アメリカの家庭では男の子がレディ・ファーストを実行できるように、厳しくしつけます。ドアがあるところでは、男性は女性のためにドアを開け、レディ・ファーストを実行します。

回転ドアは重いので、男性が先に入って回します。エレベーターでは男性がドアをささえて、女性を先に乗せ、降りるときも女性を先に降ろすのがエチケットです。食事の席では右側に座った女性の椅子の世話をするのも男性の役目とされています。

握手と抱擁

初対面の相手と挨拶をするときには、握手をするのが一般的です。男性から女性へ、目下のものから目上の人に握手を求めてはいけないなどのルールはありますが、男性から女性に自然な形で求める場合もあります。いずれにしても、握手をするときは、座っていても必ず立つのが礼儀です。

抱擁（hug）は、しばらく会わなかった友だちと再会したとき、楽しいパーティーのあとで別れるときなどにしますが、場数を踏んでいるアメリカ人とちがい、どうしても日本人はぎこちなくなりがちです。相手のリードに任せるのが無難でしょう。

チップをスマートに

日本人が頭を悩ませる最大の習慣はチップといっても過言ではないでしょう。チップにははっきりとしたルールがないので、しばしばアメリカ人にとっても議論の的となっています。一般的に、アメリカでは、チップはよい習慣であると考える人が多いようです。地域によって、レストランの格によって、ホテルやモーテルの滞在日数によって、個々のサービスなどによって、チップの額は変動します。

チップを払う機会が一番多いのはレストランでしょう。多くの人が認めているのは、20％前後ほどのチップを置くべきだということです。ランチやカジュアルなレストランでは18％前後という人もいます。特別に頼んでサービスしてもらったり、心地よく過ごせたら、多めのチップを置きます。

チップは現金だけではなく、クレジットカードの額を記入するときに、チップの額を加算して、クレジットカードで払うことも可能です。しかし、レストランによっては、あらかじめ、チップを含んだ金額を請求する場合があるので、請求書をよく確かめてからチップの金額を決めます。セルフサービスのマクドナルドのようなファーストフードの場合は、チップは必要ありません。

タクシーでは通常、料金のおよそ20％ですが、重い荷物を運ぶのを手伝ってもらった場合などには、少し余分に渡します。

ホテルやモーテルでは一般的にチップは不要です。特に西海岸のほうが、その傾向が強いようです。しかし、荷物を運んでもらった場合には、荷物1個につき1ドル、ルームサービスを頼んだ場合には1～2ドル、ドアマンへのチップは1泊なら不要ですが、1週間くらい宿泊する場合には、最後の日に5ドル前後渡します。枕チップも1泊のときは不要、1週間くらい宿泊するときは、最後に5ドルくらいを置く人が多いようです。

美容院や理髪店でのチップはレストランより多めで、何人かの人（シャンプーやカット）に世話になったら20

％をまとめて払うか、主に世話になった人に10％、残りの10％をその他の人でわけてもらうという払い方があります。

ハウスツアー

お客として、アメリカ人の家に招かれると、ハウスツアーといって、家中を案内されることがあります。アメリカ人は、家に関心が高く、とても手間をかけて手入れをしています。お客があると、部屋の隅々までどんな部屋なのか説明しながら、見せてくれます。逆にアメリカ人のお客を招待したときに、相手はハウスツアーを期待しているかもしれませんが、無理をする必要はありません。

宗教とタブー

一口に宗教といっても個人レベルではその信仰の度合いがちがいますが、それぞれの宗教でのタブーを覚えていたほうがよいでしょう。

ヒンズー教徒は牛肉を食べませんが、これに加えて豚肉を食べない人もいます。

ユダヤ教徒は豚肉を食べません。コシェル（清浄なもの）料理を義務づけており、そのほかの肉も血抜きしなくてはならないなどの特別な料理法があります。またエビなどの甲殻類、イカなどの軟体動物も食べません。

イスラム教徒も、アルコールを慎み、豚肉を食べません。ハラールと呼ばれている特別に調理や加工された食品を食べることが義務付けられています。

ちなみに豚肉を食べないということは、ハム、ソーセージ、ベーコンや、豚肉と一緒に調理した食品なども食べないということです。

トイレの探し方

アメリカで困ることのひとつが、トイレの探し方です。大都市では昔に比べて、公衆トイレの数は減る傾向にあります。ガイドブックには、地下鉄などの公衆トイレは危険なので使わないようにと書かれています。

アメリカ人はレストラン、図書館、デパート、空港のような場所でトイレを探します。車で移動しているのであれば、ガソリンスタンドのトイレやハイウェイのレストエリアのトイレを使います。観光地ではマクドナルドやダンキンドーナツのようなファーストフードのトイレを利用するといいでしょう。

2

冠婚葬祭あれこれ

葬式で香典を渡す必要はありません

冠婚葬祭は宗教と深く結びついているので、その知識がなかったり、作法を知らなかったりすると参加しにくくなります。アメリカで一番多いキリスト教にしても、さまざまな宗派があり、同じ宗派でも地域によってちがっています。冠婚葬祭には同じ宗教の人ばかりが集まるわけではないので、わからないことを聞いても失礼ではありません。

結婚式

結婚式は一般的といえるものがないくらいさまざまです。日本のようにお金をかけた豪華な結婚式もあれば、宗教色の濃い式もあるし、宗教とは関係のない質素な式もあります。出席者の服装も、フォーマルなものからカジュアルなものまで、バラエティに富んでいます。

宗教がちがっても、招待客は式に参列します。もし招待されたら、内容を聞き、服装もそれに合わせ、必ず新郎、新婦にお祝いの言葉をかけましょう。

披露宴は夕方7時くらいから始まって、夜中の12時くらいまで続くものが多いです。短いスピーチが終わるとあとはリラックスしておしゃべりしたり、ダンスをします。

結婚のお祝い

たいていのカップルは、自分の好きな店のウェディングレジストリーを用意してお祝いを受け付けています。そこには、食器やタオル類、家電製品などカップルがほしいと思うものが登録してあります。自分の予算に合った商品を選ぶと、女性側に送られます。いくつかを組み合わせてもいいし、友人と合わせて金額の高いものを選ぶことも可能です。送ったものは「送付済み」と表示されます。

レジストリーでは「ファンド」といって現金の代わりに商品カードなども受け付けていることが多いです。結婚式場に品物やお金を持っていくのは相手が大変なので、レジストリーでお祝いをするようにします。

レジストリー以外のものを送ってもよいのですが、重なったり、相手の趣味に合わないこともあります。そんなときは、「ギフトチェック」と呼ばれるものをレジで頼んで中に入れておけば、相手が他の品物と簡単に交換できます。ギフトチェックは、送った品物と同じ金額の品物とを交換できるというものです。

葬式

知人が亡くなると日本と同様に電話で知らされますが、新聞のDeath Noticeという欄にも、亡くなった人の経歴と、告別式の通知が掲載されます。

葬式は宗教色が濃いものとなります。キリスト教の場合には、日本の通夜（葬儀場でおこなわれる）に似たWakeをおこなう場合もあります。

棺は葬儀場（Funeral Home）に安置され、故人と親交のあった人は別れを告げにFuneral Homeにいき、お悔やみの言葉を述べます。告別式はメモリアル・サービス（Memorial Service）と呼ばれ、教会でおこなわれます。Wakeは夕方から夜にかけておこなわれることが多いようです。

告別式が終わると墓地に埋葬しにいきますが、よほど親しくないかぎり、埋葬には立ち合いません。

家族や親戚、その他の関係者の葬式の車の列はパトカーに先導されて、信号も無視して通ります。告別式の車の列は日中でもライトをつけて走ったり、駐車灯をつけているのでよくわかります。列が長くても、一般の車はこの列に割り込んではいけません。

服装に関しては、日本のように黒の喪服を着る必要はありません。一般の会葬者であれば、男性はダーク系のスーツ、女性は色柄の地味なワンピースやスーツなどを選び、宝石類もなるべくつけないようにします。

日本の香典にあたるものに、「××ファンド」と名づけられたものがあります。故人と関係の深かった団体やクラブに寄付を募るものです。ファンドを作らない人も多いですし、日本の香典とちがって、献金は自由です。

それほど深い付き合いがなければ、告別式に出る必要はありませんが、お悔やみの気持ちを表したいときは、Sympathy Cardを送ります。カードの中には宗教色が濃いものもありますから、相手の宗教がわからない場合は、宗教的なカードは避けるようにします。

3 パーティーの機会はたくさん
ポットラックは気軽なパーティー

パーティーの種類

アメリカで最も一般的で手軽なパーティーは夏のバーベキューパーティーです。たいていの家が庭にバーベキューグリルを持っているので、そこで肉、魚、野菜など何でも焼いて食べます。サラダとフルーツを準備すれば簡単にパーティーが開けるので、天気のよい週末にはあちこちからバーベキューの煙があがります。いくつかの家族やグループが集まって、公園でのバーベキューも楽しいものです。用意が簡単なので気軽にできます。

アメリカのパーティーとして有名なものにポットラックパーティーがあります。これは参加者が1品ずつ料理を持ちよって集まるパーティーです。

ポットラックパーティーに招待されたら、どんな種類の料理を持っていくのがいいかを聞き、自分が持っていく料理の内容を事前に伝えておきます。そうすれば、デザートばかり、肉料理ばかりに偏ってしまうのが防げます。よその家庭の料理をいろいろと味わえるのもこのパーティーのよさですが、できあいのものを買っていく人もいます。

パーティーに招待されたとき

若い人たちは気軽なパーティーが多いようですが、年配の家庭では子ども抜きでフォーマルな食事をする場合があります。招待されたら、子どもは連れていってよいか、どんな服装でいったらよいかを聞きます。

パーティーへの招待状には、R.S.V.P. の欄があります。そこに連絡先や返事の締め切りの日付が書かれています。フランス語の Répondez s'il vous plaît の略で「出欠のお返事を下さい」という意味です。

食事をご馳走になる場合には、花やワインを持参します。そして後日 Thank You Card というカードを利用して、なるべく早くお礼状を出します。

華やかなクリスマスパーティー

クリスマスの時期はパーティーがたくさん開かれます。フォーマルな服装を要求されることがあるので、パーティーに参加することがわかっていたら、なるべく12月に入る前にパーティー用の洋服を用意しておきます。

いつもカジュアルな格好のアメリカ人でも、このときはおしゃれを楽しみます。しかしフォーマルなロングドレスを着て参加するようなパーティーはめったになく、男性はジャケット着用、女性はワンピースかスーツで十分な場合が多いようです。

持参するワイン

◆白ワイン：シャルドネで15ドルくらいのものがお勧め。
酸味も少なくドライすぎず、トータルな評価が高い。

◆赤ワイン：メルローで20ドルくらいのものがお勧め。
比較的軽い風味で女性にも人気がある。

シャルドネもメルローもブドウの種類。ワイナリーにより、これらの種類のワインの値段に差が出る。

客を招待する場合

日本人の家庭に招待されると、アメリカ人は当然のことながら、日本的なものを期待します。しかし、よく聞いてみると、魚介類や海苔などを食べられない人がたくさんいます。また、宗教上の理由、健康上の理由から、ある特定の肉や野菜を食べられない場合があります。そのため招待する客には、飲み物の種類や好みのほかに、食べられないものを聞いておきます。

相手との関係や年齢などでどんなパーティーにするか決めます。お客さんを残して家庭の主婦が台所に立ちっぱなしなのは失礼なので、さっと料理を出せるようなメニューにしましょう。オーブンを使った料理はタイマーをかけて時間を調整しておけばいいので便利です。

日本では相手の家の台所に入るのは失礼ですが、アメリカでは自分で冷蔵庫をあけて飲み物を出そうとする人もいるし、料理をしていると、飲み物を片手に台所にやってきて話しかけてくる人もいます。

アメリカ人は客を招待したとき、花を飾ったり、キャンドルを効果的に使ったりとパーティーを盛り上げる演出が上手です。テーブルセッティングにも工夫をこらして、もてなしの気持ちを表します。

たとえ日本食を作らなくても、テーブルの上に折り紙を置いたり、日本の絵葉書を飾ったりしてディスプレーを工夫すると、楽しいもてなしになるでしょう。

もてなし方

お客が来たら、どんな物を飲むか聞いて、飲み物を出します。チーズとクラッカー、野菜スティックなどをナプキンとともに出して、しばらく飲み物を片手に話をしたあと、食事を始めます。

食事のときは新しいワインなどを開けて出します。食事は日本とちがい、お客から食べ始めるのではなく、ホステスつまり家庭の主婦から食べ始めるのを皆が待ち、食べる速度もホステスに合わせます。

料理に自信がなかったり、忙しくて料理ができなかったりした場合には、自宅に招いて簡単なオードブルでもてなしたあと、レストランに連れていきます。アメリカ人の中には日本人と一緒に日本食レストランにいくことを好む人もいるので、これももてなしのひとつといえるでしょう。

職場のパーティー

職場では夫婦そろって参加するパーティーがよくあります。このときの服装はフォーマルな場合が多いようです。男性はネクタイにジャケット、女性もスーツやワンピースで出かけます。顔つなぎのパーティーなので、同じ人とばかり話さず、なるべく多くの人と話すようにします。パーティーでは上司も部下もありません。皆が楽しく会話するのがアメリカ流です。

子どもの誕生日パーティー

学齢期の子どもはかなり頻繁に誕生日パーティーに招かれます。クラスの女の子または男の子全員を招待するような誕生日パーティーをする子も多いからです。

パーティーを開く場所は、自宅、マクドナルドなどのファーストフード店、子どもを遊ばせる施設、ボーリング場、プールなどさまざまです。泊まりがけの誕生日パーティーでは枕と寝袋を持参します。誕生日祝いのプレゼントは20～30ドルくらいのものを用意し、きれいにラッピングしたプレゼントをカードと共に渡します。

4 英語が下手でも大丈夫 ボランティアは無理をしないで、できることから

ボランティアの多いアメリカ

アメリカはボランティアの活躍する場面が多い国で、病院や図書館などには常に多くのボランティアが働いています。

アメリカでは就職の際や大学入学の内申書でボランティアの経験が高く評価されるため、長い夏休みにはボランティアに精を出す学生の姿が見受けられます。こうして若いときからボランティアをすることが、当たり前になっているのです。

外国での慣れない生活で、ボランティアをする余裕がないという人が多いでしょう。しかし、もしアメリカ人の友だちがほしいと思ったり、アメリカ人の生活をもっと知りたいと思ったら、選択肢のひとつとして、ボランティアをすることをお勧めします。

自分に合ったボランティアを探す

ボランティアの仕事を探す場合、図書館などの公共施設に直接いって探すか、インターネットを利用して探します。

インターネットを利用する場合は、検索システムを利用して、自分の住んでいる地域に「volunteer」と入力すればリストが出てきます。リストの中には長期にわたるボランティアから1日だけのボランティア、内容も専門知識が必要なものから単純作業までさまざまな形のボランティアがあります。

多少言葉が不自由でもできる仕事はたくさんあります。無理のない範囲で、コミュニティや社会のために、自分ができることをすればいいのです。

もし学生ビザで滞在している人がボランティアをする場合は、履歴書に添付できるように、ボランティア先と学校のアドバイザーにレファレンス（照会のための書類）を書いてもらいましょう。

5 予防接種は忘れずに

ペットのしつけは飼い主の責任

ペットのいる生活

アメリカ人は犬や猫をはじめ、ペットを飼うことがとても好きです。近年、ペットが情緒安定に効果があるなど、よい面がクローズアップされています。日本でペットを飼った経験がなくても、アメリカで初めてペットを飼い始める人も多いようです。その理由として、アメリカの住宅事情が、ペットを飼う環境として整っていることがあげられます。

貸家、アパート、コンドミニアム（38頁参照）でもペットを飼えるところがたくさんあります。ペットを飼う前には、必ず、飼っていいかどうか家主に確かめます。犬の大きさにより制限がある場合、猫はよくても犬がだめな場合などがあります。

大切なのは帰国や引っ越しをしても、ペットを継続して飼えるのかということです。また、ペットへのエサ、獣医への費用だけではなく、ペット専用のシャンプーやブラシ、エサ入れ、トイレの砂、水入れの容器、首輪、おもちゃなど付随のものがいろいろと必要です。それらの点も考慮して、ペットを飼うかどうか決めます。

ペットを迎える方法

ペットを探すには、ペットショップや、ブリーダー、アニマルシェルター（動物保護施設）などの手段があります。また獣医のところでも引き取り手を捜している場合があります。シェルターといっても、きちんと動物を飼えるかどうか確認をされ、済ませた避妊手術や予防接種代の実費（１００ドル前後）を払います。

ペットショップで購入する場合、必要な予防接種、手術などが済んでいるかどうか確認します。済んでいれば、その証明書がついています。

犬は購入後、決められた期間内に獣医に連れていき、さらに予防注射をする必要があります。注射が済むと獣医の名前の入った小さな札のようなものを首輪に付けてもらいますが、それが予防接種済みの証明とライセンスになります。希望すれば獣医に頼んで、ペットの識別番号が入ったマイクロチップをペットの皮下に埋め込んでもらうこともできます。

犬以外のペットでも、1年に1回は健康診断や予防接種を受けると安心です。去勢をすることにより、発病する確率が非常に低くなる病気もあります。大きなペットチェーン店では、動物についての相談ができたり、予防接種をしています。

ペットのケアとしつけ

ペットから人間にうつる病気もあるので、ペットのケアには注意を払います。自然の中にペットを連れだすと、ダニなどの害虫が毛につくことがあるので、予防薬を定期的に飲ませたり、専用の薬剤でシャンプーすることが大切です。ペットショップにある犬のグルーミングに連れて行くのも手軽です。

ペットのしつけはアメリカのほうが厳しいと言えます。その代わり、アメリカのほうが、ペットと行動を共にすることが多くできます。大きなペットショップには子犬用や成犬用のしつけ教室があります。自宅でトレーナーを雇ってトレーニングする人もいます。地域によって、リードでつながなければいけないとか、糞の始末についてのルールを定めているところがあります。違反すると罰金をとられる場合があります。

旅行に出るとき

ペットを連れて泊まれる宿泊施設も多くあるので、ペットを連れての旅行も可能です。ハイウェイのレストエリアには、ペットの散歩場まで用意されているほどです。しかし、ペットを連れての旅行は行動を制限されるので、事前によく計画を立てることが大切です。

ペットを置いて旅行に出る場合、アメリカでは知人に預けたり、獣医やペットシッターなどの専門機関に預けます。大手ペットショップでもペットホテルがあります。

多頭飼いしている場合や、猫の場合は、ペットシッターに自宅に来てもらって世話をしてもらいます。その場合は、リファレンスを見たり、本人と会って確認してから頼むようにします。猫などの小さい動物は1日12～30ドル、犬だと20～70ドルなど、預ける施設で値段がちがいます。２匹目からは割引もあるようです。

6

レストランでの注文の仕方

お客の細かな好みに応じるレストラン

店内に入ったら

ファーストフード店やセルフサービスのレストラン以外では通常、店内に入ると係の人が席まで案内してくれます。混雑していてすぐに席につけない場合は、名前を聞かれ店内で待たされるか、ポケベルを渡されます。店の外に出ても、近場にいればこのポケベルが呼び出してくれます。

アメリカでは、州や自治体によって飲食店内の全面禁煙や分煙の法律が異なるので注意が必要です。たとえば、ニューヨーク州やカリフォルニア州など多くの州で、お酒を出すバーも含め、店内での喫煙が法律で禁止されています。

注文の仕方

席につくとメニューを渡され、まず何を飲むか聞かれ、次に前菜の注文を聞かれます。日本のように何も注文しなくても水が出てくるとは限らないので、水だけでよければその旨を伝えます。前菜についても、食べたくなければ注文する必要はありません。メインディッシュは、飲み物が出るまでの間に決めます。

メニューを見ても料理の内容がわからない場合は、遠慮なくウェイターやウェイトレスに尋ねましょう。渡されたメニュー以外にも、Today's Special（お勧めメニュー）があるかもしれないので聞いてみるといいでしょう。

注文の際は、肉や魚の焼き具合、ソースの種類、サラダの場合はドレッシングを何にするか、飲み物はメインと一緒か食後かなど、かなり細かいことまで聞かれます。また、自分の好みによって、たとえば「玉ねぎ抜き」とか「ピーマンの代わりにナスにしてほしい」などと注文しても、きちんと対応してくれる場合があるので、いってみるといいでしょう。

ウェイターやウェイトレスは、テーブルごとに担当が決まっています。たいていはこの担当者が食事の途中で、「いかがですか？」と聞きにやってきます。

チップの目安

ファーストフード店やセルフサービス以外のレストランでは、料理の代金のほかにチップが必要です。チップは税抜価格の20％前後を払うことが一般的になっています。レシートにすでに18％、20％、25％などと書かれ、選択する場合もあります。レストランで食事をしないで料理だけを持ち帰る場合は必要ありません。

ただし、チップはあくまでもウェイターやウェイトレスのサービスに対して支払うものなので、サービスに満足であれば多めに払います。また逆に不満であれば少なめに置きますが、よほどの理由がない限りチップは必ず置くようにします。たとえ日本食レストランでもチップは必要です。

代金の支払い

アメリカのレストランはテーブルで会計をするのが一般的です。食事が終わったら、担当のサーバーに「Check please」と言って会計を頼みます。食事の明細が入ったレシートをはさんだフォルダーを持ってきます。その明細に従って支払いをします。

現金で支払う時は小銭は一般的にはあまりスマートとは思われないので、なるべく1ドル単位で繰り上げした合計金額を渡します。

クレジットカードで支払うときは、フォルダーにカードを挟んでテーブルに置いておくと、サーバーが回収しに来ます。クレジットカードの仮清算のあとそのフォルダーを持ってきます。フォルダの中には　お客様控え（Guest Copy）とレストランコピー（Restaurant Copy）が入っています。レストランコピーと下に書いてあるほうにサインをします。

チップもクレジットカードで支払う場合はTipの欄にチップの金額を記入して、Total の部分に合計金額を記入します。チップを現金で払う場合は、チップの欄を0にして、現金を置きます。すべて記入し終わったら、サーバーが来るのを待たずにそのまま店を出てかまいません。

アメリカでは領収書はありませんから、レシートがそのまま領収書になります。

7

エンターテイメント利用法

スポーツ、映画、カジノを楽しもう

スポーツ観戦

日本でも人気のあるメジャーリーグ野球（ＭＬＢ）のレギュラーシーズンは4月上旬から9月下旬までです。家族や友人と連れだってボールパーク（球場）に出かけ、老いも若きも一緒になって地元チームを応援します。最近では、商魂たくましいメジャーリーグより、チケット代が安く、アットホームな雰囲気のマイナーリーグに足を運ぶ人も増えているようです。

プロ・バスケットボール（ＮＢＡ）のレギュラーシーズンは10月下旬から3月までで、4月下旬からプレーオフが始まり、そこでの勝者によるチャンピオンシップ・シリーズが、5月下旬から始まります。

アメリカンフットボール（ＮＦＬ）のシーズンは9月から始まり、2月第1週の日曜日の「スーパーボウル」で全米のスポーツ熱が最高潮に達します。このときばかりはアメフト・ファンならずとも近所のスポーツバーや友人の家に集まって、テレビ観戦に熱狂します。番組は毎年、年間高視聴率の上位にランクされています。

氷上の格闘技とも呼ばれるアイスホッケー（ＮＨＬ）のレギュラーシーズンは10月上旬から4月上旬まで。その後プレーオフが始まり、最高位は5月下旬から6月の「スタンレーカップ」で争われます。

メジャーリーグ・サッカー（ＭＬＳ）は96年発足と歴史は浅いものの、着実に人気が定着しつつあります。シーズンは3月から10月までで、プレーオフを経て、11～12月の「ＭＬＳカップ」で最強チームが決まります。

映画

ネット配信やＤＶＤレンタルが普及しているとはいえ、手軽に楽しめるレジャーとして、映画はやはり根強い人気があります。特に独立記念日（7月4日）から始まる夏休みと、感謝祭（11月第4木曜日）からクリスマスにかけてのホリデー・シーズンは大手映画会社による大作の封切りラッシュとなります。メジャーで人気のある映画はたいていのシネマ・コンプレックスで上映していますが、外国映画や独立系の映画となると単館上映がほとんどです。

入場料は通常12～18ドルくらいですが、平日の昼間（マチネー）や週末の初回に限っては4～5ドルの割引料金で観ることができます。また、子どもや高齢者、学生に対して、特別割引を設けているところもあります。

新作を上映する映画館のほとんどは総入替制で、消防法によって立ち見が禁止されているため、週末の夜に人気作品を観にいく場合は早めにチケットを購入したほうがいいでしょう。映画を見に行く前には、ネットで必ず、時間を確認します。指定席や、IMAXがある場合もあり、ネットでチケットを購入する人も多いです。入る前には持ち物検査があるので、ほとんど手ぶらで行くようにします。食べ物を持ち込むことも禁止されています。

カジノ場

アメリカでカジノを合法としている州は10ありますが、一方、ハワイやユタ州のように一切のギャンブルが禁止されている州もあります。

一番有名なのはラスベガスですが、毎年、新しいカジノホテルができるなど拡大を続けています。ニュージャージー州ではアトランティックシティに限定してカジノを合法化して、東のラスベガス、西のアトランティックシティと言われてきました。ニューオーリンズのように船上だけカジノを許可している州もあります。

コネチカット州が成功を収めたことからインディアン・カジノがほとんどの州にできました。インディアン・カジノは、部族の居留地にあり、州法が適用されないので、カジノが禁止されている州でも営業できます。しかし、実際にカジノを運営しているのは、部族ではない場合もあります。

カジノは21歳以上ではないとできませんが、カジノのあるホテルはショッピングモールやイベントもあり、親子連れも多いです。未成年はカジノ場を通り抜けできますが、立ち止まって見ることは禁止です。

賭けをするときはスロットマシーンでは、現金とクレジットカードが使えますが、ブラックジャックやポーカーをするようなテーブルゲームのときは、現金をディーラーに渡し、チップに変えて使います。

8 チケットを購入するには

チケットマスターはとても便利

アメリカの都市では、ビッグアーティストのコンサートやスポーツ、クラッシック音楽、ミュージカルとエンターテインメントをあげたらきりがありません。アメリカだけではなく、世界中からミュージシャンやアーティストが集ってきます。

チケットの入手方法

一番一般的なのは、チケットマスター（https://www.ticketmaster.com/）を使って購入することです。自分が行きたいイベントをチケットマスターで探します。

希望するイベントを選択すると席のエリアマップが出てきて座席を選ぶことができるようになっています。購入可能な席は水色になっていたり、エリアによって値段がちがうことなど、とてもわかりやすいシステムになっています。席を選択してクリックすると購入画面になり、クレジットカードでの支払いに進みます。

チケットマスターで購入するチケットには手数料がかかりますが、これはイベントによってちがいます。チケットには、サービス料、会場によって追加される使用料、配送方法とクレジットカードの処理料などが加算されます。

チケットの保険をかけることも可能です。購入の最後に保険に加入することができます。イベントにいけないときに返金してくれるものですが、保険会社が運営しています。

直接、コンサートやスポーツイベントからチケットを購入しようとしても、チケットマスターに自動でつながる場合があります。一つのイベントは一つの購入サイトしか採用しておらず、チケットマスターが一番多くのイベントを担当しています。

リセールチケットを利用する

アメリカのリセールチケットは公式に認められている再販手段です。リセールチケットは、売り手が自分の売りたい価格で値段をつけることができます。ですから同じような座席なのに値段の開きが出ます。

世界最大と言われるチケットマーケットプレイスはStubHub（https://www.stubhub.com/）です。ＮＢＡやアメフトチームなど連携パートナーも多く、利用する人も一番多いです。チケットマスターと同様に使い勝手もいいです。イベントが何らかの理由で中止になった場合には、購入代金を返却してもらえます。

チケットマスターがTicketsNowを買収してからは、チケットマスターの中にもリセールチケットが組み込まれるようになりました。

安いチケットを探す

チケットマスターでは座席によって値段がちがいます。2人以上でイベントに出かける人が多いので連続して座席を取れる席は高くなりますが、1人で出かける場合は、スポット的にとても安い席が見つかる可能性があります。

チケットの使い方

チケットマスターで買ったチケットは、スマホを使うのが一般的になってきました。スマホにチケットマスターのアプリをダウンロードして、チケットのバーコードをイベント会場で見せたり、メールに添付されてきたバーコードを見せて、読み取ってもらい、入場できます。チケットをなくす心配はありません。

当日券の購入

ニューヨークのタイムズ・スクエアのTKTS Ticket Booths（https://www.tdf.org/）のように、ブロードウェイやオフ・ブロードウェイの当日売れ残りチケットを半額で購入できる場合もありますが、あくまで売れ残りなので、自分が見たいものがあるかどうかはわかりません。

窓口での当日券のチケットは、特に割引があるわけでもなく、売り切れや場合によっては高い席しか残っていないこともあります。

9

美術館・博物館活用術

博物館に行くとアメリカの文化がよくわかる

美術館

アメリカの大都市にはすぐれた美術館があります。たいへん充実している美術館が多く、広いので半日ではゆっくり見ることができないくらいです。

日本の美術館に比べると入館料は安く設定されています。会費を払って会員になると入館料が割引になり、催し物を知らせてきたり、ニュースレターがくるようになります。入会したい場合は、窓口で申し込みます。

小型のテープレコーダーを借りて（有料）、解説を聞きながらまわることもできます。美術館によっては入口に日本語の案内書を置いているところもあります。

各美術館はホームページを持っていて、展示物や催し物のリストを見ることができます。美術館の場所や行き方の情報も出ています。ダウンタウンにある美術館でも大きな駐車場を持っていることがほとんどですが、事前に調べておくといいでしょう。

博物館

アメリカ人は、博物館好きではないかと思うほど、小さな町でさえ、あちこちに大小の博物館があります。大学にもたいてい、立派な博物館があります。一番多いのは、個人の家や施設など、昔の建物をそのまま博物館にしたものです。個人の豪邸では、昔の生活そのままを保存してあると同時に、骨董品や美術品もたくさんあります。

そのほかにも、時計の博物館、船の博物館などテーマ別の博物館や、地域の歴史や文化を知ることのできる博物館もあって、バラエティに富んでいます。

博物館をまわると、アメリカの歴史やアメリカの人たちがどんなことに興味を持っているかがよくわかります。入館料も無料か安いところが多いので、自分の住んでいる町や旅行先で博物館をまわると楽しいでしょう。

10

スポーツクラブの利用法
とにかく安い公営スポーツ施設

公営のスポーツ施設

町が経営する公営のスポーツ施設は、無料もしくは安い費用で利用できます。テニスコートはたいていどの町にも設置されていて、ナイター設備もあります。夏時間のときは夜おそくまで明るいので、仕事が終わってからでも、十分にテニスが楽しめます。空いていれば予約なしでも利用でき、無料の場合がほとんどです。

プール設備も整っていて、住民は安い金額で使用できます。町によっては、町営の施設を利用するのに会員にならなくてはいけないところもありますが、それほど高い値段ではありません。近くに大学がある場合は、大学の施設を利用することも考えられます。

ハイスクールの設備を利用

アメリカでは公立のハイスクールは町の住民のものだという意識が強く、ほとんどの場合、学校の設備が住民にも開放されています。テニスコート、プール、体育館などは、時間帯によって使うことができます。

民間のスポーツクラブ

健康に気を使うアメリカ人はスポーツクラブに所属している人も多く、民間経営のクラブもたくさんあります。場所や規模、利用できる設備により、金額はさまざまで、24時間営業のところもあります。安ければ月に20ドル台からありますが、都会になるほど会費は高くなります。またファミリー会員になると一定の金額で家族がみな会員になることができます。

プール、ジャグジー、サウナ、託児所、バスケットコート、スカッシュコートなどの設備を持っているクラブもあります。エアロビクスやヨガ、ラテンステップ、キックボクシングなど多彩なプログラムを提供しているところもあります。

11 うっかり忘れると大変なことに
海外旅行をしたり、日本から家族が遊びに来るときの注意点

ノービザ渡航者も登録が必要

日本から家族や友人が訪問するときには、90日以内ならノービザで渡米できますが、事前のＥＳＴＡ登録が必要で登録費用もかかりますので、その旨を伝えてあげてください。一度登録すれば、2年間またはそれ以内のパスポートの期限まで有効です。

ちなみにＥＳＴＡ登録はノービザ渡航者のみで、ビザやグリーンカード保持者はおこなう必要がありません。

〈登録方法〉

オンライン登録のみ可能。他者による代行登録も可能。オンライン登録ができなければ、旅行業者に依頼することになります。

①次のサイトにアクセスして、指示通りに記載する。
　ＥＳＴＡ（https://esta.cbp.dhs.gov/esta/）
②申請書に入力して送信。
③申請番号が発行されるので記入する。
④クレジットカードなどで支払い。
⑤申請結果が表示される。
　「許可」「保留」「拒否」が表示されます。保留の場合は72時間以内に確認できます。「拒否」の場合は観光ビザの申請が必要となります（158頁参照）。

出入国記録（I－94）のデータを保管

アメリカの空港に着いたら、イミグレーションでパスポートを提示して入国審査を受けます。かつては飛行機の中で配られた出入国記録カード（I－94）に記入して、入国審査官に提出していましたが、現在では渡航者のパスポート情報をもとに電子的に入国記録を作成するため、I－94を提出する必要がなくなりました。ただし、陸路での入国は提出が必要です。

かつては審査官がパスポートにI－94をホッチキスでとめてくれました。2013年4月30日以降、そのプロ

セスが省略されたため、パスポートに入国スタンプが押されるだけです。そのため入国後は自分で次のウェブサイトにアクセスして記載が正しいかどうかチェックしなければなりません。

①https://i94.cbp.dhs.gov/ にアクセス。

②GET MOST RECENT I-94 をクリック。

③必要事項に記入して、指示に従う。

　I―94の情報はソーシャル・セキュリティ・ナンバーや運転免許証取得時にも必要なので、チェックして記載が正しいことを確認したら、データを保管しておきましょう。特に学生ビザで渡航する場合、X年X月X日まで有効という記載ではなくて、学業が終わるまで滞在が認められているため、学生ビザ、I―20（入学許可証）、I―94のセットが合法滞在を証明するものとなります。そのため求められたときは、いつでも提示できるようにしておきましょう。

　もし記載が間違っていたら、管轄のU.S. Customs and Border Protection（CBP税関国境警備局）オフィスに連絡して、訂正してもらいます。

必要項目を入力すると表示される自分の出入国記録

U.S. Customs and Border Protection
Securing America's Borders

Get I-94 Number　I-94 FAQ

Admission (I-94) Number Retrieval

Admission (I-94) Record Number: 69000888062

Admit Until Date (MM/DD/YYYY): 10/10/2012

Details provided on Admission(I-94) form:

Family Name:	LI
First (Given) Name:	LYDIA
Birth Date (MM/DD/YYYY):	01/01/1990
Passport Number:	P123123213
Passport Country of Issuance:	Mexico
Date of Entry (MM/DD/YYYY):	04/11/2012
Class of Admission:	B1

Individuals can visit www.cbp.gov/I94 to retrieve a copy of their electronic Form I-94.

I―20（入学許可証）のサインを忘れずに

学生ビザ保持者が日本に一時帰国したり海外旅行をする時は、事前に留学生アドバイザーからI―20（入学許可証）にサインをもらっておきましょう。再入国の際に問題なく手続きが進むようにするためです。

　学生ビザが有効期限内であれば、I―20のサインだけで再入国できます。もしビザが切れていれば、外国にあるアメリカ大使館・総領事館であらためてビザの申請をする必要があります。ビザを申請するときは、自国でおこなうのが望ましいでしょう。

　知らなかったではすまされず、何事も自己責任なところが、アメリカという国です。

データとランキングで見るアメリカ

◆アメリカにおける留学生の出身国（2019 年）

①中国	⑥ベトナム
②インド	⑦台湾
③韓国	⑧日本
④サウジアラビア	⑨ブラジル
⑤カナダ	⑩メキシコ

＊1994～97年度まで日本は1位だった。

◆アメリカ人の留学先（2016 年）

①イギリス	39,140 人
②イタリア	34,894 人
③スペイン	29,975 人
④フランス	17,214 人
⑤ドイツ	11,900 人
⑥中国	11,688 人
⑩日本	7,145 人

◆アメリカの人種構成（2010 年）

全米人口	3 億 870 万人
白人系	1 億 9,680 万人（63.7％）
ヒスパニック系	5,050 万人（16.3％）
黒人系	3,770 万人（12.2％）
アジア系	1,450 万人（4.7％）
先住民系	270 万人（0.9％）
その他	60 万人（0.2％）
複数人種	600 万人（1.9％）

（国勢調査：人種の判断は本人任せ）

◆日米女性（18～32歳）の婚姻状況

	アメリカ	日本
1960 年	65％	64.6％
1980 年	48％	45.7％
1997 年	36％	30.1％
2013 年	26％	29.0％

＊減少傾向の主たる原因：経済の停滞、同棲カップルの増加、宗教の教えによる結婚の強制力の低下 etc.

アメリカでは低学歴の女性の結婚率の低下が顕著。経済的な改善や、よりよい収入を持った相手探しに固執し、結婚タイミングを逸するとのこと。日本ではむしろ仕事に没頭している高学歴女性のほうが結婚率が低下。

◆アメリカへの移民が多い国（2019 年）

インド、パキスタン、フィリピン、ベトナム、バングラデシュ、韓国、中国、ナイジェリア、イギリス、カナダ、メキシコ、コロンビア、エルサルバドル、ハイチ、ジャマイカ、エクアドル、ペルー、ブラジル、ドミニカ、

＊過去 5 年間で 5 万人以上の移民を輩出している国。移民が多いため抽選永住権には応募できない。

◆抽選永住権の当選者が多い国（2019 年）

①エジプト	5,568 人
②ロシア	5,118 人
③ザイール	4,743 人
④イラン	4,101 人
⑤ネパール	3,696 人
⑥スーダン	3,691 人
⑦アルバニア	3,603 人
⑧ウクライナ	3,313 人
⑨アルジェリア	2,745 人
⑩トルコ	2,709 人
日本	333 人

＊ 1994 年よりアメリカは抽選永住権プログラムを実施している。毎年 5 万 5000 人が永住権を取得。2019 年の当選国総数は 169 カ国。

◆在留日本人の多い都市（2018 年）

①ロサンゼルス	68,823 人
②ニューヨーク	47,563 人
③サンフランシスコ	19,255 人
④ホノルル	17,060 人
⑤サンノゼ	13,812 人
⑥シアトル	13,340 人
⑦シカゴ	12,257 人
⑧サンディエゴ	8,974 人
⑨アトランタ	7,216 人
⑩ポートランド	5,831 人

（外務省・海外在留邦人数調査統計）

PART 14

帰国の際にやっておきたいこと

◆これがアメリカの常識◆

楽しくパーティーでみんなとお別れ

家賃のデポジットはけっこう戻ってくることが多い

1

帰国の準備

バイバイパーティーでみんなに挨拶

帰国するときは、日本を出るときと同じくらいの準備期間が必要です。引っ越し日時が決まれば引っ越しリストを作って、手際よく引っ越し準備を進めます。

家主への通告とデポジットの返還

まず最初に連絡をするのは家主です。借りているアパートや家を出るときは何日前に通告しなければならないか契約書に明記されているので、期限を確認して家主に通告します。

家主は入居者が出た後に部屋を点検して、入居時から変わっていないかチェックし、修理の必要性を見ます。家主によっては、クリーニング業者を入れることを義務づけている場合がありますが、入居者が自分でできる場合もあります。家主が入居者の掃除に満足しない場合は、部分的、または全体に業者を入れ、かかった費用をセキュリティ・デポジット（保証金）から差し引きます。

クリーニングの実費が詳しく出た段階でないと、セキュリティ・デポジットは入居者に払い戻されません。州によってちがいますが、たいてい賃貸契約終了日から3週間以内に払い戻すという決まりがあります。しかし、すぐに日本に帰国する場合は待っていられないため、早めに計算してもらうことを家主に交渉します。それができない場合には、日本の銀行口座に送金してもらうか、アメリカの知り合いに頼むことになります。

役所関係への届出

最寄りの日本大使館・総領事館に、「在留届」の変更として、帰国の通知をＦＡＸで送るか郵送します。オンラインで在留届を出した人は、オンラインでも通知できます（74頁参照）。

ソーシャル・セキュリティ・ナンバーや、車の免許については、何も届出をする必要はありませんが、将来、必要になるかもしれないので大切に保管しておきます。

確定申告

アメリカで仕事を持っていて、税金を天引きされていた人が年の途中で帰国する場合、確定申告をすると、たいていは納めすぎていた税金が還付されます。

詳細については、ＩＲＳ（米税務署 http://www.irs.gov/）か会計士に問い合わせてください。

書類の入手

学生の場合は、成績証明書、卒業証明書、コース修了証明書などを発行してもらいます。

仕事やボランティアをしていた人は、そのことを証明する手紙や書類を発行してもらいます。

学齢児童がいる場合は、通学している学校へ早めに知らせておき、転校に必要な書類を準備してもらいます。

各種解約と住所変更

早くから手続きができるものは、なるべく早めにしておきます。電気、電話、水道、ゴミ収集会社、新聞の解約、郵便局への住所変更届などは早くからできます。

郵便物は2カ月間だけ、通常郵便物を無料で日本へも転送してくれます。

銀行口座の解約

逆に銀行口座の解約は帰国日直前までぎりぎりのばします。銀行の当座預金口座は、切った小切手が口座から引き落とされるのに時間がかかるので、すべての小切手が処理されてから解約するか、まだ引き落とされていない小切手分の金額を口座に残して解約するかします。

当座預金口座を解約したあとに、光熱費などを払う必要が出てきた場合は、郵便局で郵便為替（Money Order）を購入して、支払いにあてることもできます。

再び渡米する予定のある人、インターネットを通してオンラインショッピングをする機会の多い人、仕事のために口座を残したい人などは、銀行口座を解約せずにそのまま継続することもできます。

また、とりあえずは口座を継続しておいて、日本に帰国してから口座を解約することも可能です。

口座を継続する場合、銀行によっては、最低預金額に達していなければ手数料をとるところもあるので、条件をよく確かめておきましょう。

バイバイパーティー

最後にお世話になった方に挨拶を兼ねて、バイバイパーティーを開く人もいます。できれば引っ越し間近の日は避けます。住まいを半日から1日、このパーティーのために開放します。紙コップと飲み物、軽いスナックくらいを用意します。

パーティーに来る人も帰国前の忙しさを理解しているので、長居をしないように気を遣ってくれるでしょう。パーティーに備えて、日本の連絡先を書いたカードを用意しておきます。

家具や不要品の処分

早めにリストを作って、友人や知人に渡しておきましょう。知り合いに売るときは、ぎりぎりまで荷物の引き取りを待ってくれるので、融通がきいて便利です。

そのほかの手段としては、アパートの掲示板、食料品店やスーパーの掲示板、学生であれば学校内の掲示板を利用して、貼り紙を貼らせてもらいます。

クレイグリスト（Craigslist）という地方情報コミュニティサイトでも売り買いの情報が盛んです。

ムービングセール

ムービング（引っ越し）セールを開くときは、広告が大切です。一番効果的なのは、クレイグリストで広告することだと言われています。もともと中古品を探す人が集まっているので、興味がある人が多いためです。ほかにも Yard Sale Search や Garage Sale Hunter などのサイトにも広告を出す人もいます。

ムービングセールの日は、朝の9時からと広告を出しても、夜明けと共にやってくる人がいるので、心づもりをしておきます。当日の早朝には、目印になるように、家の周囲の電信柱などに Moving Sale のチラシを貼ります。

最後にどうしても処分できなかった品物でまだ使えるものがある場合には、サルベーション・アーミーなどの慈善団体に寄付することもできます。

引っ越しのときはゴミが大量に出ますが、引っ越し業者が無料または有料で始末をしてくれることもあります。現地で売った大きな家具の運送も日系の運送会社だと、頼めば届けてくれることもあるので、必要があれば事前に問い合わせておきます。

車の処分

車もなるべく早く買い手を見つけます。個人売買のほうが業者に持ち込むより高く売れるといいますが、周囲にほしい人がいない場合は、たいへんな作業になります。自分の車の価値を知るために、中古車ディーラーへいって見積もってもらったり、インターネットで調べて値段を決め、写真入りの広告を作ってあちこちに配ったりします。個人売買のときは、ぎりぎりになって「買わない」といわれるリスクも考えておかねばなりません。

売却したあとは、ナンバープレートを取り外し、登録証と共にDMV（車両管理局）に持っていって、きちんと登録を取り消します。引っ越しで忙しいときの作業を考えると、多少安くても業者に売るのもひとつの選択です。

保険会社への契約解除の連絡も早めにします。契約金の一部が返還されます。

荷物の送付

来たときと同じ引っ越し業者を使えば、勝手がわかっていて便利です。別の業者を使いたい場合には、日系の新聞などで業者探しをします。見積もりをとってもらう時に、料金の精算の方法、円で精算するかドルで精算するかを決めます。大きな梱包は業者にまかせることになりますが、小さな荷物については、なるべく自分で詰めたほうが節約になります。ダンボールは国内の引っ越しとちがって、引っ越し業者の指定したものを使うことになります。

パソコンのような貴重品に保険をかける場合には、パッキングは業者にまかせます。

ペットと共に帰国

犬、猫、鳥、うさぎなどたいていの動物は検疫が必要で、日本に着いてから、検疫のために係留されます。予防接種を受けた時期により、検疫の係留期間が大きくちがいます。検疫費用は無料ですが、係留期間中のペットの宿泊費用は有料です。

犬の場合、狂犬病の予防接種などを帰国に合わせておこなっておくと、検疫の期間が短縮されます。詳しい情報は農林水産省の動物検疫所のホームページ(http://www.maff.go.jp/aqs/）で調べることができます。飛行機に乗せることのできる動物の数や利用できる空港が決まっているので、早めに旅行会社に相談します。

日本に帰って車を運転するために

日米の運転免許証の書き換えや更新

アメリカの運転免許証を日本の免許証に書き換える

以前はアメリカの運転免許証を所持していれば、学科・路上試験が免除されて視力検査のみで日本の免許証に書き換えが可能でした。

現在ではアメリカで免許を取得してから3カ月以上滞在していた人でないと日本の免許証への書き換えはできません。また、知識と路上技能の審査（確認）をパスしないと書き換えはできません。ただし、ハワイ、メリーランド、ワシントン州で免許を取った人は審査を免除されます。

書き換えの際には次のものを持参します。

・アメリカで取得した運転免許証（有効期限内のもの）
・アメリカの運転免許証の翻訳
日本自動車連盟（ＪＡＦ）か在米日本大使館・総領事館が発行した翻訳が必要です。
・取得後90日以上アメリカに滞在していたことを証明するパスポート
現パスポートもしくは古いパスポートを提示します。
・本籍が記入された住民票
・写真1枚（タテ3×ヨコ2．4センチ）
・健康保険証・マイナンバーカード（提示のみ）

アメリカの運転免許証の（アメリカ国内での）更新

ニューヨーク州の場合は視力検査があるので、郵送で申請する際は眼科や眼鏡店で検眼し、規定の書類（ＭＶ－６１９）に署名してもらったものを添付します。免許証の有効期限は8年です。

各州によって更新の規定や方法がちがうので、更新前や帰国する前にＤＭＶでDriver's Manualを入手して、詳細を確認しておくといいでしょう。アメリカ政府関連の検索サイト（https://www.usa.gov/）にアクセスしてdmvと入力すれば、各州のＤＭＶの情報が得られます。

また、期限切れになった運転免許証でも、捨てずに保管しておきましょう。再渡米して新たに免許証を取る場合、期限切れの免許証が役立つこともあります。

日本の運転免許証の更新（渡米前）

滞米中に日本の運転免許証の期限が切れてしまう場合、あらかじめ免許証を更新していくことが可能です。ただし、有効期限は短いものになります。

手続きの際には次のものを持参します。

・免許証
・パスポート

日本の運転免許証の更新（帰国時）

日本の運転免許証を更新したい場合、期限内の更新であれば従来の更新と同じですが、渡米中に期限が切れていれば次のような措置となります。

切れている期間によって免許証の再取得が可能な場合とそうでない場合があります。

手続きの際には、失効した免許証、本籍が記載された住民票、本人が確認できる書類（保険証やパスポートなど）、写真1枚（タテ3×ヨコ2・4センチ）など。もし所持していれば、運転免許証更新通知書や外国の運転免許証も持参します。詳細については、最寄りの運転免許センターに問い合わせてください。

①免許の期限が切れて6カ月以内の場合

再取得の手続きをして、所定の講習と視力検査を受ければ、学科・路上試験が免除されて、再取得できます。

②免許証の期限が切れて6カ月～3年以内の場合

海外に滞在していてやむをえず更新できなかったという理由がある場合、帰国から1カ月以内に再取得の手続きをして、所定の講習と視力検査を受ければ、学科・路上試験が免除されて、再取得できます。

特別な理由がなく、単に更新手続きを忘れてしまった場合は、この限りではありません。

③免許証の期限が切れて3年以上の場合

原則として、どんな理由があろうとも、再取得の手続きはできません。最初から免許を取得するか、免許試験場での一発試験（難しいと言われている）と呼ばれるものを受験するかの二者択一となります。

帰国に向けた準備マニュアル

◆アメリカですること

▽かなり前からしておくこと

・本、情報誌、インターネットなどで日本の就職情報をできるだけ集める。
・検疫についての問い合わせ（ペットのいる人）。

▽帰国が決まったらすること

・家主への連絡。
・学校への転出連絡。
・電気・ガス・水道・電話・新聞・雑誌などへの連絡。
・郵便局へ住所変更の連絡。
・銀行口座の解約。
・身のまわり品、家具、車の売却。
・帰国に向けて携帯所持品リストを作り、買って帰りたい物をそろえる。
・目的に合わせて手荷物と別送荷物にわけ、別送荷物を送付。
・日本大使館・総領事館への手続き（74頁参照）。
・ソーシャル・セキュリティ・オフィスへの手続き（ナンバー保持者）。
・税務署への確定申告（働いていた人）。

◆帰国してから日本ですること

▽住まいが決まったらすること。

・役所関係の手続き（住民票、健康保険、年金など）。
・運転免許証の書き換えや更新。
・友人への新住所のお知らせ。
・インターネットを利用できるようにプロバイダーをさがす（必要に応じて）。

◆アメリカから持ち帰ったらいい品物

▽書籍関係

英語の書籍は日本で買うと高い。

▽アメリカで買うと安い品物

コンタクトレンズや関連のケア商品、化粧品、文房具（特にペーパーフォルダーが安い）など。

▽服

買って帰らないまでも、将来のオンラインショッピングに備えて、アメリカでの自分のサイズを知っておくといい。

▽ワイン

アメリカは町のスーパーなどでワインが安く購入できる国。免税の範囲で持ち帰れるのは3本まで。ただし未成年者は持ち帰り不可。

▽免税品

無税で持ち込めるのは、煙草は紙巻き煙草200本、葉巻50本、その他250gのいずれか、アルコール類は1本760mlくらいのものを3本まで、香水は2オンスまで。それ以上になると課税。未成年者は煙草、アルコール類の持ち帰り不可。

●資　料●

アメリカのビザ一覧表
アメリカ合衆国の州と略名
アメリカ大使館・総領事館
アメリカの移民局(U.S. Citizenship and Immigration Services: USCIS)
在米の日本大使館・総領事館
アメリカのカレンダー
度量衡表
困ったときに頼りになる機関
アメリカに関する本や資料が閲覧できる機関
「グローバルＪネットワーク」の紹介

びその配偶者と子
（G１、G３、G４の配偶者と子は許可されれば就労可）

Hビザ……現地採用職能者ビザ（年間発給枠あり）

H－1B　◎　専門職能者とファッションモデル
H－1C　◎　人手不足地域で働く看護師
H－2A　◎　短期の季節的農業労働者
H－2B　◎　H－2A以外の短期労働者
H－３　◎　職業訓練や特殊教育分野での研修者
H－４　△　H－１～H－３の配偶者と子（一部の配偶者は許可されれば就労可）

Iビザ……特派員ビザ

I　○　特派員およびその配偶者と子

Jビザ……文化交流訪問者ビザ

J－１　◎　米政府が認めた研修プログラムの参加者
J－２　△　J－１の配偶者と子

Kビザ……婚姻ビザ

K－１　△　アメリカ市民の婚約者
K－２　△　K－１の子
K－３　△　アメリカ市民の配偶者
K－４　△　K－３の子

Lビザ……同系企業内転勤者ビザ

L－1A　◎　同系企業内転勤者(管理職)
L－1B　◎　同系企業内転勤者（専門技術職）
L－２　△　L－１の配偶者と子（配偶者は許可されれば就労可）

Mビザ……学生ビザ

M－１　△　専門学校の学生
M－２　×　M－１の配偶者と子

Nビザ……特別移民の配偶者と子へ発給されるビザ

N－８　△　国連職員として特別移民の資格を得た未成年の両親（子が21歳になったり結婚するとビザ資格を失う）
N－９　△　N－８の親のほかの子および特別移民の資格を得た外国人の21歳未満の子

Oビザ……優れた能力を持つ人に発給されるビザ

O－１　◎　科学、芸術、教育、ビジネス、スポーツの分野で卓越した能力のある人
O－２　◎　O－１（芸術、スポーツ）を補佐する人
O－３　×　O－１、O－２の配偶者と子

Pビザ……スポーツ・芸能ビザ

P－１　◎　スポーツ選手や芸能人
P－２　◎　芸術家や芸能人
P－３　◎　文化的演技をする芸術家や芸能人
P－４　×　P－１～P－３の配偶者と子

※P－１～P－３の年間発給数は25,000人。

Qビザ……国際文化交流訪問者ビザ

Q　◎　国際的文化交流活動に参加する人

Rビザ……宗教活動家ビザ

R－１　◎　宗教関係者
R－２　×　R－１の配偶者と子

◎　アメリカで就労して報酬を得ることができる
○　本人のみ就労できる
△　許可されれば就労できる
×　就労できない

アメリカのビザ一覧表

移民ビザ（Immigrant Visa）
アメリカに永住する外国人に与えられるビザで、永住許可証（通称グリーンカード）が与えられ、アメリカに住むかぎり、自由に生活、勉強、就労ができます。

非移民ビザ（Non-Immigrant Visa）
定められた目的に従って一時的にアメリカに居住する外国人に与えられるビザで、ＡビザからＲビザまで分類されます。

◆日本のアメリカ領事館に申請して領事館で発給を受けるビザ
……Ａ、Ｂ、Ｃ、Ｄ、Ｅ、Ｆ、Ｇ、Ｉ、Ｊ、Ｍ、Ｎ、Ｒ

◆アメリカの移民局に申請して日本の領事館で発給を受けるビザ
……Ｋ、Ｌ、Ｏ、Ｐ、Ｑ

◆アメリカの労働局と移民局に申請して日本の領事館で発給を受けるビザ
……Ｈ

Ａビザ……外交官ビザ
Ａ－１　○　高級官吏およびその配偶者と子
Ａ－２　○　Ａ－１以外の政府職員およびその配偶者と子
Ａ－３　○　Ａ－１、Ａ－２に該当する政府職員の使用人およびその配偶者と子
（Ａ－１、Ａ－２の配偶者と子は、許可されれば就労可）

Ｂビザ……観光・商用ビザ
Ｂ－１　×　商用を目的とした渡航に発給
Ｂ－２　×　観光を目的とした渡航に発給

Ｃビザ……通過ビザ
Ｃ－１　×　一時通過する一般人
Ｃ－２　×　一時通過する国連高級職員
Ｃ－３　×　Ｃ－１とＣ－２以外の政府職員、配偶者と子、使用人

Ｄビザ……乗務員ビザ
Ｄ－１　×　来た時と同便で出国する乗務員
Ｄ－２　×　来た時とは違う便で出国する乗務員

Ｅビザ……駐在員ビザ
Ｅ－１　○　貿易駐在員およびその配偶者と子
Ｅ－２　○　投資家、投資駐在員およびその配偶者と子
（Ｅ－１、Ｅ－２とも配偶者は許可されれば就労可）

Ｆビザ……学生ビザ
Ｆ－１　△　語学学校･大学･大学院の学生
Ｆ－２　×　Ｆ－１の配偶者と子

Ｇビザ……国際機関関係者ビザ
Ｇ－１　○　米政府が認めた国から国際機関へ首席代表者として派遣される人およびその配偶者と子
Ｇ－２　○　Ｇ－１以外の代表者とその配偶者と子
Ｇ－３　○　米政府が認めていない国から国際機関へ派遣される代表者およびその配偶者と子
Ｇ－４　○　国際機関の職員、使用人およびその配偶者と子
Ｇ－５　○　Ｇ－１～Ｇ－４の使用人およ

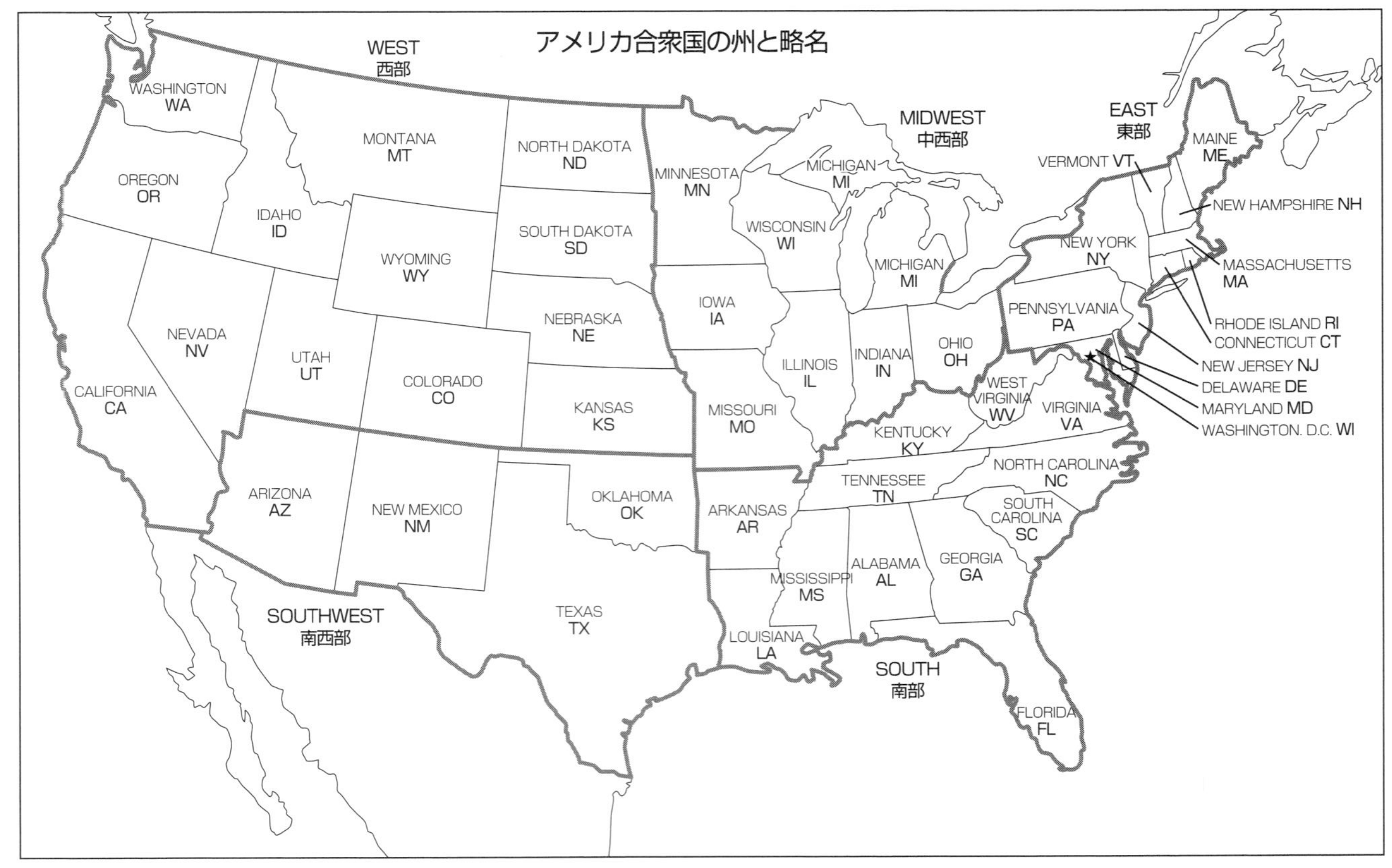
アメリカ合衆国の州と略名
WEST
西部
MIDWEST
中西部
EAST
東部
SOUTHWEST
南西部
SOUTH
南部
WASHINGTON
WA
OREGON
OR
CALIFORNIA
CA
IDAHO
ID
NEVADA
NV
MONTANA
MT
WYOMING
WY
UTAH
UT
ARIZONA
AZ
COLORADO
CO
NEW MEXICO
NM
NORTH DAKOTA
ND
SOUTH DAKOTA
SD
NEBRASKA
NE
KANSAS
KS
OKLAHOMA
OK
TEXAS
TX
MINNESOTA
MN
IOWA
IA
MISSOURI
MO
ARKANSAS
AR
LOUISIANA
LA
WISCONSIN
WI
ILLINOIS
IL
MICHIGAN
MI
MICHIGAN
MI
INDIANA
IN
OHIO
OH
KENTUCKY
KY
TENNESSEE
TN
MISSISSIPPI
MS
ALABAMA
AL
GEORGIA
GA
FLORIDA
FL
SOUTH
CAROLINA
SC
NORTH CAROLINA
NC
VIRGINIA
VA
WEST
VIRGINIA
WV
PENNSYLVANIA
PA
NEW YORK
NY
VERMONT VT
MAINE
ME
NEW HAMPSHIRE NH
MASSACHUSETTS
MA
RHODE ISLAND RI
CONNECTICUT CT
NEW JERSEY NJ
DELAWARE DE
MARYLAND MD
WASHINGTON. D.C. WI

アメリカ大使館・総領事館

所在地

日米の祭日は休館

◆アメリカ大使館
〒107-8420
東京都港区赤坂1-10-5
☎03-3224-5000(代表)
FAX：03-3224-5856
(アメリカ市民サービス一般)

◆大阪・神戸アメリカ総領事館
〒530-8543
大阪府大阪市北区西天満2-11-5
☎06-6315-5900
FAX：06-6315-5914
Eメール：AOK@state.gov
緊急以外はオンラインでの予約制。

◆那覇アメリカ総領事館
〒901-2104
沖縄県浦添市当山2-1-1
☎098-876-4211
FAX：098-876-4243

◆札幌アメリカ総領事館
〒064-0821
北海道札幌市中央区北1条西28
☎011-641-1115
FAX：011-643-1283

◆福岡アメリカ領事館
〒810-0052
福岡県福岡市中央区大濠2-5-26
☎092-751-9331
FAX：092-713-9222

◆名古屋アメリカ領事館
〒450-0001
愛知県名古屋市中村区那古野1-47-1
名古屋国際センタービル6階
☎052-581-4501
FAX：052-581-3190

アメリカ大使館が提供するビザ情報

◆アメリカ大使館のビザ情報

以下のサイトにアクセスすれば、アメリカ大使館が提供しているビザに関する情報を入手できます。
https://jp.usembassy.gov/ja/visas-ja/

このサイトから、ノービザ渡航者が登録しなければならないＥＳＴＡ申請に関する情報をはじめとして、「非移民ビザ」（学生ビザや就労ビザなど）、「移民ビザ」（永住権）などの情報が入手できます。

◆アメリカ大使館のサイトで見られる動画

以下のサイトにアクセスすると、アメリカ大使館が作成したビデオ(＊)を YouTube で見ることができます。
https://jp.usembassy.gov/ja/visas-ja/videoinstructions-ja/

＊・オンラインビザ申請書 DS-160作成方法
・ビザ申請料金・SEVIS 費用支払いと面接予約
・ビザ面接の手順 など

◆問い合わせをしたい場合

「米国ビザ申請」という以下のサイト（米国政府の公式ビザ情報サイト）では、情報がさらに詳しく掲載されています。
http://www.ustraveldocs.com/jp/

このサイトの情報を読んでもわからない場合は、Ｅメールか電話での問い合わせが可能。

質問するときは、くれぐれも前もって調べることが大切。「よくある質問」も掲載されているので、それらを読んでもなおかつわからない場合のみ問い合わせをします。

以下の電話、Ｅメール、チャットのいずれかで質問すると、ビザ申請サービス・コールセンター担当者が質問に対応してくれます。郵送による質問不可。

いずれもアメリカ大使館の休館日（日米の祝日は休館日）は問い合わせ不可。使用言語は英語か日本語。

▽電話：
日本在住者：050-5533-2737
(平日 :9:00～18:00)
米国在住者：703-520-2233
(東部標準時：日～木曜　20:00～5:00
金曜：12:00～5:00)
▽Email:support-japan@ustraveldocs.com
▽Skype ID:ustraveldocs-japan

いずれも下記のサイトにアクセスすれば、クリックするだけで問い合わせができるようになっています。
https://www.ustraveldocs.com/jp_jp/jp-main-contactus.asp

アメリカの移民局(U.S. Citizenship and Immigration Services : USCIS)

アメリカの移民局（U.S. Citizenship and Immigration Services : USCIS）

◆請願・申請書類のダウンロード

アメリカの移民局のサイト（https://www.uscis.gov/）にアクセスし、左上にある「FORMS」をクリックすると、各種の書類（I－130やI－864など）のダウンロードができます。

◆住所変更届けなど

申請中に住所が変わった場合、オンラインで住所変更の登録などができます。前述の「FORMS」をクリックし、AR-11のオンライン登録をします。

◆移民局の所在地

アメリカの移民局には①から④までのオフィスがあります。事務所の移転が多いので、所在地についてはインターネットで確認をとるようにしてください。

①USCIS Contact Center

電話やオンラインで情報を提供（英語とスペイン語）しています。または申請者が書類を提出後、住所変更があった場合に通知したり、自分の書類の進み具合を問い合わせしたりできます。

https://www.uscis.gov/contactcenter

▽電話での問い合わせ

☎800-375-5283（アメリカ国内）

☎212-620-3418（海外より）

▽オンラインでの問い合わせ

上記のサイトよりオンライン登録をして問い合わせをします。

②USCISサービス・センター

全米に5ヵ所（バーモント、カリフォルニア、テキサス、ネブラスカ、ポトマック）あります。

ビザ、永住権の審査など比較的複雑な業務をおこないます。審査官が公平な審査ができるように、一般の人々がセンターにコンタクトすることを認めていません。審査官は提出された書類のみで判断します。

③アプリケーション･サポート･センター（ASC）

申請者が申請後に指紋採取や写真撮影をおこなうところ。

④フィールド･オフィス

国内各地と海外にオフィスがあります。非移民ビザの滞在延長など比較的簡単な手続きや永住権の面接審査などをおこないます。一般の人々が直接訪れて問い合わせができるように、常設の窓口を設けています。

＜オフィス所在地の調べ方＞

- https://www.uscis.gov/ にアクセスして、上部帯のところにある「About USCIS」をクリック。
- 左にある「Find a USCIS Office」をクリック。
- 「Field Offices」をクリックすると、検索ボックスが出てくる。
- 居住している住所の Zip Code を入力し、州を選択してオフィス所在地を調べる。

⑤海外のフィールド･オフィス

アジアで海外フィールド・オフィスを設けているのは北京、広州、デリーだけです。日本にはありません。そのため日本在住の日本人配偶者が永住権申請の第一歩として請願書類を提出するには、直接にアメリカへ郵送するという手段しかありません（一部の軍人の配偶者は例外）。

在米の日本大使館・総領事館

◆大使館
(Embassy of Japan)
◆総領事館
(Consulate-General of Japan)
◆領事事務所
(Consular Office of Japan)

日本大使館
2520 Massachusetts Avenue NW, Washington, DC 20008-2869
☎(202)238-6700
https://www.us.emb-japan.go.jp

アトランタ総領事館
3438 Peachtree Road, Suite 850, Atlanta, GA 30326
☎(404)240-4300

サンフランシスコ総領事館
275 Battery Street, Suite 2100, San Francisco, CA 94111
☎(415)780-6000

シアトル総領事館
601 Union Street, Suite 500, Seattle, WA 98101
☎(206)682-9107

アンカレッジ領事事務所
3601 C Street, Suite 1300, Anchorage, AK 99503
☎(907)562-8424

シカゴ総領事館
Olympia Centre, Suite 1100, 737 North Michigan Avenue, Chicago, IL 60611
☎(312)280-0400

デトロイト総領事館
400 Renaissance Center, Suite 1600, Detroit, MI 48243
☎(313)567-0120

デンバー総領事館
1225 17th Street, Suite 3000, Denver, CO 80202
☎(303)534-1151

ナッシュビル総領事館
1801 West End Avenue, Suite 900, Nashville, TN 37203
☎(615)340-4300

ニューヨーク総領事館
299 Park Avenue, 18th Floor, New York, NY 10171
☎(212)371-8222

ハガッニャ総領事館(グアム)
Suite 604, Corps ITC Building, 590 South Marine Drive, Tamuning, Guam, 96913
☎(671)646-1290

サイパン領事事務所
2nd Floor, Bank of Hawaii Building, Marina Heights Business Park, Puerto Rico, Saipan
☎(670)323-7201

ヒューストン総領事館
2 Houston Center Building, 909 Fannin Street, Suite 3000, Houston, TX 77010
☎(713)652-2977

ポートランド領事事務所
1300 S.W., 5th Avenue, Suite 2700, Portland, OR 97201
☎(503)221-1811

ボストン総領事館
Federal Reserve Plaza, 22nd Floor, 600 Atlantic Avenue, Boston, MA 02210
☎(617)973-9772

ホノルル総領事館
1742 Nuuanu Avenue, Honolulu, HI 96817-3201
☎(808)543-3111

マイアミ総領事館
80 S.W., 8th Street, Suite 3200, Miami, FL 33130
☎(305)530-9090

ロサンゼルス総領事館
350 South Grand Avenue, Suite 1700, Los Angeles, CA 90071
☎(213)617-6700

◇５月〜　Summer Vacation

夏休み。大学生は５月、小中高校生は６月で授業が終わり、長い夏休みが始まる。

◆７月４日　Independence Day

独立記念日。パレード、ピクニック、花火をして祝う。

◆９月第１月曜日　Labor Day

労働者の日。日本のメーデーにあたる労働者のための祝日。

◆10月第２月曜日　Columbus Day

コロンブス記念日。コロンブスのアメリカ大陸発見を祝う日。

◇10月31日　Halloween

ハロウィーン。日本のお盆のように先祖や死者を迎えるためのお祭りで、かぼちゃを顔型に細工して魔除けとして飾る。

悪霊から身を守るため子どもたちが仮装をして町を練り歩き、戸口に立ってドアをたたき「Trick or treat?」（いたずらされたくなかったらいい物をちょうだいの意味）といってお菓子をねだる。

大人たちもこの日はパーティーなどで集まって変装を楽しむ。

◇11月　冬時間スタート

11月第１日曜日から時計を１時間戻す。

◆11月11日　Veterans Day

復員軍人の日。

◆11月第４木曜日　Thanksgiving Day

感謝祭。イギリスから新天地を求めてやってきた清教徒たちが、苦労の末に作物の収穫を得たことを神に感謝し、農業のこつを教えてくれた先住民たちをお客に招いて共に祝ったというのが祭りのいわれ。

この感謝を忘れないためにも、アメリカの家庭では、家族のメンバーが集まって七面鳥、クランベリーソース、かぼちゃなど当時のメニューを食卓に並べて共に祝う。

◇12月７日　December Seven

真珠湾攻撃の日。日本では12月８日だが、アメリカでは日付のちがいで12月７日。この日が近づくと、かつては日系人の子どもが学校でいじめられたという。

◇12月　Winter Vacation

冬休み。クリスマスとニューイヤーを中心とした２週間は学校が休みとなる。

◆12月25日　Chiristmas Day

クリスマス。イエス・キリストの誕生日を祝う日で、アメリカの祝日のうち最大のビッグイベント。何日も前からクリスマスツリーを飾り、家そのものも飾りたて、お互いにクリスマスカードを送り合い、プレゼントを交換する。イブの日は外に出かけないで、家族が集まってごちそうを食べて家で過ごす。

この日が近くなると、街もクリスマス一色となって飾りたてられる。

（◆は祝日）

アメリカのカレンダー

◆1月1日　New Year's Day

ニューイヤー。日本では年末年始は6日間ほどの休みをとるが、アメリカでは1月1日だけが祝日。

◆1月19日に近い月曜日

Martin Luther King Jr's Birthday

キング牧師の誕生日。1960年代に起こった公民権運動の指導者で、志し半ばにして銃弾に倒れた牧師を偲んで設けられた。最初は州によって祝日にしているところとそうでないところがあったが、正式に連邦政府が定めた祝日となった。

◇2月14日　St. Valentine's Day

バレンタイン・デー。日本では女性から男性にチョコレートを贈るが、男性から女性にチョコレートやバラの花を贈ったり、子供たちが友達、先生、両親にカードを贈ったりするのが一般的。職場内で義理チョコを贈る習慣や、ホワイトデーと称して男性から女性へお返しのキャンディを贈る習慣はない。

◆2月22日に近い月曜日

Washington's Birthday

ワシントン大統領の誕生日

◇3月　夏時間スタート

3月第2日曜日から時計を1時間早める。

◇3月17日　St. Patric's Day

セント・パトリック・デイ。アイルランド系アメリカ人の祭りで、アイルランドのシンボル・カラーである緑色の服を身につける。

◆3月または4月　Easter

イースター。春分の日以降の最初の満月の次の日曜日。前後の金曜日と月曜日が祝日。復活祭ともいう。

十字架にかけられて処刑されたイエス・キリストが予言通り3日目に復活して弟子たちの前に姿を現したことを祝うキリスト教の祭り。同時に冬の終わりと春の訪れを喜びあう。

イースターの金曜日はキリストが十字架にかけられた受難日で、キリスト教徒にとっては縁起のよくない日とされていて、食事を断つ敬虔な信者もいる。この日に過去に犯したあやまちを反省し、神に祈りをささげて許しを乞う。

復活を祝うイースターの日には羊の肉を食べ、パレードが町を練り歩く。イースターの朝、子どもたちはウサギ（春の女神のお供とされている）が運んでくる卵を求めて家中をさがしてまわる。

イースターが近づくと、商店やデパートでは、綺麗な絵が描かれた卵、チョコレートでできた卵、おもちゃの入ったボール紙の卵が売り出される。

◆5月最終月曜日　Memorial Day

戦没者追悼の日。南北戦争で戦死した兵士を悼むことに端を発しているが、戦争で亡くなった人すべてを偲ぶ日。

●体積（Volumes Conversions）

cm³	m³	l	gal	in³	ft³	yd³	gal(Imp.)	立方寸	立方尺	立坪
1	0.000001	0.001	0.00026	0.06102	0.00004	……	0.00022	0.03594	0.00004	……
1000000	1	1000	264.171	61023.7	35.3147	1.30795	219.975	35937.0	35.9370	0.16638
1000	0.001	1	0.26418	61.0255	0.03532	0.00131	0.21998	35.9370	0.03594	0.00016
3785.43	0.00379	3.78532	1	231.001	0.13368	0.00495	0.83270	136.037	0.13604	0.00063
16.3871	0.00002	0.01639	0.00433	1	0.00058	0.00002	0.00360	0.58890	0.00059	……
28316.8	0.02832	28.3161	7.48048	1728	1	0.03704	6.22883	1017.62	1.01762	0.00471
764555	0.76455	764.533	201.973	46656	27	1	168.179	27475.8	27.4758	0.12720
4546.09	0.00455	4.54596	1.20095	277.42	0.16054	0.00595	1	163.373	0.16337	0.00076
27.8265	0.00003	0.02783	0.00735	1.69808	0.00098	0.00004	0.00612	1	0.001	……
27826.5	0.02783	27.8257	7.35094	1698.08	0.98268	0.03640	6.12097	1000	1	0.00463
……	6.01052	6010.35	1587.80	366784	212.559	7.86154	1322.13	216000	216	1

●衣料品サイズ

〔男性用〕

・シャツ

日　本	36	37	38	39	40	41	42
アメリカ	14	14 1/2	15	15 1/2	16	16 1/2	17

・靴

日　本	24	24 1/2	25	25 1/2	26	26 1/2	27
アメリカ	6	6 1/2	7～7 1/2	8	8 1/2	9～9 1/2	10

・帽子

日　本	53	54	55	56	57	58	59
アメリカ	6 1/2	6 3/4	6 7/8	7	7 1/8	7 1/4	7 3/8

〔女性用〕

・ドレス

日　本	7	9	11	13	15	17	19
アメリカ	8	10	12	14	16	18	20

・靴

日　本	22	22 1/2	23	23 1/2	24	24 1/2	25
アメリカ					6	6 1/2	7～7 1/2

・帽子

日　本	53	54	55	56	57	58	59
アメリカ	21	21 1/2		22	22 1/2	23	23 1/2

度量衡表

●長さ（Length Conversions）

mm	cm	m	km	inch	foot	yard	mile	shaku(尺)
1	0.1	0.001	……	0.03937	0.00328	0.00109	……	0.0033
10	1	0.01	0.00001	0.39370	0.03281	0.01094	0.00001	0.033
1000	100	1	0.001	39.3701	3.28084	1.09361	0.00062	3.3
……	100000	1000	1	39370.1	3280.84	1093.61	0.62137	3300
25.4	2.54	0.0254	0.00003	1	0.08333	0.02778	0.00002	0.08382
304.8	30.48	0.3048	0.00030	12	1	0.33333	0.00019	1.00584
914.4	91.44	0.9144	0.00091	36	3	1	0.00057	3.01752
……	160934	1609.34	1.60934	63360	5280	1760	1	5310.84
303.030	30.3030	0.30303	0.00030	11.9303	0.99419	0.33140	0.00019	1

●質量（Mass Conversions）

carat	mg	g	kg	ton	ounce	pound	long ton	short ton
1	200	0.2	0.0002	……	0.00705	0.00044	……	……
0.005	1	0.001	……	……	0.00004	……	……	……
5	1000	1	0.001	……	0.03527	0.00220	……	……
5000	……	1000	1	0.001	35.2740	2.20462	0.00098	0.00110
……	……	……	1000	1	35274.0	2204.62	0.98421	1.10231
141.748	28369.5	28.3495	0.02835	0.00003	1	0.0625	0.00003	0.00003
2267.96	453592	453.592	0.45359	0.00045	16	1	0.00045	0.0005
……	……	……	1016.05	1.01605	35840	2240	1	1.12
……	……	……	907.185	0.90718	32000	2000	0.89286	1

●面積（Area Conversions）

cm^2	m^2	km^2	are	in^2	ft^2	yd^2	$mile^2$	acre	平方尺	坪(歩)
1	0.0001	……	……	0.15500	0.00108	0.00012	……	……	0.00109	0.00003
10000	1	0.000001	0.01	1550.00	10.7639	1.19599	……	0.00025	10.8900	0.30250
……	1000000	1	10000	……	……	……	0.38610	247.105	……	302500
……	100	0.0001	1	155000	1076.39	119.599	0.00004	0.02471	1089.00	30.2500
6.4516	0.00065	……	……	1	0.00694	0.00077	……	……	0.00703	0.00020
929.030	0.09290	……	0.00093	144	1	0.11111	……	0.00002	1.01171	0.02810
8361.27	0.83613	……	0.00836	1296	9	1	……	0.00021	9.10543	0.25293
……	……	2.58999	25899.9	……	……	……	1	640	……	783471
……	4046.86	0.00405	40.4686	……	43560	4840	0.00156	1	44070.3	1224.17
918.274	0.09183	……	0.00092	142.333	0.98842	0.10982	……	0.00002	1	0.02778
33057.9	3.30579	……	0.03306	5123.98	35.5832	3.95369	……	0.00082	36	1

困ったときに頼りになる機関

A　緊急時

▽緊急時……911（電話料は無料）
SOSの際に、警察（Police）、消防車（Fire Engine）、救急車（Ambulance）を呼べる。

B　日本語の無料ホットライン（秘密厳守）

◆留学生ホットライン
電話：213-473-1630（月～金曜　10:00～17:00）
「リトル東京サービスセンター」（C参照）が日本人渡米者のために提供するホットラインサービス。訓練を受けた日本人ボランティアが応対。主にロサンゼルス地域に住む留学生を対象としている。

◆JASSI（通称・ジャシィ）
Japanese American Social Services, Inc.
100 Gold St, Lower Level,
New York, NY 10038
電話：212-442-1541（ext.1）平日10:00～17:00
メール：info@jassi.org
個人面談、電話やEメールを通して生活に関するさまざまな相談を年齢を問わず受け付けている。

C　日本語を話すスタッフがいるソーシャル・サービス機関

◆ニューヨーク日系人会
The Japanese American Association. of NY, Inc.
49 W. 45th St., 11th Fl., New York, NY 10036
☎212-840-6942、6899
info@jaany.org
・無料の生活相談・法律相談など
木曜日に生活相談、法律相談、移民法相談あり（要予約）。毎年2月には確定申告のための税金相談もあり。

◆リトル東京サービスセンター（LTSC）
Little Tokyo Service Center
231 East 3rd St., G-106
Los Angeles, CA 90013
☎213-473-3030
ロサンゼルスのリトル東京にある日系人が運営する老舗の日系人組織。

◆のびる会（Nobiru-kai）
Japanese Newcomer Services
1840 Sutter St, Suite 205,
San Francisco, CA 94115
☎415-922-2033

D　日本語で受診できる医療機関

日本語で受診できる医療機関を調べたいときは、住んでいる地域を管轄している日本大使館・総領事館のウェブサイトにアクセスして、日本語で受診できる医療機関がリストアップされているかどうか調べてみよう。主なものを掲載すると以下のようになる。もしリストアップされていない場合は、総領事館に問い合わせてみよう。

◆日本語で受診できる医院（日本大使館が掲載）
http://www.us.emb-japan.go.jp/j/medical/medical.html

◆邦人医療機関（ニューヨーク総領事館が掲載）
http://www.ny.us.emb-japan.go.jp/jp/g/04.html

◆管轄内の医療機関（アトランタ総領事館が掲載）
http://www.atlanta.us.emb-japan.go.jp/nihongo/hospitallist.html

E　国際結婚に関する機関やウェブサイト

◆My Peaceful Family
国際結婚カップルと多文化環境での子育てを支援する機関。代表の塚越悦子さんは国際結婚をしており、『国際結婚一年生』の著者。サンディエゴから一家で日本に移住してからは、婚活サポートもおこなっている。
主な活動：
・無料相談会や交流会
・国際結婚コンサルティング＆カップル・コーチング
・ポッドキャスト番組の提供
http://profile.ameba.jp/mypeacefulfamily/

◆Kaiwa-USA
国際結婚の出会いをサポートする機関。国際結婚の幸せプロデューサー（日本人女性）が運営。

サービスの目的はメル友やペンパル探しではなく、真剣に結婚を意識した交際を希望している外国人男性と日本人女性をサポートしている。遊び目的の人の登録は受け付けていない。外国人登録男性最新情報、来日情報などはメールマガジンから無料配布。サービスは有料だが、最初は無料登録からスタートできる。

http://kaiwa-usa.com/

◆ぱたのうち
国際結婚をしてアメリカ本土で働く日本人女性が始めたサイト。アメリカ暮らしの日本人女性たちが井戸端会議、悩み相談、料理＆レシピ集などのコーナーでダベリングを楽しんでいる。
http://www.patanouchi.com/

◆ソーシャルネットワーキングサービスMIXI（ミクシィ）が提供するコミュニティ
▽MIXI「ダーリンはアメリカ人～書類編」
提出しなければならない申請書類についての書き込みを読めるし、投稿して質問もできる。
▽登録方法
①http://mixi.jp/にアクセス
②コミュニティをクリック
③検索コラムに「ダーリンはアメリカ人～書類編」と入力
④画面が出てきたら「このコミュニティに参加」をクリックして登録

◆英語で書かれた米国ビザサイトVisaJourney.com
http://www.visajourney.com/
アメリカ人の婚約者や結婚相手にアメリカのビザのことを知ってもらえるサイト。英語で書かれているので、請願書提出時などに役に立つ。

アメリカに関する本や資料が閲覧できる機関

◆各地のアメリカンセンター

日米の祝日と土日は休館。来館は予約が必要。
入館の際は写真付身分証明書の提示が求められる。

▽札幌アメリカンセンター・レファレンス資料室
札幌市中央区北1条西28 在札幌米国総領事館内1階
☎011-641-3444

▽アメリカンセンターJapan
東京都港区赤坂1-1-14 野村不動産溜池ビル8階
☎03-3224-5258

▽名古屋アメリカンセンター
名古屋市中村区那古野1-47-1 名古屋国際センタービル6階
☎052-581-4501

▽関西アメリカンセンター・レファレンス資料室
大阪市北区西天満2-11-5 米国総領事館ビル6階
☎06-6315-5900

▽福岡アメリカンセンター・レファレンス資料室
福岡市中央区天神2-2-67
ソラリア・パークサイドビル8階
☎092-761-6661

◆アメリカに関する本や資料がある機関

▽札幌国際プラザ　札幌市中央区北1条西3 MNビル3階
☎011-211-3670

▽旭川市国際交流センター
旭川市1条通8-108 Feeeal旭川7階
☎0166-25-7491

▽日比谷図書文化館　東京都千代田区日比谷公園1-4
☎03-3502-3340

▽名古屋国際センター情報サービス課・ライブラリー
名古屋市中村区那古野1-47-1 名古屋国際センタービル3F
☎052-581-0100

▽群馬県立女子大学附属図書館　佐波郡玉村町上之手1395-1
☎0270-65-8511

▽日進市立図書館　愛知県日進市蟹甲町中島3
☎0561-73-4123

▽福井県国際交流協会　福井市宝永3-1-1
☎0776-28-8800

▽各務原国際協会　岐阜県各務原市那加桜町1-69
☎058-383-1426

▽石川県国際交流協会　金沢市本町1-5-3 リファーレ3階
☎076-262-5931

▽桑名市立長島輪中図書館　桑名市長島町源部外面337
☎0594-41-1040

▽信州大学附属図書館　長野県松本市旭3-1-1
☎0263-37-2174

▽袋井市立図書館　静岡県袋井市高尾町19-1
☎0538-42-5325

▽富山県立図書館　富山市茶屋町206-3
☎076-436-0178

▽京都市国際交流協会　京都市左京区粟田口鳥居町2-1
☎075-752-1187

▽同志社大学アメリカ研究所　京都市上京区烏丸通上立売上ル
☎075-251-4900

▽大阪府国際交流財団　大阪市中央区本町橋2-5 マイドームおおさか5階
☎06-6966-2400

▽大阪市立中央図書館　大阪市西区北堀江4-3-2
☎06-6539-3300

▽広島県立図書館　広島市中区千田町3-7-47（広島県情報プラザ内）
☎082-241-2299

▽岡山県立図書館　岡山市北区丸の内2-6-30
☎086-224-1286

▽福岡県国際交流センター　福岡市中央区天神1-1-1 アクロス福岡3F こくさいひろば
☎092-725-9200

▽宮崎県立図書館　宮崎市船塚3-210-1
☎0985-29-2911

▽大分県立図書館　大分市王子西町14-1
☎097-546-9972

▽佐世保市立図書館　佐世保市宮地町3-4
☎0956-22-5618

▽佐賀大学附属図書館　佐賀市本庄町1
☎0952-28-8902

▽くまもと森都心プラザ　熊本市西区春日1-14-1
☎096-355-7401

▽沖縄県国際交流・人材育成財団
沖縄県宜野湾市伊佐4-2-16
☎098-942-9212

▽浦添市立図書館　アメリカ情報コーナー
沖縄県浦添市安波茶2-2-1
☎098-876-4946

▽名護市立中央図書館　アメリカ情報コーナー
沖縄県名護市宮里5-6-1
☎0980-53-7246

◆会員制度

グローバルＪネットワークは会員制度をとっています。会費は年会費が3,000円で、入会金が2,000円です。５月に入会すれば、有効期限は翌年の４月末までとなります。

会員の方には次のような特典があります。日本からでも海外からでも入会できます。また、入会時は日本に在住していて、その後海外に移住した場合、会報は海外にも送付します。追加料金は不要です。

①会報『グローバルＪ通信』（季刊）を郵送で無料配布
②アメリカのビザ一般に関する電話相談と他機関への照会
③抽選永住権の募集期間と代行手続き案内を通知

◆会員になるには

5,000円（入会金2,000円、年会費3,000円）を以下のいずれかの方法で支払って、住所、氏名（漢字とローマ字）、電話番号、携帯番号、Ｅメールアドレス、性別、生年月日、職業、既婚か未婚かをお知らせください。

▽郵便局を利用する場合……郵便局にある振替用紙を利用してお支払いください。
　郵便振替：00100-7-573403
　加入者名：グローバルＪネットワーク
　振替用紙の通信欄に入会希望者のデータを記入してください。入会手続きはこれで完了です。

▽銀行を利用する場合……三井住友銀行川崎支店にお振り込みください。
　口座番号：普通7890611
　口座名：グローバルＪネットワーク
　振り込みを終えたら、Ｅメールか郵送のいずれかで入会希望者のデータをお知らせください。

▽海外で入会する場合
　日本の家族に頼んで、日本の郵便局か銀行口座を利用して5,000円をお支払いください。振り込みを終えたら、Ｅメールか郵送のいずれかで入会希望者のデータをお知らせください。または、アメリカの郵便局で作成したUS50ドルのInternational Postal Money Order（宛先は代表のMichiko Yamamoto）を郵送して、入会希望者のデータをお知らせください。

〈連絡先〉グローバルＪネットワーク
〒212-0005 神奈川県川崎市幸区戸手４-９-３-1307
E-mail：michi2542@gmail.com
http://www.ye4.fiberbit.net/network/

「グローバルＪネットワーク」の紹介

◆グローバルＪネットワークとは

「グローバルＪネットワーク」は、日本から海外に渡航した人々と日本にいる渡航希望者のネットワークづくりを目的として、1994年に結成された非営利の情報サービス機関です。

「グローバルＪネットワーク」のＪは Japan に住む人々、住んでいた人々を意味します。日本人だけでなく、日本で生まれたり、生活した経験のある人々も含んでいます。

海外から帰ってきた人、これから海外に出かけていく人、現在海外に住んでいる人……の輪をつくって、地球上で生きるグローバルな人間のつながりをつくっていくなかで、生まれ育った国から海外に出ていくことの意義や自分らしい生き方などについて、いっしょに考えていきたいと思っています。

◆グローバルＪネットワークの活動

グローバルＪネットワークは会員の方を対象に以下の活動をおこなっています。

▽本の編集と発行

アメリカ渡航やビザの申請に関する本を発行しています。

▽機関誌『グローバルＪ通信』（季刊）の発行

季刊で会報『グローバルＪ通信』を発行しています。主にアメリカのビザや永住権についての最新情報を提供し、ビザの発給状況や入国審査状況などレポートしています。

▽電話相談

アメリカのビザ、永住権、イミグレーションでの出入国問題に関する相談などを電話で受け付けています。

▽抽選永住権の応募希望者をサポート

1994年からアメリカで毎年実施されている抽選永住権に関して、的確な情報を迅速にお伝えし、代行手続きもおこなっています。会員には募集のお知らせをダイレクトメールでおこないますので、応募の機会を逃すことがありません。

▽抽選永住権の当選者をサポート

希望者には抽選永住権の申請代行手続きをおこないます。代行を依頼された当選者には翻訳費用を別途お支払いいただくだけで、永住権取得までフォローいたします。

▽翻訳と翻訳証明書の発行

永住権申請者が面接時に提出する際、出生証明書（戸籍）の翻訳をし、翻訳証明書を発行します。

▽翻訳の公証サイン

必要に応じて、翻訳証明書の公証サインを行います。

▽転送サービス

グリーンカード、ソーシャル・セキュリティ・カード、再入国許可証などを受け取って、転送するサービスをおこなっています。

執筆者紹介

山本　美知子（やまもと・みちこ）

大阪府出身。73年、関西大学文学部を卒業してロンドンでメイドやウエイトレスをして働きながら英語を勉強。77年、帰国して京都の語学学校に勤務。81年、サンフランシスコで日系会社の事務員、日本人渡米者組織のスタッフとして働く。83年、帰国して実務翻訳業に従事。87年、中国旅行を機に旅行体験記を書きフリーライターとなる。94年、「グローバルＪネットワーク」を設立して代表となる。神奈川県川崎市在住。

著書に『女ひとり中国を行く』（北斗出版）、『出ようかニッポン、女31歳』（講談社文庫）、『アメリカ暮らしの生き方美人』（亜紀書房）、『やってみたいアメリカ留学１準備編』（ジオス出版）ほか。

斉藤　由美子（さいとう・ゆみこ）

神奈川県出身。83年、サンフランシスコ近郊に１年半滞在。その間に長女を出産。85年、横浜国立大学教育学部大学院修了。98年、オーストラリア NSW 州ニューカッスル大学留学（ソーシャルワーク専攻）。

99年、夫の駐在に伴って渡米。コネチカット州立大学大学院でパートタイムスチューデント（ソーシャルワーク専攻）、ニューヨーク近郊の進学塾講師、補習校講師、現地校での日本語講師などの経験を持つ。３人の子どもは、アメリカの州立大学院を卒業し、薬剤師として薬局に勤務。コネチカット州ハートフォード在住。

結城　仙丈（ゆうき・せんじょう）

埼玉県出身。96年、テンプル大学教養学部卒業。大学在学中はペンシルベニア州フィラデルフィアに滞在。ロサンゼルスの雑誌社などを経て、現在は東京の出版社に勤務。

改訂第4版　アメリカ暮らし すぐに使える常識集

2001年 5 月30日　第1版 第1刷発行
2008年 1 月 5 日　新　版 第1刷発行
2014年12月26日　改訂新版 第1刷発行
2020年 9 月 4 日　改訂第4版 第1刷発行

著者	山本美知子・斉藤由美子・結城仙丈
発行所	株式会社亜紀書房 〒101-0051 東京都千代田区神田神保町1-32 電話　03-5280-0261 振替　00100-9-144037 http://www.akishobo.com/
印刷・製本	株式会社トライ http://www.try-sky.com/
装幀	日下充典
装画	小峯聡子

Printed in Japan
ISBN978-4-7505-1657-8